Wirtschaftsinformatik kompakt

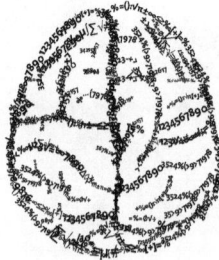

E-Business

Grundlagen elektronischer Geschäftsprozesse im Web 2.0

von

Professor Dr. Michael Bächle
und

Professor Dr. Frank R. Lehmann
Duale Hochschule Baden-Württemberg Ravensburg

Oldenbourg Verlag München

Bibliografische Information der Deutschen Nationalbibliothek

Die Deutsche Nationalbibliothek verzeichnet diese Publikation in der Deutschen
Nationalbibliografie; detaillierte bibliografische Daten sind im Internet über
<http://dnb.d-nb.de> abrufbar.

© 2010 Oldenbourg Wissenschaftsverlag GmbH
Rosenheimer Straße 145, D-81671 München
Telefon: (089) 45051-0
oldenbourg.de

Lektorat: Wirtschafts- und Sozialwissenschaften, wiso@oldenbourg.de
Herstellung: Anna Grosser
Coverentwurf: Kochan & Partner, München
Gedruckt auf säure- und chlorfreiem Papier
Gesamtherstellung: Grafik + Druck GmbH, München

ISBN 978-3-486-58362-5

Vorwort

Die Informations- und Kommunikationstechnologie verändert unser Leben. Was gestern noch undenkbar schien, wird heute schon Realität. Allen Entwicklungen voran muss hier das Internet angeführt werden. Stichworte wie „Web 2.0" kennzeichnen dessen mittlerweile fest etablierte Bedeutung. Wikis, Social Networks und Instant Messaging sind für immer zahlreichere Nutzergruppen des Internets wichtige Kommunikationswerkzeuge geworden. Dieser Prozess ging auch an den Unternehmen nicht spurlos vorüber und verändert dort die Formen der Kommunikation bzw. Information, Koordination und Zusammenarbeit. Dieser Wandel läßt sich plakativ mit dem Stichwort „Enterprise 2.0" kennzeichnen.

Der in diesem Lehrbuch behandelte Begriff des E-Business stellt die Nutzung von Internettechniken innerhalb eines Unternehmens sowie unternehmensübergreifend für Information, Kommunikation und Koordination dar. E-Business war ein Hype, platzte wie eine Blase und wurde danach von manchen als „erledigt" abgetan. Diese Sichtweise ist so falsch wie das Nomadentum der Schlagworterfinder moderner oder vermeintlich moderner IT-Trends.

Wir haben uns deshalb für dieses Lehrbuch als Ziel gesetzt, den alten und irgendwie doch auch modernen Begriff des E-Business fachlich nüchtern auf seine betriebswirtschaftlichen Potenziale zu durchleuchten und dabei auch aufzuzeigen, was unternehmerisch davon mittlerweile alltagsbewährte Praxis ist. Zugleich wollen wir aber auch auf einige interessante Entwicklungen hinweisen, die das Potenzial haben, in einigen Jahren ebenfalls etabliert zu sein.

Schlussendlich bedanken wir uns bei unserer Lektorin, Frau Kristin Reiche, für die hervorragende lektorielle Betreuung. Sie hat uns vor mancher Stilblüte bewahrt.

Ravensburg, April 2010

Michael Bächle und Frank Lehmann
Studiengang Wirtschaftsinformatik
Duale Hochschule BW Ravensburg
{baechle, lehmann}@dhbw-ravensburg.de

Inhaltsverzeichnis

Abbildungsverzeichnis

Tabellenverzeichnis

Listingsverzeichnis

Abkürzungsverzeichnis

E-RfP .... Electronic Request for Proposal
E-RfQ .... Electronic Request for Quotation
E2A .... Employee to Administration
E2B .... Employee to Business
E2C .... Employee to Consumer
E2E .... Employee to Employee
EAN .... European Article Number (2009 in GTIN umbenannt)
EANCOM .... EAN Communication
ECR .... Efficient Consumer Response
eCRM .... electronic Customer Relationship Management
EDI .... Electronic Data Interchange
EDIFACT .... Electronic Data Interchange for Administration, Commerce and Transport
EPC .... Electronic Product Code
EPK .... Ereignisgesteuerte Prozesskette
ERP .... Enterprise Resource Planning
ETIM .... Elektrotechnisches Informationsmodell
FAQ .... Frequently Asked Questions
GLN .... Global Location Number
GP1 .... Global Standards One
GPC .... Global Product Classification
GTIN .... Global Trade Item Number (Globale Artikelidentnummer)
HTML .... Hypertext Markup Language
HTTP .... Hypertext Transfer Protocol
HTTPS .... Hypertext Transfer Protocol Secure
IBM .... Internation Business Machines
IC .... Instant Communication
IM .... Instant Messaging
IS .... Informationssystem
ISO .... International Organisation for Standardization
IT .... Informationstechnik(en)
KISS .... Keep It Short and Simple
MD5 .... Message Digest 5
MRO .... Maintenance, Repair, Operations
MUS .... Managementunterstützungssystem
MVC .... Model-View-Controller
OAGIS .... Open Application Group Integration Specification
ODETTE .... Organisation for Data Exchange by Tele Transmission in Europe
OLAP .... Online Analytical Processing
OLTP .... Online Transaction Processing
ORM .... Object/Relational Mapping
OSA .... Optimal Shelf Availability (optimale Regalverfügbarkeit)
OSA .... Optimal Shelf Availability
PC .... Personal Computer
PIN .... Persönliche Identifikationsnummer
POS .... Point of Sale (Verkaufsort)

PROZEUS .... Prozesse und Standards
RFID .... Radio Frequency Identification
RHTML .... Ruby HTML
RoR .... Ruby on Rails
RSA .... Rivest, Shamir, Adleman
RSS .... Really Simple Syndication
RXML .... Ruby XML
SCM .... Supply Chain Management
SCOR .... Supply Chain Operations Reference Model
SEPA .... Single Euro Payments Area
SGML .... Standard Generalized Markup Language
SHA .... Secure Hash Algorithm
SNS .... Social Networking-System
SOA .... Serviceorientierte Architektur
SOAP .... Simple Object Access Protocol
SRM .... Supplier Relationship Management
SRP .... Suggested Retail Price
SSL .... Secure Sockets Layer (Nachfolger: TLS)
TAN .... Transaktionsnummer
TDDSG .... Teledienstedatenschutzgesetz
TKP .... Tausend-Kontakt-Preis
TLS .... Transport Layer Security
UBS .... Universal Business Language
UDDI .... Universal Description, Discovery and Integration
UML .... Unified Modeling Language
UNSPSC .... United Nations Standard Products and Services Code
URI .... Uniform Resource Identifier
URL .... Uniform Resource Locator
VAN .... Value Added Networks
VMI .... Vendor Managed Inventory
W3C .... World Wide Web Consortium
WSDL .... Web Service Definition Language
WWW .... World Wide Web
WYSIWYG .... What you see is what you get
XHTML .... Extensible Hypertext Markup Language
XML .... Extensible Markup Language
ZfB .... Zeitschrift für Betriebswirtschaft

1   Einleitung

E-Business als Thema bewegt sich irgendwo zwischen Hype und Normalität, womit schon verdeutlicht werden soll, dass es kein leicht zu fassendes Thema darstellt. Es ist auf jeden Fall sowohl ein informationstechnisches als auch ein betriebswirtschaftliches Thema. Das Schreiben eines Lehrbuchs zum Thema E-Business kann somit schwerpunktartig aus Sicht der Informatik, aus Sicht der Betriebswirtschaftslehre oder aber aus Sicht der interdisziplinär angelegten Wirtschaftsinformatik, die die beiden anderen Sichtweisen verknüpft und um eigene Methoden und Erkenntnisse ergänzt. Im vorliegenden Werk wird E-Business als Kernthema der Wirtschaftsinformatik vorgestellt. Dementsprechend werden in diesem Buch weder rein betriebswirtschaftliche Aspekte noch rein informationstechnische Aspekte vertieft, sondern nur in dem Umfang betrachtet, wie sie zum Verständnis der dargestellten Zusammenhänge notwendig sind. In den Mittelpunkt werden somit die für die Wirtschaftsinformatik wichtigen E-Business-Themen gestellt, für vertiefende Betrachtungen der Nachbardisziplinen bezogen auf das weite Gebiet des E-Business sei auf entsprechend ausgerichtete Werke verwiesen.

Die Ursprünge des Themas E-Business reichen weit zurück. In den 1970er Jahren begannen große Industrieunternehmen Geschäftsdaten per Electronic Data Interchange (EDI) auszutauschen. In den 80er Jahren ermöglichte Bildschirmtext (BTX) bereits das E-Shopping und das E-Banking. Der rasante technische Fortschritt im IT-Bereich und insbesondere die quasi explosionsartige Ausbreitung des Internets förderten das Erschließen immer neuer Anwendungsfelder. Dabei kam das Metcalfesches Gesetz voll zu Geltung, welches besagt, dass der Nutzen eines Kommunikationssystems mit dem Quadrat der Anzahl der Teilnehmer wächst. Durch die zunehmende Vernetzung mit Hilfe des Internets erfolgte eine exponentielle Wertsteigerung der netzbasierten Kommunikationsstrukturen für ein Unternehmen. Demzufolge ist für die Mehrzahl der Unternehmen der Anschluss an diese Infrastruktur nicht nur eine mittlerweile selbstverständliche Notwendigkeit, sondern oftmals die Voraussetzung für den zukünftigen Erfolg. Dies gilt jedoch nur, falls E-Business nicht lediglich als Pflichtübung betrachtet wird, sondern seine Potenziale bezogen auf jedes einzelne Unternehmen gründlich analysiert und umfassend genutzt werden.

Gerade im Handel finden sich solche Potentiale. Dort hat sich die Rolle der Mediäre – der (Ver-)Mittler – im Zeitablauf stark gewandelt. Im Zuge der Ausbreitung des E-Business sind auf der einen Seite Handelsstufen weggefallen. Dies ist beispielsweise der Fall, wenn Endkunden direkt beim Hersteller oder zumindest bei einem großen Händler (z. B. einem der bekannten Internet-Buchhändler einkaufen), so dass die Großhandelsstufe und/oder die Einzelhandelsstufe und damit der Zwischenhandel ganz oder teilweise entfallen. Die Ausschaltung des Zwischenhandels wird „Disintermediation" genannt und stellt eine wesentliche Wirkung des E-Business dar. Auf der anderen Seite treten Anbieter von neuartigen Leistungen auf, die es so bis dahin nicht oder nur in einer anderen Form gab, man denke an Suchmaschinen, Auktionen und Preisvergleichsportale. Es ist somit eine neue Form der Vermittler entstanden, so dass im E-Business auch von einer „Intermediation" im Sinne der Einführung von Zwischenstufen gesprochen werden kann. Ein Beispiel hierfür ist der automatisierte Preisvergleich, d. h. Nachfrager führen Preisvergleiche nicht mehr selbst durch, sondern nutzen ein Preisvergleichsportal.

In einigen Fällen kann auch von einer „Reintermediation" im Sinne der Wiedereinführung von Zwischenstufen gesprochen werden, z. B. wenn man auf Zwischenstufen für Aufgaben zurückgreift, die ursprünglich ebenfalls nicht selbst abgewickelt wurden. Ein Beispiel dazu: ein Unternehmen nutzte in der Vergangenheit die Handelsstufen Groß- und Einzelhandel für den Vertrieb seiner Produkte, stieg dann auf den Direktvertrieb per Internet um und belieferte seine Kunden zunächst selbst, musste jedoch feststellen, dass der damit verbundene Aufwand zu groß war und schaltete daraufhin als Zwischenstufe einen Logistikdienstleister ein.

Unter dem Schlagwort „Enterprise 2.0" wird die Nutzung von internetgestützten Softwaresystemen zur Kommunikation und Zusammenarbeit innerhalb eines Unternehmens und zwischen Unternehmen verstanden. Eine zentrale Rolle spielen dabei Internetanwendungen, die unter dem Sammelbegriff der „Social Software" subsummiert werden. Diese Anwendungssysteme lassen sich ganz allgemein der Gruppe der CSCW-Systeme zuordnen. CSCW steht dabei für „Computer Supported Cooperative Work" und kennzeichnet Anwendungssysteme, die Benutzergruppen bei Kommunikation und Zusammenarbeit unterstützen sollen. Im Allgemeinen spricht man deshalb derartige Anwendungssyteme auch als Groupware an.

E-Business kann genau genommen gar nicht isoliert als IT-gestütztes ökonomisches Thema betrachtet werden. Es ist vielmehr in den größeren Rahmen einer E-Society – oft wird hier auch von einer „Informations- und Wissensgesellschaft" gesprochen – einzuordnen. Aufgrund der Globalisierung, des technologischen Fortschritts und des Durchdringens von immer mehr Bereichen mit Rechnertechnologie, Schlagwort „Ubiquitous Computing", d. h. die Allgegenwärtigkeit von Rechnern sowohl im Berufs- als auch im Privatleben, lassen sich Trennlinien immer schwerer ziehen.

„Social Commerce" bezeichnet den Trend der Vernetzung von Social Software-Systemen, wie Social Networking Plattformen (Facebook, StudiVZ etc.) mit Online-Shop-Systemen. Dabei steht die aktive Beteiligung der Kunden und die persönliche Beziehung der Kunden untereinander im Vordergrund. Eine zentrale Idee spielt dabei das sogenannte „Web 2.0", das die Vernetzung der Anwender über Social Software-Systeme im Fokus hat und mittlerweile zur Entstehung lokal begrenzter sowie weltweit organisierter sozialer Netzwerke (sog. Communitys) geführt hat.

2 Grundlagen des E-Business

In diesem Kapitel werden grundlegende Aspekte des E-Business betrachtet. Zunächst werden die zentralen Begriffe „E-Business" und „E-Commerce" eingeführt. Im Anschluss daran wird die populäre Einteilung des E-Business in die Teilbereiche B2B, B2C etc., die sich an den im E-Business tätigen Akteursgruppen orientiert, in einer erweiterten Form vorgestellt. Neben den genannten zentralen Teilbereichen gibt es eine ganze Reihe weiterer Teilbereiche, denen aus Platzgründen kein eigenes Kapitel gewidmet ist. Sie werden deshalb in diesem Grundlagenkapitel anhand von Anwendungsbeispielen kurz beschrieben. Im Anschluss daran wird der gerade für das dynamische Gebiet des E-Business wichtige Begriff des Geschäftsmodells eingeführt. Abschließend wird ein Überblick über das notwendige technologische Basiswissen gegeben.

2.1 Grundbegriffe

2.1.1 E-Business

„E-Business" steht für „Electronic Business" und damit den elektronischen Geschäftsverkehr. Es handelt sich bei „E-Business" – man kommt um diese Erkenntnis bei näherer Betrachtung des Themas leider nicht herum – um einen typischen Vertreter eines recht unscharfen Modewortes. Geprägt worden ist der Begriff des E-Business durch IBM Ende der 90er Jahre des 20. Jahrhunderts, dabei wurde E-Business als die „Neugestaltung strategischer Unternehmensprozesse und die Bewältigung der Herausforderungen eines neuen Marktes, der sich zunehmend durch Globalisierung auszeichnet und auf Wissen basiert" (Staudt, 2001, S. 24) beschrieben. Im Laufe der Zeit hat sich das Bedeutungsspektrum des Begriffes jedoch stark ausgeweitet. Beispielsweise wird E-Business mittlerweile auch als Oberbegriff für Themen wie E-Commerce und E-Government verwendet, ablesbar z. B. an der E-Business-Definition in Ausschuss für Definitionen zu Handel und Distribution (2006, S. 24):

> „Unter elektronischem Geschäftsverkehr (E-Business, Electronic Business) wird jede Art von wirtschaftlicher Tätigkeit auf der Basis computergestützter Netzwerke (insbesondere des Internets) verstanden. Neben Transaktionen zwischen verschiedenen Wirtschaftssubjekten umfasst der Begriff auch Transaktionen innerhalb kooperierender Systeme und unternehmensinterne Systeme im Back End [...]. Elektronischer Handel beschränkt sich hingegen auf marktliche Transaktionen und kann insofern als ein Teilbereich des elektronischen Geschäftsverkehrs angesehen werden."

Aus dieser Definition lässt sich unter anderem ablesen, dass z. B. auch manche unternehmensinternen Geschäftsprozesse und das unternehmensübergreifende Konzept des Supply Chain Managements mittlerweile zum E-Business gezählt werden können. Eine Übersetzung mit „elektronischer Handel" greift folglich eindeutig zu kurz. Stattdessen sind „Elektronisches Geschäft" oder auch „elektronisches Unternehmen" angemessen, wobei die Begriffe „Unternehmen" bzw. „Geschäft" weit gefasst zu interpretieren sind, da sie nicht (mehr) auf die Privatwirtschaft beschränkt sein müssen, sondern eben auch öffentliche Institutionen wie eine Stadtverwaltung oder die Finanzverwaltung umfassen können (E-Government bzw. E-Administration). Das entsprechende Teilgebiet des E-Business heißt E-Goverment bzw. E-Administration.

Unterzieht man „Electronic Business" einer einfachen Wortanalyse, so verwundert es, dass das Wort „Electronic", das heißt die elektronische Geschäftsabwicklung, so selten in Frage gestellt wird, obwohl in der Regel nicht der Einsatz beliebiger Elektronik – z. B. der eines Telefons oder eines einzelnen PCs – sondern der Einsatz vernetzter Rechner auf der Basis des Internets bzw. eines Intranets das Wesen des E-Business ausmacht. Konsequent müsste somit eigentlich von „Internet-Business" und damit I-Business – vgl. Thome (2002, S. 151) – oder auch von „Web-Business" gesprochen werden, beide Bezeichnungen sind jedoch nicht gebräuchlich.

2.1.2   E-Commerce

Wie bereits erläutert wird unter „E-Commerce" heute in der Regel elektronischer Handel verstanden, d. h. E-Commerce wird als Unterbegriff von E-Business verwendet. So definiert bereits Wirtz (2001, S. 39): „Electronic Commerce umfasst die Leistungsaustauschprozesse Anbahnung, Aushandlung und Abschluss von Handelstransaktionen zwischen Wirtschaftssubjekten mittels elektronischer Netze". Bei Schwarze und Schwarze (2002, S. 35) heißt es: „E-Commerce ist die Nutzung des Internets, um den Prozess des Kaufens und Verkaufens zwischen Unternehmen und Kunden zu ermöglichen". Offen bleibt meist, welche Arten von Wirtschaftssubjekten gemeint sind, d. h. es erfolgt keine klare Festlegung, wer als Kunde auftreten kann: Endverbraucher, andere Unternehmen, öffentliche Institutionen, Mitarbeiter? Der Ausschuss für Definitionen zu Handel und Distribution (2006, S. 24) schließt in diesem Zusammenhang zumindest unternehmensinterne und hierarchische (zwischen Arbeitsgeber und Arbeitnehmer ausgeführte) Transaktionen explizit aus, ebenso das klassische TV-Shopping.

Im Hinblick auf eine möglichst klare Abgrenzung bezieht sich „E-Commerce" in diesem Buch ausschließlich auf Leistungsaustauschprozesse zwischen Unternehmen und Konsumenten im Sinne von Endkunden, d. h. auf den B2C-Sektor, der in Kapitel 5 beleuchtet wird.

2.1.3   M-Business

Nah verwandt mit dem E-Business ist das sogenannte Mobile Business, kurz M-Business. Im Kern handelt es sich bei M-Business um „Mobile Electronic Business", d. h. es erfolgt eine Einschränkung auf den Einsatz mobiler Netze und Geräte zur Abwicklung von E-Business-Transaktionen. M-Business stellt somit einen Unterbegriff des E-Business dar. Umfragen billigen M-Business bzw. M-Commerce eine weiter steigende Bedeutung innerhalb des E-Business zu, vgl. Pangora GmbH; ECC Handel (2009, S. 15ff). Abgesehen von dem Vorteil, quasi von überall aus jederzeit E-Business-Transaktionen tätigen zu können, und den Nachteilen der umständlicheren Bedienung kleiner Endgeräte wie etwa Mobiltelefonen, der höheren Kosten pro Transaktion und der höheren Sicherheitsrisiken der mobilen statt der stationären E-Business-Nutzung, gibt es kaum Besonderheiten des M-Business im Vergleich zum E-Business im Allgemeinen. Deshalb wird in diesem Buch weitgehend darauf verzichtet zwischen M-Business und E-Business zu unterscheiden. Gleiches gilt für das Begriffspaar E-Commerce und M-Commerce.

2.1.4 Weitere E-Begriffe

Nun ist es bekanntlich mitnichten so, dass E-Business und E-Commerce einschließlich ihrer mobilen Varianten die einzigen Wortschöpfungen sind, welche im Zuge des Trend zur elektronischen Geschäftsabwicklung bzw. zur internetbasierten Unterstützung von Prozessen entstanden sind. Die Kreativität der zahlreichen Autoren auf diesem Gebiet hat eine Fülle von mittlerweile mehr oder weniger etablierten Bezeichnungen hervorgebracht. Selbst wenn man sich dabei auf diejenigen beschränkt, die mit „E" für „Electronic" bzw. „Elektronisch" beginnen, und eine Vereinheitlichung der Schreibweise vornimmt (indem man z. B. unter „E-Business" auch die Schreibvarianten „Electronic Business", „eBusiness" und „e-Business" zusammenfasst) lassen sich weit über 100 „E-Wörter" finden, die im Anhang kurz vorgestellt werden, wobei die Auflistung dort zwangsläufig keinen Anspruch auf Vollständigkeit erhebt. Die Verbreitung und die Eindeutigkeit der einzelnen E-Wörter schwanken generell sehr stark. Während sich einige inzwischen fest etabliert haben, wie z. B. E-Government oder E-Learning, bleiben andere unscharf wie z. B. E-Health, oder haben weiterhin exotischen Charakter bzw. haben die Grenze zum Lächerlichen – je nach Sichtweise des Betrachters – bereits überschritten.

Unabhängig vom Einzelfall muss festgestellt werden, dass es dem ohnehin etwas diffusen Gebiet des E-Business kaum zuträglich ist, mit einer Fülle wenig verbreiteter „E-Wörter" zu operieren, von denen jedes einzelne beim Leser bzw. Hörer zu Unsicherheit bei der Interpretation und damit zu Missverständnissen führen kann. Dementsprechend werden in diesem Buch nur einige wenige E-Wörter verwendet und zwar solche, die einen hohen Verbreitungsgrad haben und sich klar voneinander abgrenzen lassen.

2.2   Akteursmatrix

Das weit gefasste Gebiet des E-Business wird wie erwähnt häufig über die beteiligten
Akteure bzw. Marktteilnehmer und ihre Geschäftsbeziehungen in Teilgebiete gegliedert. Akteure des E-Business sind hierbei alle, die Anbieter oder Empfänger von elektronisch basierten Leistungsaustauschprozessen sind oder sein können. Zu denken ist
insbesondere an Unternehmen, repräsentiert durch „B" für Business, Endkunden, repräsentiert durch „C" für Consumer (oder auch für „Customer"), und die öffentliche
Verwaltung, repräsentiert durch „A" für Administration oder alternativ „G" für Government. Im Zusammenhang mit den Aufgabengebieten der öffentlichen Verwaltung
ist es allerdings oft eher unpassend, von Kunden zu sprechen, man denke an hoheitliche Aufgaben wie das Erteilen von Bußgeld- oder Steuerbescheiden. Stattdessen wird
im Falle von Privatpersonen meist von Einwohnern als Zielgruppe gesprochen, wobei das englisches Pendant „Citizen" zufällig ebenfalls mit „C" beginnt, so dass die
auf den englischen Abkürzungen basierende Systematik gewahrt werden kann. Über
einfache Wortspiele lassen sich die bekannten aus den Anfangsbuchstaben mehrerer
Wörter gebildeten Abkürzungen B2B, B2C, C2C etc. ableiten, indem das „to" beispielsweise in „Business to Business" durch das homophone, d. h. phonetisch gleichlauten-
de „two" ersetzt und in der Kurzform die entsprechende Ziffer „2" verwendet wird
(**B**usiness-**2**-**B**usiness). Dabei ist lediglich zu beachten, dass z. B. „A2C" eben als „Administration to Citizen" und nicht als „Administration to Consumer" gelesen werden sollte. Solche Abkürzungen bzw. Kurzwörter, die sich aus den Anfangsbuchstaben mehrerer Wörter zusammen setzen, werden im Übrigen Akronyme genannt. Sie
werden im IT-Bereich generell häufig verwendet.

Oft werden die Akteursbeziehungen grafisch als „Akteursmatrix" dargestellt, in welcher horizontal die Leistungsnachfrager und vertikal die Leistungsanbieter eingetra-
gen werden, siehe z. B. Hermanns und Sauter (1999, S. 23). Die Abbildung 2.1 zeigt
eine solche Matrix, wobei diese neben den Unternehmen (Business), Konsumenten
(Consumer) und der Verwaltung (Administration) auch die Akteursgruppe Mitarbeiter, repräsentiert durch E für „Employee", einbezieht, welche in anderen Darstellun-
gen oft fehlt, da sie bei einer eingeschränkten Interpretation des E-Business-Begriffs
weniger bedeutsam ist. Die Berücksichtigung der Mitarbeiter ist für eine umfassende
Betrachtung einer elektronischen Geschäftsabwicklung bzw. eines elektronischen Unternehmens jedoch sehr wichtig, da sie die elektronische Unterstützung der internen
Geschäftsprozesse z. B. per Intranet mit einbezieht. Dieser Bereich wird gelegentlich
auch als „Intra-E-Business" bezeichnet. Als Zusatzinformation wird in der Abbildung
jeweils noch ein Beispiel einer entsprechenden Akteursbeziehung genannt. DPS steht
dabei übrigens für „Desktop Purchasing System" und bedeutet die komfortable, internetbasierte Beschaffung benötigter Produkte vom Schreibtisch aus, siehe dazu das
Thema E-Procurement in Kapitel 4.2.

Einzelne Akteure können selbstverständlich simultan Anbieter und Nachfrager von
Leistungen sein. Beispielsweise kann ein Handelsunternehmen in seinem E-Shop Konsumenten Waren anbieten und gleichzeitig Marktinformationen von einem Marktfor-
schungsinstitut nachfragen. Auch wird eine Person oftmals sowohl in der Rolle „Consumer" als auch in den Rollen „Employee" und „Citizen" im E-Business agieren. Sie
kann sogar zusätzlich in der Rolle „Business" auftreten, z. B. als sogenannter „Power-

seller" bei Ebay, d. h. als professioneller gewerbsmäßiger Verkäufer mit hohem Handelsvolumen. Bei Ebay finden somit Transaktionen aus den E-Business-Teilbereichen C2C, B2C und B2B statt, vgl. Kollmann (2009, S. 40).

Nach-frager / Anbieter	Administration	Business	Consumer (Citizen)	Employee
Administration	**A2A** Behörden-kooperation	**A2B** Öffentliche Aus-schreibung	**A2C** E-Voting per Internet	**A2E** Vorschriften zur Arbeits-sicherheit
Business	**B2A** Abgabe Steuer-erklärung	**B2B** E-Procure-ment per DPS	**B2C** Warenange-bot im E-Shop	**B2E** Arbeits-vorratsliste (Workflow)
Consumer (Citizen)	**C2A** Abgabe Steuer-erklärung	**C2B** Persönliches Profil in Jobbörse	**C2C** Kleinanzei-genmarkt (Internet)	**C2E** Email an Kunden-berater
Employee	**E2A** Einkommen-steuer-zahlung	**E2B** Urlaubsan-trag per Intranet	**E2C** Email vom Kunden-berater	**E2E** Kleinanzei-genmarkt (Intranet)

Abb. 2.1: *ABCE-Akteursmatrix*

Das Umsatzvolumen der verschiedenen in Abb. 2.1 genannten Akteursbeziehungen ist dabei sehr unterschiedlich. Wenig überraschend ist, dass die Akteursbeziehung B2B den Umsatzschwerpunkt im E-Business bildet, gefolgt vom B2C-Bereich, vgl. Wannenwetsch (2005, S. 291). Deshalb sind dem B2B-Bereich mit Kapitel 4 und dem B2C-Bereich mit Kapitel 5 eigene Kapitel gewidmet. Alle anderen Bereiche werden im nächsten Abschnitt kurz vorgestellt.

2.3   Überblick über nicht näher betrachtete Akteursbeziehungen

Nicht näher betrachtet wird in diesem Buch das „staatliche E-Business" und damit alle Akteursbeziehungen, an denen die Akteursgruppe „Administration" bzw. „Government" beteiligt ist. Gemäß der sogenannten Speyerer Definition wird unter E-Government die Abwicklung geschäftlicher Prozesse im Zusammenhang mit Regieren und Verwalten (Government) mit Hilfe von Informations- und Kommunikationstechniken über elektronische Medien verstanden (Lucke, 2000, S. 1). E-Government ist dabei der Oberbegriff, der neben „E-Administration" – die öffentliche Verwaltung – auch „E-Democracy" mit Anwendungsfeldern wie z. B. E-Partizipation und E-Voting umfasst (Merz, 2002, S. 24).

Im E-Government als einem nicht-kommerziellen Bereich sind bei gleicher technologischer Basis deutliche Unterschiede bezüglich Marktposition, Kunden bzw. Zielgruppen, Produktpalette und „Geschäfts"modellen gegenüber den in diesem Buch schwerpunktartig betrachteten Bereichen B2B und B2C festzustellen, so dass eine vollkommen separate Darstellung notwendig wäre, welche den gesetzten Rahmen dementsprechend sprengen würde.

A2A   *Administration to Administration* bedeutet die netzbasierte Verbindung von Behörden unterschiedlicher Bereiche und Ebenen zur Verbesserung der Geschäftsprozesse innerhalb und zwischen staatlichen Einrichtungen. Unterschieden werden kann einerseits die vertikale Verbindung der unterschiedlichen staatlichen Ebenen, z. B. Bund – Land – Regierungsbezirk – Landkreis – Gemeinde, und andererseits die horizontale Verbindung der verschiedenen Ministerien auf Bundes- bzw. Landesebene. Ein bekanntes Beispiel stellt die Online-Verbindung zwischen Kommunen und Bundesdruckerei zur Bestellung von Ausweisdokumenten dar[1]. An Nutzenaspekten der behördenübergreifenden Zusammenarbeit per Internet resultieren in diesem Fall eine Kostenersparnis für Kommunen und eine Zeitersparnis für Bürger. Als technologische Basis kann ein Extranet zur Realisierung von Transaktionen zwischen öffentlichen Institutionen im In- und Ausland aufgebaut werden.

A2B   *Administration to Business* umfasst Transaktionen zwischen öffentlichen Institutionen und Unternehmen. Beispiele sind das Ausschreiben öffentlicher Bauvorhaben, die Abwicklung von Transferzahlungen an Unternehmen (Subventionen) oder die vollelektronische Beschaffung durch rechtsverbindliche Abwicklung von Geboten aus der Wirtschaft über das Internet per E-Procurement ähnlich dem B2B-Bereich, siehe dazu Kapitel 3.2. Wesentlicher Nutzeffekt ist dabei die Prozesskostensenkung gegenüber konventioneller Beschaffung. Darüber hinaus sind – um ein weiteres Beispiel für A2B zu nennen – unter http://www.bund.de die Internetseiten der einzelnen Ministerien mit diversen Informationen zum Abruf durch Unternehmen verfügbar.

---

[1]Vgl. http://www.bundesdruckerei.de.

A2C *Administration to Citizen* bezieht sich grundsätzlich auf Beziehungen der Verwaltung zu allen Einwohnern eines Staates, d. h. es beschränkt sich nicht auf Staatsangehörige oder Wahlberechtigte. Weitere Zielgruppen sind im Ausland lebende Staatsangehörige (z. B. im Zusammenhang mit Wahlen, dem Passwesen etc.) und Arbeitnehmer, die im Ausland arbeiten (z. B. im Hinblick auf die Besteuerung ihrer Einkünfte). Wichtige E-Business-Angebote im A2C-Bereich sind die Abwicklung von Transferzahlungen (z. B. das Arbeitslosengeld 2, kurz „Hartz IV") und die Vermittlungsbörse für Bewerber und Stellenangebote der Bundesagentur für Arbeit im Internet[2]. Weitere Beispiele sind Informations- und Dienstleistungsangebote von Kommunen für Bürger oder Touristen. Aber auch Informationen aus der Politik können hierzu gezählt werden, z. B. die Video-Podcasts der Bundeskanzlerin[3]).

A2E *Administration to Employee* beschreibt die durch das Internet unterstützte staatliche Einflussnahme auf Arbeitnehmer, die damit indirekt zwangsläufig auch auf Arbeitgeber wirkt. Typische Beispiele sind die im Internet verfügbaren gesetzlichen Vorschriften und andere Richtlinien, die sich auf die Arbeitswelt beziehen, zu denken ist hier etwa an das Arbeitsschutzgesetz, die Arbeitsstättenverordnung und das Arbeitszeitgesetz, siehe dazu www.bmas.bund.de.

B2A *Business to Administration* umfasst Beziehungen von Unternehmen zur öffentlichen Verwaltung. Einerseits ist dabei an Geschäftsbeziehungen zu denken, in welchen die öffentliche Verwaltung als Abnehmer von Produkten und Dienstleistungen der Privatwirtschaft auftritt. Diese Geschäftsbeziehungen unterscheiden sich nicht wesentlich von denjenigen im B2B-Bereich. Hinzu kommen jedoch Beziehungen von Unternehmen zur öffentlichen Verwaltung, bei welchen die hoheitliche Funktion der öffentlichen Verwaltung zum Tragen kommt. Typische Beispiele sind hierbei Steuererklärungen und Meldungen über das Dienstleistungsportal der Finanzverwaltung, d. h. Unternehmen können ihre Steuerdaten via Internet mit der Finanzverwaltung austauschen, siehe dazu https://www.elster.de/. In einigen Fällen wie z. B. den Lohnsteuerbescheinigungsdaten ist die elektronische Übertragung sogar verpflichtend. Das Dienstleistungsportal der Finanzverwaltung bietet dazu nach der Registrierung verschiedene Steuererklärungen und Meldungen an, die im sogenannten ElsterOnline-Portal mit einem Internetbrowser online erfasst und abgegeben werden können.

B2B *Business to Business* bezieht sich auf Geschäftsbeziehungen zwischen zwei Unternehmen (oder auch mehreren Unternehmen) und wird in Kapitel 4 ausführlich betrachtet.

B2C *Business to Consumer* bezieht sich auf Geschäftsbeziehungen von Unternehmen zu Konsumenten und wird in Kapitel 5 ausführlich betrachtet.

---

[2]Siehe http://www.arbeitsagentur.de.
[3]Vgl. http://www.bundeskanzlerin.de/Webs/BK/DE/Homepage/home.html.

B2E   *Business to Employee* beschreibt den Einsatz von Internettechniken zur Unterstützung und Verbesserung innerbetrieblicher Abläufe, beispielsweise zur Vereinfachung der Kommunikation mit dem Außendienst einschließlich der hier wichtigen Routenplanung und -steuerung. Es können jedoch auch die verschiedenen Formen der Social Software dazu gezählt werden, vgl. Bächle (2006) und Hippner (2006a), man denke an das Angebot von Podcasts, Wikis, Foren etc. im Intranet eines Unternehmens, welches Information und Kommunikation der Unternehmensangehörigen erleichtern soll, siehe dazu Kapitel 7. Vor allem aber kann der Einsatz von Mitarbeiterportalen als charakteristisch für den B2E-Bereich betrachtet werden, die für das Online-Führen von Mitarbeitern konzipiert sind, vgl. Hansen und Deimler (2002, S. 108). Darin integriert sind oftmals Systeme zur Erfassung von Urlaubsanträgen, zur Abrechnung von Dienstreisen, zur Mitarbeiterbeurteilung etc., die sich deutlich kostensenkend und durchlaufzeitverkürzend auswirken. Aber auch Funktionen bzw. Software zum Dokumentenmanagement und zur Vorgangsbearbeitung (Workflow-Management-Systeme) können dazu gezählt werden. Je nach Sichtweise werden auch Beziehungen von Unternehmen zu potentiellen Mitarbeitern, d. h. Bewerbern zum B2E-Bereich gezählt. B2E ist somit ein Bereich des E-Business, der für alle Unternehmen die Chance bietet, an den Nutzeffekten des E-Business zu partizipieren, obwohl er gar nicht unbedingt als zum E-Business zählend wahrgenommen wird. Er ist nämlich auch für diejenigen Unternehmen von Bedeutung, für welche B2B und B2C branchenbedingt nur beschränkt oder überhaupt nicht realisierbar sind, wie es z. B. bei Beratungsunternehmen oder Pflegediensten der Fall ist. Mit der Frage der grundsätzlichen Produkteignung für das E-Commerce beschäftigt sich das Kapitel 5.1.2.

C2A   *Citizen to Administration* fasst internetbasierte Beziehungen von Einwohnern zur öffentlichen Verwaltung zusammen. Hier kann als Beispiel wie im Falle von B2A die Finanzverwaltung (http://www.finanzamt.de) genannt werden, da steuerpflichtige Privatpersonen genau wie Unternehmen die Möglichkeit haben Steuerdaten elektronisch einzureichen, z. B. elektronische Lohn- und Einkommenssteuererklärungen abzugeben. Die Finanzverwaltung honoriert die Nutzung des Kommunikationskanals Internet mit dem Versprechen der bevorzugten Bearbeitung der auf diesem Wege eintreffenden Fälle. Ein anderes Anwendungsszenario besteht darin, dass Einwohner öffentliche Bauvorhaben bewerten, indem sie z. B. zu verschiedenen Möglichkeiten der Trassenführung einer geplanten Umgehungsstraße Stellung nehmen und ggf. über sie abstimmen können um ein Stimmungsbild der Bevölkerung für die Entscheidungsträger zu erzeugen.

C2B   *Consumer to Business* bezieht sich auf Beziehungen von Privatpersonen zu Unternehmen, der Begriff „Konsument" ist dabei nur teilweise passend, da Privatpersonen gegenüber Unternehmen nicht nur in der Rolle „Konsument", sondern z. B. auch als Bewerber auftreten können. Demensprechend sind Jobbörsen mit Stellengesuchen von Arbeitnehmern wie z. B. http://www.job.de gute Beispiele für C2B-Beziehungen. Darüber hinaus können Konsumenten auch aktiv als Nachfrager auftreten und im Rahmen von sogenannten umgekehrten Auktionen („Reversed Auctions"), siehe dazu

Kapitel 4.2.5, Produkte oder Dienstleistungen bei Unternehmen anfragen, vgl. Bagusat und Hermanns (2008, S. 146).

C2C Im Bereich *Consumer to Consumer* tauschen Privatpersonen kommerziell im Sinne von Kleinanzeigen- oder Flohmärkten wie etwa http://www.autoscout24.de, im Rahmen von Auktionen wie bei Ebay (http://www.ebay.de) oder nichtkommerziell wie im Falle von Tauschbörsen (z. B. http://www.tauschticket.de/) Leistungen aus. Dank der Möglichkeiten, die das Social Commerce (siehe Kapitel 5.2) bietet, lassen sich darüber hinaus auch ohne spezielle IT-Kenntnisse selbst erzeugte Produkte über eigene E-Shops per Internet vermarkten.

C2E *Consumer to Employee* umfasst z. B. die E-Mail des Kunden an den Kundenberater, wobei der Übergang zu C2B damit zwangsläufig fließend ist, denn der Kundenberater dürfte in der Regel in seiner Rolle als Ansprechpartner des Kunden im Unternehmen und damit als Repräsentant des Unternehmens und nicht als einzelner Unternehmensangehöriger kontaktiert werden.

E2A *Employee to Administration*: Zu denken ist hier beispielsweise an das Einreichen von Lohnsteuerkarten und die vom Arbeitgeber durchgeführte Einkommenssteuerzahlung des Mitarbeiters an die Finanzverwaltung. Schnittstellen zu C2A (elektronische Steuererklärung des Steuerpflichtigen) und zu B2A (elektronische Übermittlung von Steuerdaten) sind bei E2A offenkundig vorhanden.

E2B *Employee to Business*: Der Einsatz der Internet-Technologie zur Optimierung innerbetrieblicher Abläufe ist im Zusammenhang mit B2E bereits angesprochen worden. Er reicht im Falle des E2B von E-Mails der Mitarbeiter an die Personalabteilung bis hin zur Erfassung von Urlaubsanträgen, Reisekostenabrechnungen etc. mittels entsprechender Anwendungssysteme durch die Mitarbeiter selbst, d. h. ohne Beteiligung von Personalsachbearbeitern oder Sekretariatskräften. E2B fasst somit die Nutzung der Informations-, Kommunikations- und Transaktionsmöglichkeiten zusammen, die ein Unternehmen seinen Mitarbeitern zur Verfügung stellt, um Kosten zu senken (z. B. Personalkosten bei der Erfassung und Genehmigung eines Urlaubsantrags), Durchlaufzeiten zu verkürzen (z. B. bei der Bearbeitung eines Beschaffungsvorgangs) und die Kommunikation zu unterstützen (z. B. bei der Verbreitung von Unternehmensinformationen). B2E und E2B können zum sogenannten Intra-E-Business gezählt werden.

E2C *Employee to Consumer*: Als Beispiel kann die E-Mail vom Kundenberater an den Kunden genannt werden, wobei hier analog zu C2E gilt, dass der Übergang zu B2C fließend ist, denn der Kundenberater wird den Kunden in der Regel wiederum in seiner Rolle als Ansprechpartner des Unternehmens für den Kunden kontaktieren und weniger in seiner Rolle als individueller Mitarbeiter des Unternehmens.

E2E *Employee to Employee*: Der E2E-Bereich umfasst nicht oder nur wenig formalisierte Beziehungen zwischen Beschäftigten eines Unternehmens. Beispiele hierfür sind zum einen – analog zum C2C-Bereich – Kleinanzeigenmärkte im Intranet eines Unternehmens und zum anderen Angebote im Sinne „schwarzer Bretter" – die sich z. B. auf Aktivitäten von Betriebsrat oder Betriebssportgruppen beziehen, vgl. Lassmann (2006, S. 522).

2.4   Geschäftsmodelle im E-Business

Im Zusammenhang mit dem E-Business kommt dem Begriff des Geschäftsmodells eine zentrale Bedeutung zu. Ein Geschäftsmodell hat einen komprimierten Überblick der Geschäftsaktivitäten in Modellform zum Ziel. Durch die Analyse von Geschäftsmodellen sollen sich die Erfolgsaussichten von Unternehmensgründungen („Start-ups"), Ausgründungen („Spin-offs") und Markteintritten in neue Geschäftsfelder realistisch einschätzen lassen. Die Idee der Geschäftsmodelle selbst stammt aus dem angloamerikanischen Raum. In Scheer u. a. (2003, S. 29) wird eine Begriffsbestimmung auf der Basis einer ganzen Reihe von Definitionen vorgenommen und als zusammenfassende Definition für Geschäftsmodelle im E-Business folgende vorgeschlagen:

> „Ein internetbasiertes Geschäftsmodell kann als eine abstrahierende Beschreibung der ordentlichen Geschäftstätigkeit einer Organisationseinheit angesehen werden. In der Regel wird auf Organisationseinheiten, Transformationsprozesse, Transferflüsse, Einflussfaktoren sowie Hilfsmittel, oder eine Auswahl hieraus, zurückgegriffen. Als Hilfsmittel wird explizit die Internettechnologie eingesetzt, welche Einfluss auf die Wertschöpfungsorganisation sowie den Inhalt und die Umsetzung von Transformationsprozessen und Transferflüssen hat. Charakteristische Akteure sind Intermediäre, Unternehmen und Endkunden. Wertschöpfungsinhalt sind bevorzugt digitale und im weiteren Sinne physische Produkte und Dienstleistungen."

Ein Geschäftsmodell bildet somit das betriebliche Produktions- und Leistungssystem ab, indem in vereinfachter Form sowohl der Ressourcenfluss als auch der innerbetriebliche Leistungserstellungsprozess dargestellt werden. Es enthält Aussagen darüber, durch welche Kombination von Produktionsfaktoren die Geschäftsstrategie umgesetzt werden soll und welche Aufgaben den involvierten Akteuren jeweils zukommen.

In Wirtz (2001, S. 209ff) wird eine prägnante Klassifikation von sogenannten Basisgeschäftsmodellen des E-Business vorgestellt, die als Einstieg gut geeignet und dementsprechend weit verbreitet ist, vgl. Abb. 2.2 angelehnt an Wirtz und Kleineicken (2000, S. 629f). Das sogenannte „4C-Net-Business-Model" orientiert sich am Leistungsangebot der im E-Business aktiven Unternehmen: Content, Commerce, Context und Connection. Es bezieht sich schwerpunktartig auf den Bereich B2C.

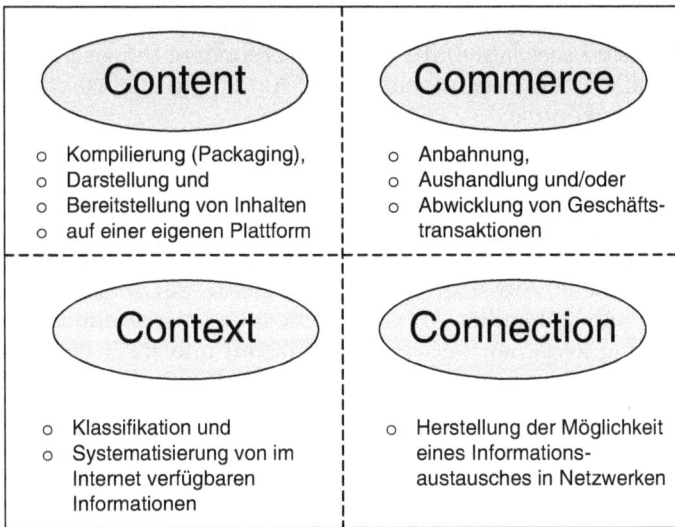

Abb. 2.2: Basisgeschäftsmodelle des 4C-Net-Business-Modells

Geschäftsmodelle setzen sich jeweils aus den Teilmodellen für Markt, Beschaffung, Leistungserstellung, Leistungsangebot, Distribution und Kapital zusammen, d. h. bei der Beschreibung eines Geschäftsmodells sind die genannten Teilmodelle auszuarbeiten und damit alle wichtigen Fragen, die sich im Zusammenhang mit der Beurteilung eines Geschäftsmodells stellen, zu beantworten. Einen Überblick über weitere Geschäftsmodelle im E-Business bietet Schwickert (2004). Die nachfolgenden Erläuterungen zu den Basis-Geschäftsmodellen des 4C-Net-Business-Model orientieren sich an Wirtz (2001, S. 209ff).

Content „Content" steht für Inhalte, die um Meta- und Layoutdaten angereichert sind und damit mit Hilfe eines Content-Management-Systems verwaltet werden können. Es geht somit (1) um die Sammlung von Inhalten bzw. Quellen, d. h. Textdokumenten, Bild-, Audio- und Videodateien etc., (2) um ihre Selektion im Sinne der Zielsetzung des Content-Anbieters, (3) um ihre Systematisierung mittels Schlagwörtern und anderer Metadaten wie Erscheinungsjahr, Urheber etc., sowie (4) um ihre gestalterische Aufbereitung („Kompilierung", „Packaging"). Die angebotenen Inhalte können weiter unterteilt werden in E-Information, E-Entertainment, E-Education mit informierenden, unterhaltenden oder bildenden Inhalten. Beispiele sind die Bereitstellung von Inhalten durch Privatpersonen (z. B. http://www.youtube.de) oder Unternehmen (z. B. http://www.faz.de). Erlöse werden dabei durch Gebühren für sogenannte Premiuminhalte und/oder Werbeeinnahmen erzielt. Es gibt jedoch auch Beispiele ausschließlich gebührenpflichtiger Inhalte, etwa die Wirtschaftsdatenbank http://www.genios.de. Das Spektrum der dort angebotenen Inhalte reicht von Zeitungsartikeln im Volltext über Unternehmensinformationen bis hin zu E-Books und Themendossiers. Bezahlte Inhalte („paid content") dürften sich allerdings auch in Zukunft generell auf wenige Bereiche beschränken, neben Fachinformationen wie beim Beispiel GENIOS sind dies laut OMD (2008) insbesondere Videos auf Abruf, Computerspiele und Erotik, wobei es entscheidend auf Aktualität, Exklusivität und Hochwertigkeit der Inhalte ankomme.

Commerce   Das Geschäftsmodell „Commerce" wird im Zusammenhang mit B2B und B2C ausführlich betrachtet, so dass hier ein Blick auf das Grundsätzliche dieses Geschäftsmodells genügt. Es geht dabei im Kern um die Anbahnung, Aushandlung und/oder (schnelle) Abwicklung von Geschäftstransaktionen. Ein bekanntes Beispiel ist der Internetbuchhändler Amazon (siehe http://www.amazon.de), wobei neben B2B (Beziehung zwischen Verlag und Amazon) und B2C (Beziehung zwischen Amazon und Endkunde) auch C2C unterstützt wird (Vermittlung des Handels von Gebrauchtartikeln zwischen Endkunden). Im Falle eines Händlers wie Amazon ist es ein Leichtes nachzuvollziehen, dass für den mehr oder weniger globalen Vertrieb seiner physischen Güter wie etwa gedruckter Bücher ein umfangreiches Partnernetzwerk für die Logistik notwendig ist.

Context   Context-Anbieter sind erst im Zusammenhang mit dem Internet entstanden. Sie bieten grundsätzlich keine eigenen Inhalte („Content") an, sondern stellen Navigationshilfen zur Verfügung oder fungieren als Aggregatoren. Aggregatoren sammeln Inhalte, bereiten sie auf und stellen sie für eine Zielgruppe neu zusammen. Sie stellen somit eine Form der neu entstandenen Intermediäre dar. Beispiele dafür sind Google News und Yahoo! Nachrichten, die aus zahlreichen Quellen einen Überblick über ein Thema verschaffen. Inhalte werden somit klassifiziert und systematisiert, z. B. in Form von Suchmaschinen (Google) oder durch Portalbetreiber (Yahoo, Lycos, AOL, T-Online). Erlöse werden durch Gebühren für die Aufnahme oder bevorzugte Platzierung von Inhalten, wie es v. a. bei Suchmaschinen wie http://www.google.de, http://www.lycos.de oder Web-Kataloge wie http://www.web.de möglich ist, oder durch Werbeeinnahmen erzielt. Zur Unterscheidung: Web-Kataloge beinhalten eine Bewertung der Inhalte durch Redakteure, während Suchmaschinen quasi automatisch Inhalte suchen und katalogisieren.

Connection   „Connection" bedeutet den Aufbau von Verbindungen im weiteren Sinne, d. h. technologische Verbindungen, kommerzielle Verbindungen oder auch ausschließlich der Kommunikation dienende Verbindungen. Gegenstand des Geschäftsmodells Connection ist somit z. B. die Bereitstellung von Internettechnologie, welche es den Akteuren ermöglicht im Internet zu interagieren und geschäftliche Transaktionen abzuwickeln. Typisches Beispiel ist der traditionelle Internetzugang wie bei AOL oder Freenet, der per Nutzungsgebühr (pauschal oder zeitabhängig) abgegolten wird, hinzu kommen drahtlose Internetzugangsmöglichkeiten. Wirtz spricht diesbezüglich von „Inter-Connection" als dem Zugang zu den physischen Netzwerkverbindungen. Im Gegensatz dazu beschäftigt sich die „Intra-Connection" mit Verbindungsleistungen innerhalb des Internets, d. h. insbesondere E-Mail-Funktionen und Communitys, aber auch anderen Kommunikationsformen, die mit den Schlagworten „Social Software" bzw. „Web 2.0" assoziiert werden, siehe dazu Kapitel 5.2. Teilweise werden

Nutzungsgebühren für sogenannte Premiummitgliedschaften (wie beispielsweise bei XING, web.de) erhoben, ansonsten sind diese Angebote werbefinanziert. Dies gilt insbesondere für Communitys, die sich mit Unterhaltung oder Hobbys beschäftigen, wie z. B. Youtube oder FlickR.

Hybrid- / Mischformen   In der Anfangszeit des E-Business wurden die einzelnen Geschäftsmodelle des 4-C-Net-Business-Models in der Regel in Reinform verfolgt. Heute dominieren die Mischformen. Als Beispiel kann der E-Marktplatz Autoscout[4] genannt werden, zu E-Marktplätzen siehe das Kapitel 5.1.3. Im Kontext des Handels mit Gebrauchtwagen werden auf diesem Marktplatz die Geschäftsmodelle Content, Commerce, Context und Connection verknüpft:

❏ Content: es werden diverse Informationen rund um das Thema „Auto" ergänzend zum eigentlichen Fahrzeugangebot bereitgestellt

❏ Commerce (partiell): Anbahnungsunterstützung durch Überprüfung der Interessenten

❏ Context: Zusammenführung von Angeboten von diversen Händlern und Privatanbietern bezüglich eines gesuchten Fahrzeugtyps

❏ Connection: Bildung eines Netzwerks von Händlern

Die Wertschöpfung besteht folglich in der Sammlung und Systematisierung von Informationen, dem Angebot von Waren und dem Austausch zwischen Anbieter und Nachfrager. Autoscout bietet somit einen Überblick, erleichtert die Auswahl und vermittelt den Kontakt zwischen Anbieter und Nachfrager.

Weitere Beispiele von Geschäftsmodellen werden dem Leser in den folgenden Kapiteln immer wieder begegnen. Speziell im Zusammenhang mit Web 2.0 bzw. Enterprise 2.0 (Kapitel 7) zeichnen sich neue Geschäftsmodelle ab, die das 4C-Net-Business-Modell ergänzen, vgl. Wirtz und Ullrich (2008, S. 30).

Im Zusammenhang mit den vorgestellten Geschäftsmodellen werden unterschiedliche Erlösmodelle verfolgt. Die Abbildung 2.3 nach Wirtz (2005, S. 587) zeigt die wesentlichen Erlösmodelle im E-Business. Im Falle der direkten und transaktionsabhängigen Geschäftsmodelle zahlen Kunden analog zu Transaktionen in der realen Welt direkt für einzelne vom Anbieter erbrachte Leistungen, z. B. für einen Artikel aus einer Fachzeitschrift. Direkte, transaktionsunabhängige Erlöse werden in Form von auf jeden Fall zu bezahlenden Mitglieds- oder Grundgebühren erzielt, z. B. auf Communityseiten, bei denen für die Kontaktierung anderer Community-Mitglieder oder für die Nutzung besonderer Funktionen eine Mitgliedsgebühr bezahlt werden muss. Typisch für transaktionsabhängige indirekte Erlösmodelle sind Vermittlungsgebühren. Im E-Business gilt dies z. B. für über Bannerwerbung zustande gekommene Geschäfte, die dem Betreiber der Website Gebühren zufließen lassen, auf welcher das Banner geschaltet wurde, dies wird als „Affiliate Marketing" bezeichnet, siehe dazu Kapitel 5.1.1. Ein

[4]http://www.autoscout24.de.

	Direkte Erlösmodelle	Indirekte Erlösmodelle
Transaktions-abhängig	Gebühr pro Transaktion Erfolgsprovision	Provisionen Bannerwerbung Sponsored Links („Pay per Action")
Transaktions-unabhängig	Gebühr pro Zeiteinheit Mitgliedsgebühr Grundgebühr Einrichtungsgebühr	Sponsored Links („Pay per Click") Bannerwerbung („Pay per View")

Abb. 2.3: *Erlössystematik im E-Business*

Beispiel für ein transaktionsunabhängiges indirektes Erlösmodell ist ein Suchmaschinenbetreiber, der nicht von den Transaktionen (= Suchanfragen) lebt, da diese kostenlos ausgeführt werden, sondern u. a. von Werbeeinblendungen, für die die Werbetreibenden z. B. pro Klick der Besucher bezahlen.

2.5   Kontrollfragen

1. Definieren Sie bitte den Unterschied zwischen E-Business und E-Commerce!

2. Nennen Sie Besonderheiten des Mobile Business!

3. Skizzieren und erläutern Sie eine BCA-Akteursmatrix mit den Akteursgruppen Business, Consumer und Administration!

4. Erläutern Sie bitte die Idee des Geschäftsmodells im E-Business!

5. Nennen und beschreiben Sie kurz die vier Basis-Geschäftsmodelle nach Wirtz!

3 E-Business-Technologie

3.1 Überblick: Basisarchitektur

Typische E-Business-Anwendungen werden mit Internettechniken realisiert. Ein technischer Blick auf die dafür notwendigen Komponenten zeigt eine Fülle möglicher Realisierungsalternativen. In diesem Kapitel werden einige zentrale Schlüsseltechniken zur Umsetzung von E-Business-Anwendungen vorgestellt. Dabei wird nicht auf hardware- und netzwerktechnische Voraussetzungen eingegangen. Auch die unterschiedlichen Serverarten, wie Webserver oder E-Mail-Server, sollen hier nicht behandelt werden. Vielmehr werden Schlüsseltechniken vorgestellt, die E-Business-Anwendungen aus softwaretechnischer Realisierungssicht typischerweise kennzeichnen. So stellt beispielsweise XML mittlerweile eine Schlüsseltechnik für die Umsetzung des elektronischen Datenaustauschs zwischen E-Business-Systemen dar.

Die Basisarchitektur typischer E-Business-Systeme basiert auf dem in Abbildung 3.1 vorgestellten Grundmodell des World Wide Web, dessen Komponenten nachfolgend erläutert werden; vgl. Bundesamt für Sicherheit in der Informationstechnik (2008b, S. 13ff):

Firewall Eine Firewall überwacht den durch sie hindurch laufenden Datenverkehr und entscheidet anhand festgelegter (Filter-)Regeln, ob bestimmte Netzwerkpakete weitergeleitet werden dürfen. Auf diese Weise versucht die Firewall das private Netzwerk bzw. Netzsegment vor unerlaubten Zugriffen zu schützen. Firewalls stellen also Paketfilter dar, die Netzsegmente vor missbräuchlicher Nutzung schützen sollen.

Webserver Ein Webserver dient der Übertragung von Dokumenten/Dateien, insbesondere HTML-Seiten an Clients, wie Notebooks, Desktop-Rechner und – immer öfter – Handy, wie dem iPhone von Apple. Zur Kommunikation wird dazu auf Clientseite zumeist ein Webbrowser verwendet. Die vom Webserver zur Verfügung gestellten Dokumente können statische oder dynamisch erzeugte Dateien sein, wie z. B. Kontoauszüge in E-Bankingsystemen oder individuelle Profilseiten auf Social Networking-Systemen wie StudiVZ. Als Übertragungsmethoden dienen die standardisierten Übertragungsprotokolle HTTP bzw. HTTPS; vgl. hierzu Kap. 3.6.2.

Anwendungsserver Ein Anwendungsserver wird verwendet, um dynamische Angebote zur Verfügung stellen zu können. Dabei werden Anfragen vom Webserver mit entsprechenden Parametern an den Anwendungsserver weitergereicht. Dieser ruft in

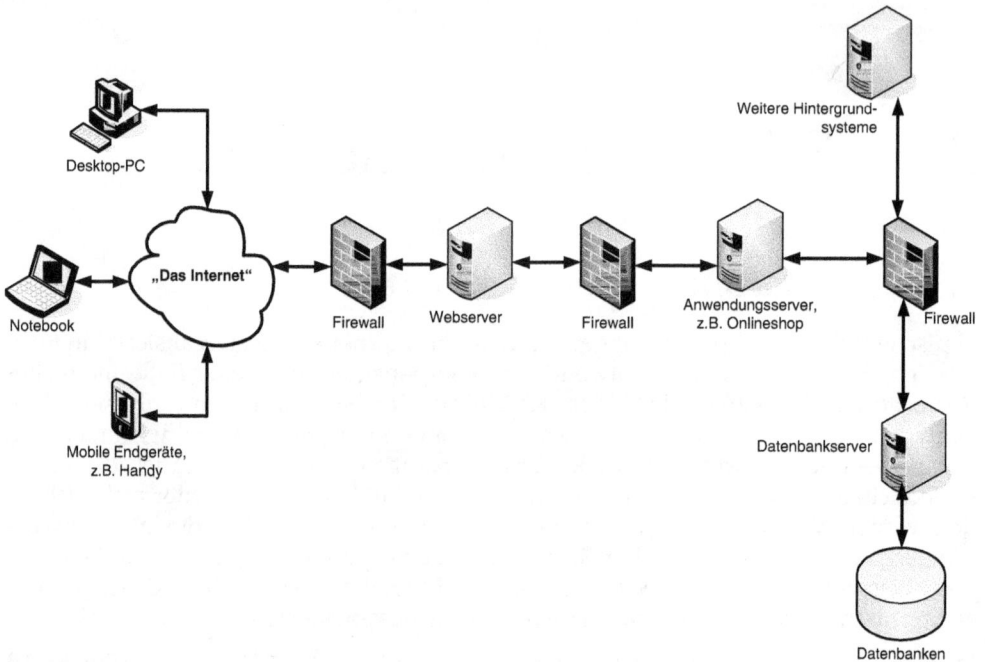

Abb. 3.1: *Basisarchitektur*

weiterer Folge die für die Verarbeitung der Anfrage erforderlichen Programme auf. Je nach Art des Aufrufs führt der Anwendungsserver auch Anfragen an Hintergrundsysteme, beispielsweise an Datenbankserver, durch. Das Ergebnis des Anwendungsservers wird dann wieder an den Webserver zurückgegeben, der das Ergebnis zumeist als HTML-Dokument an den Webbrowser des Clients schickt.

Datenbankserver   Um Daten, z. B. Kundendaten eines Onlineshops, dauerhaft speichern zu können, kommen bei E-Business-Systemen regelmäßig Datenbanken zum Einsatz, die meistens auf dedizierten Datenbankservern installiert und administriert werden.

Hintergrundsysteme   Dort, wo Informationssysteme in Unternehmen über mehrere Jahrzehnte gewachsen sind, existiert oft eine Vielzahl an Alt-Systemen (sog. *Back-End–Systeme*), die zum Teil geschäftskritische Anwendungen beziehungsweise Daten verarbeiten. Anwendungsserver können diese Altsysteme, wie z. B. ein ERP-System, über eigene Schnittstellenprogramme ansprechen und zum Beispiel Bestell- und Kundendaten austauschen.

Internet   Das Internet ist ein Zusammenschluss von vielen Teilnetzen zu einem global umfassenden Netz. Die einzelnen Teilnetze werden über sog. Router miteinander verbunden. Sehr leistungsfähige Verbindungen von Teilnetzen werden durch sog.
Backbone-Leitungen erreicht, welche die Provider zur Verfügung stellen. Daneben gibt
es aber auch noch zwei weitere Netzarten, die für E-Business-Anwendungen wichtig
sind; vgl. Bocij u. a. (2003, S. 185ff.) :

❏ Das *Intranet* ist ein unternehmensinternes Netz. Die einzelnen Unternehmensab-
teilungen können die eigenen Abläufe verwalten, sich mit anderen Organisati-
onseinheiten des Unternehmens zusammenschließen (um z. B. Projekte mittels
Groupware zu planen und durchzuführen; vgl. Kap. 7), die Auftragsabwicklung
koordinieren (Work-Flow-System) sowie Wissen und Erfahrungen archivieren
(Knowledge Bases; vgl. Kap. 7.2).

❏ Ein Unternehmen kann über ein *Extranet* seinen kooperierenden Partnern, wie
Zulieferbetrieben oder Vertriebspartnern, aber auch seinen Kunden, individuelle Dienste zur Verfügung stellen. So kann der Kunde den Support in Anspruch
nehmen, der Zulieferer sich am Work-Flow-System (z. B. Ausschreibungen) be-
teiligen und der Vertriebspartner Lagerbestände und aktuelle Preise in Erfahrung bringen.

3.2   XML

Die Extensible Markup Language (XML) wird seit 1998 vom World Wide Web Consortium (W3C) empfohlen und basiert auf der Standard Generalized Markup Language (SGML); vgl. Eckstein und Eckstein (2004, S. 22f), Seeboerger-Weichselbaum (2000,
S. 4ff) und W3C (b). Die am weitesten verbreitete XML-Version ist 1.0, die aktuelle
Version ist zur Zeit XML 1.1.

SGML wurde 1986 von der International Organisation for Standardization (ISO) als
„ISO 8879:1986" standardisiert und ist in der europäischen Norm EN 28879:1991 beschrieben. SGML ist eine Metasprache, also eine Sprache über eine Sprache, und ermöglicht das Definieren von Auszeichnungssprachen wie XML oder HTML. Obwohl
SGML bereits sehr lange existiert, konnte es sich aufgrund zu hoher Komplexität nicht
durchsetzen. XML ist deshalb eine Teilmenge der SGML-Syntax, bietet jedoch ausreichend Möglichkeiten, um auch komplexe Datenaustauschformate für E-Business-
Anwendungen zu definieren.

3.2.1   Aufbau eines XML-Dokuments

Ein XML-Dokument (mit der Dateiendung `.xml`) besteht i.d.R. aus einem XML-
Prolog, der *Document Type Definition (DTD)* bzw. dem *XML-Schema* und der Dokumentinstanz (siehe Abbildung 3.2).

Nachfolgend werden XML-Prolog und Dokumentinstanz vorgestellt. Auf DTD bzw.
XML-Schema wird gesondert in Kapitel 3.2.2 eingegangen.

```
                ┌─────────────────────────────┐
                │                             │
                │        XML-Prolog           │
                │                             │
                ├─────────────────────────────┤
                │                             │
                │     DTD bzw. XML-Schema     │
                │                             │
                ├─────────────────────────────┤
                │                             │
                │      Dokumentinstanz        │
                │                             │
                └─────────────────────────────┘
```

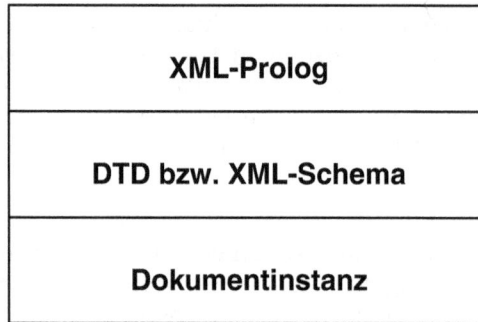

Abb. 3.2: *Aufbau eines XML-Dokuments*

XML-Prolog   Der XML-Prolog stellt den Beginn eines XML-Dokuments dar; vgl. Eckstein und Eckstein (2004, S. 45f), Seeboerger-Weichselbaum (2000, S. 41). Dort werden grundlegende Eigenschaften wie die verwendete XML-Version, die Art der Zeichenkodierung und ggf. die Existenz einer DTD bzw. eines XML-Schema festgelegt. Der einfachste XML-Prolog sieht wie folgt aus (vgl. Listing 2.1):

```
1   <?xml version ="1.0"?>
2   <wurzelelement>Hier steht etwas.</wurzelelement>
```

Listingsverzeichnis 2.1: *XML-Prolog mit Versionsangabe*

Der Prolog wird durch `<?xml` eingeleitet und mit `?>` geschlossen. In dem hier dargestellten Prolog wird ausschließlich Auskunft über die verwendete XML-Version gegeben (vgl. Zeile 1 in Listing 2.1). Diese Angabe ist obligatorisch, um dem XML-Parser[1] mitzuteilen, wie das Dokument zu behandeln ist. Das Root-Element `<wurzelelement>` gehört bereits zur Dokumentinstanz.

Da es weltweit unterschiedliche Zeichensätze gibt, sollte zudem auch immer der zu verwendete Zeichensatz mittels des `encoding`-Attributs angegeben werden, wie in Listing 2.2 dargestellt.

```
1   <?xml version ="1.0" encoding="ISO-8859-1"?>
2   <wurzelelement>Hier steht etwas.</wurzelelement>
```

Listingsverzeichnis 2.2: *XML-Prolog mit Zeichensatzangabe*

Der Zeichensatz ISO-8859-1 beinhaltet zum Beispiel westeuropäische Zeichen wie den Umlaut „Ü". Wenn solch ein Umlaut ohne Angabe des Zeichensatzes in einem XML-Dokument genutzt wird, kommt es zu einer Fehlermeldung. Standardmäßig liegt UTF-8 zugrunde.

In Listing 2.3 wird nun noch zusätzlich angegeben, dass eine DTD zu diesem XML-Dokument existiert.

---

[1]XML-Parser analysieren XML-Dokumente und stellen die darin enthaltenen Informationen für die weitere Verarbeitung zur Verfügung.

```
1  <?xml version="1.0" encoding="ISO-8859-1" standalone="yes"?>
2  <!DOCTYPE definitionname [
3    <!ELEMENT wurzelelement (subelement)>
4    <!ELEMENT subelement (#PCDATA)>
5  ]>
6
7  <wurzelelement>
8    <subelement>Hier steht etwas</subelement>
9  </wurzelelement>
```

Listingsverzeichnis 2.3: XML-Prolog mit interner DTD

Mit dem Attribut `standalone` wird mitgeteilt, ob eine interne oder externe DTD vorhanden ist. `standalone="yes"` besagt, dass es keine externe DTD gibt, sodass ausschließlich die angegebene, interne DTD zu berücksichtigen ist. Wenn das Attribut `standalone` im Prolog nicht explizit angegeben wird, ist standardmäßig `standalone` `="no"` vorgegeben.

Die DTD wird im Prolog immer mit `<!DOCTYPE` eingeleitet und mit `>` geschlossen. Wenn deren Regeln in der Dokumentinstanz eingehalten werden, handelt es sich um ein *gültiges* (valid) XML-Dokument, wohingegen XML-Dokumente ohne DTD bzw. XML-Schema als *wohlgeformt* (well-formed) bezeichnet werden, wenn sie alle Regeln zur Erstellung eines XML-Dokuments einhalten. Es steht dem Softwareentwickler frei, ob eine DTD bzw. ein XML-Schema Anwendung findet, wobei der Einsatz einer dieser Datenmodellierungen zu empfehlen ist.

Mit `<!ELEMENT wurzelelement (subelement)>` wird in der DTD definiert, dass das Element `<wurzelelement>` als Unterelement das `<subelement>` besitzt. Mit dem in Listing 2.4 dargestellten `#PCDATA` (Parsed Character Data) wird festgelegt, dass das Unterelement `<subelement>` als Inhalt normale Zeichen (konkrete Texte, Ziffern, Buchstaben) beinhalten darf, jedoch beispielsweise keine Grafiken.

```
1  <!ELEMENT subelement (#PCDATA)>
```

Listingsverzeichnis 2.4: DTD-Deklaration – Kindelement mit #PCDATA als Inhalt

Dokumentinstanz   Eine Dokumentinstanz wird überwiegend durch Elemente strukturiert; vgl. Eckstein und Eckstein (2004, S. 20f). Jedes dieser Elemente muss generell aus einem Start- und End-Tag bestehen, zwischen denen der Elementinhalt steht, wie in Listing 2.5 dargestellt. Wenn das Element keinen Inhalt haben soll, muss folgende Schreibweise benutzt werden: `<leeresElement/>`.

```
1  <name>Max Mustermann</name>
```

Listingsverzeichnis 2.5: XML-Element mit Inhalt

Auch die Schachtelung von mehreren Elementen ist möglich, wobei immer nur ein Wurzelelement existieren darf (vgl. Listing 2.6). Des Weiteren können Elemente auch Attribute enthalten, wie z. B. `<autor id="1234">Albert Einstein</autor>`.

```
1  <wurzelelement>
2      <person>Ernst</person>
3      <person>Hugo</person>
4      <verein>FV Musterstadt</verein>
5  </wurzelelement>
```

Listingsverzeichnis 2.6: XML-Dokument mit mehreren Elementen

Im Unterschied zu Attributen spielt bei Elementen die Reihenfolge ihres Auftretens im Dokument eine Rolle. Des Weiteren dürfen Elemente beliebig oft im XML-Dokument vorkommen (bis auf das Wurzelelement), wohingegen ein Attribut innerhalb eines Elements nur einmal erlaubt ist.

Zur besseren Lesbarkeit und Dokumentation sind in XML-Dokumenten zudem Kommentare, wie `<!-- Hier steht der Kommentar -->`, möglich.

3.2.2   Schemasprachen

Wie bereits erläutert werden XML-Dokumente im E-Business vor allem für den Datenaustausch genutzt. Die Einhaltung von klar definierten Strukturen für die korrekte Verarbeitung ist somit essentiell. Die Strukturen werden durch Datenmodellierung festgelegt. Für XML-Dokumente stehen hierzu die Document Type Definition (DTD) sowie das XML-Schema zur Verfügung.

Beide Schemasprachen werden dazu verwendet eine Schemabeschreibung zu modellieren. Eine solche Schema- bzw. Strukturdefinition dient dazu, Vorgaben und Regeln beispielsweise über erwünschte Elemente und Attribute sowie deren Anordnung, bezüglich der Dokumentinstanz zu beschreiben. Die Schemabeschreibung wird explizit verwendet, um die Struktur des Dokumentes auch externen Anwendungen bekannt zu machen. Darüber hinaus dient sie dazu, Fehler im erstellten Dokument zu erkennen.

Ein Schema kann sowohl innerhalb des Dokuments als auch in einer eigenen, externen Datei beschrieben werden. Wenn ein XML-Dokument syntaktisch richtig aufgebaut ist, so spricht man von einem wohlgeformten Dokument (*well-formed*). Hat es darüber hinaus eine Schemadefinition, welche die definierten Regeln erfüllt, so spricht man von einem gültigen Dokument (*valid*). Diese Eigenschaften der Gültigkeit und Wohlgeformtheit werden durch XML-Prozessoren überprüft.

Document Type Definitions (DTDs)   kamen bereits bei SGML zum Einsatz. DTDs basieren auf einer eigenen Syntax, die leicht verständlich und einfach lesbar ist. Aufgrund der begrenzten Möglichkeiten sind Document Type Definitions einfach zu handhaben und dadurch weit verbreitet. Dafür fehlt es aber an einigen Darstellungsmethoden, z. B. für die Modellierung von Datentypen. Deshalb kommt für solche Einsatzgebiete mehr und mehr das komplexere XML-Schema zum Einsatz.

XML-Schema   Mit dem ebenfalls vom W3C empfohlenen XML-Schema lassen sich zusätzlich zu den Funktionalitäten von DTDs auch Datentypen beschreiben, sowie weitere Modellierungen, die mit DTD nicht möglich sind. Dadurch kann auf viele vordefinierte Typen wie Integer, Boolean, Date, etc. zurückgegriffen und zusätzlich eigene Typen definiert werden. Weiterhin können genaue Angaben zu Kardinalitäten gemacht und allgemein eine detailliertere Modellierung vorgenommen werden. XML-Schema ist, wie der Name bereits vermuten lässt, eine XML-Auszeichnungssprache und dadurch syntaktisch nach den XML-Regeln aufgebaut. Die Wiederverwendbarkeit von Definitionen ist eines der zentralen Aspekte, wobei XML-Schema auch erweiterbar ist. Vergleicht man es mit DTD, so wird deutlich, dass XML-Schema durch seine Möglichkeiten der Modellierung viel mächtiger, dadurch jedoch auch komplexer ist.

3.3 HTML und XHTML

HTML wird hauptsächlich dazu verwendet, Informationen im World Wide Web zu veröffentlichen. Entscheidend für die Verwendung der Sprache im WWW ist die Tatsache, dass die Adressierung anderer Textstellen bzw. Dokumente durch Hypertext-Konstrukte ermöglicht wird. Diese Hypertext-Konstrukte werden als Hyperlinks bezeichnet. Die Hypertext-Konstrukte und die spezielle Textauszeichnung (engl. *markup*) geben der Sprache auch ihren Namen. HTML wurde 1992 erstmals freigegeben, seitdem ständig vom W3C weiterentwickelt und liegt aktuell in der Version HTML 4.01 vor. Diese Version soll in absehbarer Zeit durch HTML 5 (Version 5 von HTML) abgelöst werden; vgl. W3C (c).

Ein weiterer, damit konkurrierender Standard des W3C ist die *Extensible Hypertext Markup Language* (XHTML)[2]; vgl. W3C (d). Eigentlich sollte XHTML das „alte" HTML als Standard ablösen. Dies ist letztlich nie wirklich gelungen. XHTML basiert, im Gegensatz zu HTML, nicht direkt auf SGML, sondern auf XML. Dadurch ergeben sich einige Unterschiede bei der Anwendung, das heißt, dass ein HTML-Dokument, das dem HTML-Standard entspricht, nicht zugleich auch den XHTML-Standard einhält. Die wichtigsten Unterschiede werden in Kap. 3.3.2 erläutert.

3.3.1 Aufbau von HTML- bzw. XHTML-Dokumenten

Ein (X)HTML-Dokument besteht aus drei Bereichen (siehe Listing 3.1):

❏ einer Dokumententyp-Deklaration,

❏ einem HTML-Kopf und

❏ einem HTML-Körper.

Die Dokumententyp-Deklaration legt fest, welche DTD in der HTML-Datei verwendet wird .

---

[2]Die aktuelle Version ist zur Zeit noch XHTML 1.1. Sie sollte von XHTML 2.0 abgelöst werden, deren Entwicklung aber Ende 2009 zugunsten einer Version 5.0 von HTML eingestellt wurde.

```
1    <!DOCTYPE HTML
2    PUBLIC "-//W3C//DTD HTML 4.01//EN"
3    "http://www.w3.org/TR/html4/strict.dtd">
4    <HTML>
5    <HEAD>
6    <!-- HTML-Kopf -->
7    </HEAD>
8    <BODY>
9    <!-- HTML-Körper -->
10   </BODY>
11   </HTML>
```

Listingsverzeichnis 3.1: *Allgemeine HTML-Struktur*

HTML-Kopf   (engl. head) enthält verschiedene Meta-Informationen, die auf die Darstellung der Datei keine direkte Auswirkung haben, aber z. B. für Suchmaschinen von Interesse sind. Im HTML-Kopf können bis zu sieben verschiedene Elemente verwendet werden, die im Folgenden anhand der (noch aktuellen) HTML 4.01 Specification erklärt werden. In Listing 3.2 ist dargestellt, wie die sieben genannten Elemente verwendet werden können.

```
1    <HEAD>
2    <TITLE>HTML und XHTML - Kapitel 2</TITLE>
3    <META http-equiv="Content-Type" content="text/html;
4    charset=ISO-8859-1">
5    <META http-equiv="Content-Language" content="de">
6    <META name="author" content="Hans Mustermann">
7    <META name="copyright" content="&copy; 2010, Hans Mustermann">
8    <META name="keywords" content="HTML, XHTML, Versionen">
9    <META name="robots" content="noarchive, index, follow">
10   <META name="revisit-after" content="5 days">
11   <BASE href="http://my-website.tld/start/index.html">
12   <LINK rel="Index" href="index.html">
13   <LINK rel="Next" href="kapitel3.html">
14   <LINK rel="Prev" href="kapitel1.html">
15   <SCRIPT type="text/javascript" src="scripts/helloworld.js">
16   </SCRIPT>
17   <STYLE type="text/css" media="screen">
18   H1 { text-align: center; }
19   H1.red { color: #FF0000; }
20   </STYLE>
21   <OBJECT data="vectorgraphics.svg" type="image/svg+xml">
22   </OBJECT>
23   </HEAD>
```

Listingsverzeichnis 3.2: *Ausführlicher HTML-Kopf*

1. Das `title`-Element kann mit dem Titel eines Buches verglichen werden. Er sollte in der Regel aussagekräftig in Bezug auf den Inhalt sein.

2. Das `meta`-Element ist für die Verwendung von Metadaten gedacht. Es kann verwendet werden, um Dokumenteneigenschaften, wie Autor, Stichworte oder Informationen für Suchmaschinen, zu beschreiben.

3. Das `base`-Element ist dazu gedacht eine Basisadresse für referenzierende Seiten anzugeben.

4. Das `link`-Element definiert einen Verweis auf andere Seiten, die eine bestimmte Beziehung zueinander haben. Das Element wird aber auch häufig zur Einbindung von Stylesheets verwendet.

5. Mit dem `script`-Element kann externer Code einer Skriptsprache eingebunden werden. Meist verwendete Skriptsprache ist Javascript.

6. Das `style`-Element erlaubt es, Stylesheet-Regeln zu definieren, mit denen die Darstellungsform (der *style*) der HTML-Datei gesteuert wird. Als Stylesheetsprache hat sich CSS bewährt, das in Kapitel 3.4 noch gesondert besprochen wird.

7. Mit dem `object`-Element können externe Dateien eingebunden werden, die ausführbaren Code enthalten.

HTML-Körper (engl. body) enthält alle beschreibenden Elemente und Attribute, die für die Darstellung und den Inhalt der HTML-Datei entscheidend sind. Der Inhalt wird dann je nach Browser zum Beispiel textlich und graphisch dargestellt oder in eine Sprachausgabe umgewandelt. Der HTML-Körper kann mit den unterschiedlichsten HTML-Tags gestaltet werden. Die gängigsten Tags sind Überschriften <h1> bis <h6>, Tabellen <table>, Listen <ol> und <ul>, Paragraphen <p> und Graphiken <img> (siehe Listing 3.3).

```
1   <BODY>
2   <H1>Hauptüberschrift</H1>
3   <H2>Unterüberschrift</H2>
4   <P>Im Folgenden erscheint eine kleine Tabelle.
5   <TABLE width="400" border="1">
6   <TR>
7   <TD>Zeile 1, Spalte 1</TD>
8   <TD>Zeile 1, Spalte 2</TD>
9   </TR>
10  <TR>
11  <TD>Zeile 2, Spalte 1</TD>
12  <TD>Zeile 2, Spalte 2</TD>
13  </TR>
14  </TABLE>
15  <P>Dieser Paragraph kündigt eine Liste an:
16  <UL>
17  <LI>Listeneintrag eins
18  <LI>Listeneintrag zwei
19  <LI>usw.
20  </UL>
21  <P>Abschliessend erscheint ein Bild.
22  <BR><BR>
23  <IMG src="herbst.jpg" alt="Herbst" width="300" height="200">
24  </BODY>
```

Listingsverzeichnis 3.3: Beispielhafter HTML-Körper

Ersetzt man in Listing 3.1 die Kommentarzeilen <!- HTML-Kopf -> und <!-HTML-Körper -> (Zeilen 6 und 9) mit dem HTML-Kopf aus Listing 3.2 und dem HTML-Körper aus Listing 3.3, so erhält man ein valides (gültiges) HTML 4.01 Strict Dokument. *Valide* bedeutet, dass nur Elemente und Attribute verwendet wurden, die die Dokumententyp-Deklaration erlaubt. In diesem Fall (siehe Listing 3.1) wurde die DTD-Variante „Strict" gewählt.

Tags   Im Zusammenhang mit HTML und XHTML ist mit *Tag* das Kürzel zwischen „<" (Kleinerzeichen bzw. spitze Klammer „auf") und „>" (Größerzeichen bzw. spitze Klammer „zu") gemeint. Die Kürzel stehen meist für einen englischen Ausdruck, der beschreibt, welches Ergebnis der Tag im Dokument hervorruft.

Eine Textauszeichnung beginnt in der Regel mit einem öffnenden Tag (Start-Tag) und endet mit einem schließenden Tag (End-Tag) nach dem auszuzeichnenden Text. Der schließende Tag ist durch einen Schrägstrich zu Beginn des Tags gekennzeichnet (siehe Listing 3.4).

```
1  <b>bold/fett</b>
2  <i>italic/kursiv</i>
3  <u>underline/unterstreichen</u>
```

Listingsverzeichnis 3.4: Elemente mit Start- und End-Tag

Es gibt auch Elemente, die keinen End-Tag benötigen, wie in Listing 3.5 gezeigt. Viele Elemente können durch die Angabe von Attributen in ihrer Darstellung beeinflusst werden. Manche dieser Attribute sind Pflichtangaben, andere wiederum können wahlweise verwendet werden.

```
1  <p>Zeilenumbrüche<br>und Bilder<br>
2  <img src="herbst.jpg" alt="Herbst" width="300" height="200">
3  <br>haben in HTML keinen End-Tag.
```

Listingsverzeichnis 3.5: Elemente ohne End-Tag

Typisches Beispiel für die Verwendung von Attributen ist das in Listing 3.5 verwendete `img`-Element in Zeile 2. Das `img`-Element besitzt insgesamt acht Attribute. Davon sind nur zwei zwingend notwendig. Zum einen ist dies das Attribut `src`, welches angibt, wo die einzufügende Graphik gespeichert ist, und zum anderen das Attribut `alt`, welches eine aussagekräftige Kurzbeschreibung der Graphik enthalten soll. Diese Kurzbeschreibung ist für Browser gedacht, die keine Graphiken darstellen können. Sie zeigen stattdessen den alternativen Text an.

Die beiden anderen im Beispiel verwendeten Attribute, `width` und `height`, sind dagegen nicht zwingend notwendig. Sie geben nur an, in welcher Größe die Graphik vom Browser dargestellt werden darf. Es gibt noch vier weitere Attribute des `img`-Elements: `longdesc`, `name`, `usemap` und `ismap`. Es können aber auch allgemein verwendbare Attribute genutzt werden, zum Beispiel `class` oder `style`. Die Verwendung der genannten Attribute kann den Stil bzw. die Darstellung der Graphik verändern. Der Unterschied liegt darin, dass dem Attribut `class` eine CSS-Klasse als Wert zugewiesen werden kann, in der CSS-Code enthalten ist. Das Attribut `style` hingegen bekommt als Wert den gewünschten CSS-Code (vgl. Kapitel 3.4).

In Tabelle 3.1 ist eine kleine Auswahl von Elementen mit Beschreibung und zulässigen Attributen aufgelistet. Es gibt über 80 dieser Elemente. Dabei wird noch zwischen Block- und Inline-Element unterschieden. Block-Elemente erzeugen im Gegensatz zu Inline-Elementen einen eigenen Absatz im Text.

Die meisten Attribute sind keine Pflichtattribute, sondern werden nur in Ausnahmefällen angewendet. Die am häufigsten verwendeten Attribute sind `class`, `dir`, `id`,

Element	Beschreibung	Erlaubte Attribute
a	markiert Hyperlink oder Anker	accesskey, charset, coords, <u>href</u>, hreflang, name, onblur, onfocus, rel, rev, shape, tabindex, (target), type
b	markiert fett gedruckten Text	
br	erzeugt einen Zeilenumbruch	(clear)
hr	erzeugt eine horizontale Linie	(align), (noshade), (size), (width)
img	referenziert eine Graphik	(align), <u>alt</u>, (border), height, (hspace), ismap, longdesc, name, <u>src</u>, usemap, (vspace), width
p	markiert einen Textabsatz	(align)
table	erzeugt eine Tabelle	(align), border, (bgcolor), cellpadding, cellspacing, datafld, datasrc, dataformatas, frame, rules, summary, width
td	markiert eine Tabellenzelle	abbr, align, axis, (bgcolor), char, charoff, colspan, headers, (height), (nowrap), rowspan, scope, valign, (width)
tr	definiert eine Tabellenzeile	align, (bgcolor), char, charoff, valign

Geforderte Attribute sind unterstrichen.
Die in nicht jeder DTD-Variante erlaubten Attribute sind geklammert.

***Tab. 3.1:** Elemente und deren Attribute*

`lang`, `style` und `title`. Diese sechs Attribute können in Verbindung mit den meisten Elementen verwendet werden. Die in Tabelle 3.1 zusammengestellten Elemente werden im Folgenden in Listing 3.6 in praktischer Anwendung veranschaulicht.

```
 1   <!DOCTYPE HTML
 2   PUBLIC "−//W3C//DTD HTML 4.01 Transitional//EN"
 3   "http://www.w3.org/TR/html4/loose.dtd">
 4   <HTML>
 5   <HEAD>
 6   <title>Testseite</title>
 7   <meta http−equiv="Content−Type" content="text/html;
 8   charset=ISO−8859−1">
 9   </HEAD>
10   <BODY>
11   <p><a href="seite2.html">Dies ist ein Hyperlink.</a>
12   Der Hyperlink verweist auf die Datei "seite2.html".</p>
13   <p>Hier beginnt erneut ein neuer Absatz mit <b>fett</b>
14   gedrucktem Wort und einem<br>Zeilenumbruch.</p>
15   <hr>
16   <p>Die Linie kann entweder "weich" oder "hart" dargestellt werden.</p>
17   <hr noshade>
18   <p>Jetzt kommt noch eine Tabelle, die eine Graphik enthält.</p>
19   <table border="1">
20   <tr>
21   <td><img src="image.jpg" alt="Testbild"></td>
22   </tr>
23   <tr>
24   <td>Zweite Tabellenzeile</td>
25   </tr>
26   </table>
27   </BODY>
28   </HTML>
```

Listingsverzeichnis 3.6: HTML 4.01 Transitional Dokument

3.3.2   Wichtige Unterschiede zwischen HTML und XHTML

Der Hauptunterschied zwischen HTML und XHTML liegt in der Genauigkeit bei der Verwendung von Tags. Jeder Tag benötigt in XHTML nicht nur einen Start-Tag, sondern auch einen End-Tag. Auch leere Elemente brauchen bei XHTML einen schließenden Tag. Diese Forderung kann auf zwei Arten erfüllt werden (siehe Listing 3.7).

```
1   <p>Zeilenumbrüche<br></br>und Bilder <br></br>
2   <img src="herbst.jpg" alt="Herbst" width="300" height="200"></img>
3   <br></br>haben in HTML keinen End−Tag.</p>
4   <p>Zeilenumbrüche<br />und Bilder <br />
5   <img src="herbst.jpg" alt="Herbst" width="300" height="200" />
6   <br />haben in HTML keinen End−Tag.</p>
```

Listingsverzeichnis 3.7: Leere Elemente in XHTML

Entweder man schließt den Start-Tag, indem der passende End-Tag notiert wird, oder man verwendet einen abschließenden Schrägstrich. Beide Arten sind möglich und werden von den meisten Browsern verstanden. Probleme könnten nur ganz alte Browser mit der zweiten Variante haben. Zur Sicherheit sollte vor dem Schrägstrich ein Leerzeichen eingefügt werden.

Ein weiterer Unterschied zwischen HTML und XHTML ist die Schreibweise der Elemente und Attribute. In HTML können sie entweder groß- oder kleingeschrieben werden. XHTML kennt nur noch kleingeschriebene Elemente und Attribute.

3.4 CSS

Die Abkürzung „CSS" steht für *Cascading Style Sheets*. Der ursprüngliche Sinn von CSS ist es, die Formatierungs- und Layoutanweisungen aus dem HTML-Code auszugliedern. Dies macht den HTML-Code übersichtlicher und einfacher lesbar. Weiterhin ist es einfacher, Formatierungsfehler zu vermeiden, da die Stylesheets in einer externen Datei gespeichert werden können. Es steht also der reine HTML-Text in einer eigenen HTML-Datei und die zugehörigen Format- und Layouttexte in einer separaten CSS-Datei.

3.4.1 Integration von CSS in HTML

Stylesheets können auf drei verschiedene Arten in HTML-Seiten integriert werden.

Einerseits lassen sich innerhalb des HTML-Dokuments Stile definieren, die für bestimmte Elemente Gültigkeit haben. Diese können beispielsweise so aussehen wie in Listing 4.1.

```
1   <head>
2   <title >Stile im HTML-Dokument definieren </title >
3   <style type="'text/css">
4   <!--
5   body { font-family : sans-serif;
6   color : red ; }
7   -->
8   </style >
9   </head>
10  <body>
11  ...
12  </body>
```

Listingsverzeichnis 4.1: CSS in einer HTML-Datei

Hier wird festgelegt, dass alle Elemente, die mit `body` angesprochen werden, mit einer serifenlosen Schrift in rot angezeigt werden. Dabei ist darauf zu achten, dass der Inhalt des `style`-Elements in HTML-Kommentarzeichen (`<!-` und `->`) einzufassen ist. Falls die Seite mit einem nicht CSS-fähigen Browser geöffnet wird, wird der CSS-Text einfach ignoriert und es kommt zu keinen Anzeigefehlern. Die am häufigsten verwendete Variante ist die Auslagerung der CSS-Formatierungen in eine externe Datei. Die Einbindung der externen CSS-Datei in die HTML-Seite sieht beispielsweise wie in 4.2 aus. Hier wird das Stylesheet mit dem Namen `tylesheet.css` eingebunden.

```
1   <html>
2   <head>
3   <meta http-equiv="content-type" content="text/html;charset=iso-8859-1">
4   <title >Einbinden eines externen Stylesheets </title >
5   <link href="stylesheet.css" type="text/css" rel="stylesheet">
6   </head>
7   <body>
8   ...
9   </body>
10  </html>
```

Listingsverzeichnis 4.2: Einbindung einer CSS-Datei in ein HTML-Dokument

Eine weitere Möglichkeit der Einbindung von Stylesheets in HTML-Seiten wird in Listing 4.3 vorgestellt. Hier wird dem body-Element eine serifenlose Schriftart zugewiesen.

```
1   <body style="font-family : sans-serif">Text</body>
```

Listingsverzeichnis 4.3: *Syntax einer Stildefinition*

3.4.2   Syntax von CSS

Im Folgenden soll ein allgemeiner Überblick über wichtige Syntaxelemente gegeben werden. Für eine detaillierte Darstellung der Möglichkeiten zur Formatierung mit CSS sei auf W3C (a) verwiesen.

Es gibt eine Vielzahl von verschiedenen CSS-Befehlen, jedoch ist die Syntax generell sehr einfach und immer gleich aufgebaut, wie das Beispiel in Abbildung 3.3 zeigt.

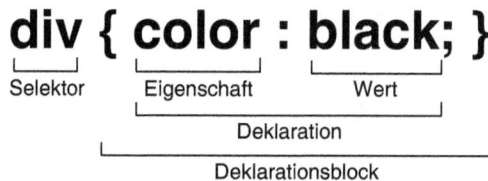

Abb. 3.3: *Syntax einer Stildefinition*

Die Syntax einer Stildefinition besteht immer aus zwei grob einteilbaren Blöcken: dem Selektor und der Deklaration. Der Selektor bestimmt, welcher HTML-Teil formatiert werden soll. Dahinter steht in einem geschweiften Klammernpaar der Deklarationsblock. Dieser enthält eine oder mehrere Eigenschaften. Jeder Eigenschaft muss ein Wert durch einen Doppelpunkt zugewiesen werden. Eine Deklaration wird immer durch ein Semikolon abgeschlossen. In einem Deklarationsblock können mehrere Deklarationen definiert werden. In diesem Beispiel wird allen Elementen des Typs div die Schriftfarbe Schwarz zugewiesen.

In CSS gibt es verschiedene Arten von Selektoren. Im Folgenden werden einige wichtige Selektoren kurz vorgestellt und deren Auswirkungen erläutert:

❑ *Einfache Selektoren* sind Selektoren, die aus einem normalen HTML-Element oder einer Gruppierung von HTML-Elementen bestehen. Einfache Selektoren bewirken, dass die Deklarationen, die hinter diesem Selektor stehen, für alle HTML-Elemente im Dokument gültig sind, sofern die Syntax der Stildefinition korrekt ist. Die Stildefinition

```
p, h1, em, h2 {background: blue;}
```

würde bewirken, dass alle HTML-Elemente vom Typ p, h1, em und h2 mit einem blauen Hintergrund hinterlegt werden. Diese Art der Stildefinition ist relativ leicht zu handhaben, kann allerdings bei großen Websites durchaus zu unerwünschten Ergebnissen führen.

❏ Der *universelle Selektor* wurde mit CSS 2 eingeführt und bewirkt, dass sich die Stildefinition auf alle HTML-Elemente des Dokuments auswirkt. Die Stildefinition

```
* {color: yellow;}
```

würde bewirken, dass alle HTML-Elemente im Dokument als Vordergrundfarbe die Farbe Gelb zugewiesen bekommen.

❏ *Klassenselektoren*: In HTML besteht die Möglichkeit, jedem Element eine Klasse zuzuweisen. Dies geschieht über das Attribut class. CSS kann sich diese Einteilung mithilfe der Klassenselektoren zunutze machen. Eine Stildefinition mit einem Klassenselektor bewirkt, dass diese auf alle HTML-Elemente der selektierten Klasse angewandt werden. Die Stildefinition

```
p.headline {font-weight: bold;}
```

würde bewirken, dass alle <p>-Elemente der Klasse headline in Fettdruck dargestellt werden.

❏ *ID-Selektoren*: Eine weitere Möglichkeit, um HTML-Elemente voneinander unterscheidbar zu machen, ist die Vergabe von IDs. Auch diese IDs können über einen Selektor angesprochen werden, dem ID-Selektor. Die Stildefinition

```
p#firstheadline {font-weight: bolder;}
```

würde bewirken, dass das <p>-Element mit der ID firstheadline in starkem Fettdruck dargestellt wird.

3.5 Web Services

1999 begannen IBM, Microsoft und SUN mit der Entwicklung eines Konzeptes, das heute unter dem Begriff „Web Services" bekannt ist. Grundsätzlich soll damit die Kommunikation mit Hilfe von verteilten Anwendungen (zum Datenaustausch) über Unternehmensgrenzen hinweg erreicht werden. Verteilte Anwendungen realisieren den Datenaustausch bereits seit vielen Jahren, z. B. mit Hilfe von Electronic Data Interchange (EDI). Durch den Einsatz von EDI waren die Teilnehmer jedoch gezwungen, denselben Value Added Network (VAN) Service Provider zu verwenden, um ihren Datentransfer absichern zu können. Derartige Einschränkungen behinderten die Weiterentwicklung im Bereich des E-Business.

3.5.1   SOA – Design von Web Service-Architekturen

Ein Web Service erlaubt die Nutzung einer spezifischen Funktionalität (service) einer entfernten Anwendung in einem internetbasierten Netzwerk und baut auf einer sogenannten serviceorientierten Architektur (SOA) auf. In solchen Architekturen müssen Anwendungen in der Lage sein, Funktionalitäten anderer, in einem Netzwerk verteilter Applikationen nutzen zu können. Um eine gänzlich plattformunabhängige Kommunikation in einer heterogenen Umgebung zu verwirklichen, setzen Web Services XML-strukturierte Daten für die Übertragung ein.

In einer Web Service-Architektur kann man drei Rollen unterscheiden. Zum Einen gibt es den *Provider*, der einen bestimmten Service bzw. Funktionalitäten zur Verfügung stellt. Zum Anderen gibt es einen *Requester*, der einen bestimmten Service beim *Broker* sucht. Hat der Provider seine Dienste bereits bei einem entsprechenden Broker registrieren lassen, kann der gewünschte Dienst durch den Requester gefunden und anschließend integriert werden; vgl. O'Neill (2003, S. 5).

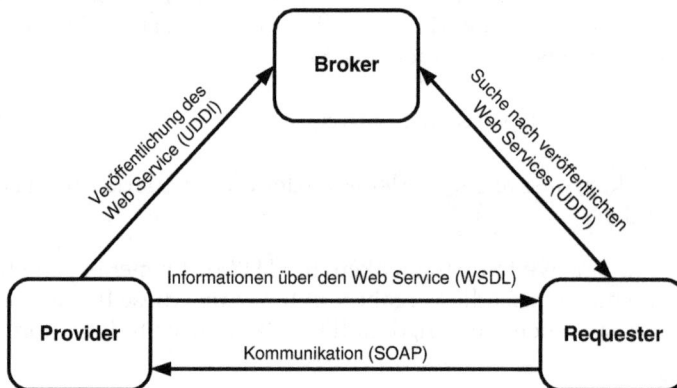

Abb. 3.4: *Aufbau einer Web Service-Architektur*

Eine serviceorientierte Architektur verfolgt demzufolge drei grundlegende Eigenschaften:

❑ die Veröffentlichung,

❑ das Erkennen und

❑ das Binden

eines Services.

Mit Hilfe der drei Standards *SOAP*, *WSDL* und *UDDI* wird der Einsatz von Web Services ermöglicht. Sie bilden den Kern von Web Service-Architekturen. Einen Überblick über den Aufbau einer solchen Architektur zeigt Abbildung 3.4.

3.5.2   Komponenten eines Web Service

Simple Object Access Protocol – SOAP   SOAP (Simple Object Access Protocol) basiert auf XML und wurde dazu konzipiert, Applikationen in einer serviceorientierten Architektur über XML-kodierte Methodenaufrufe untereinander kommunizieren zu lassen. Eine SOAP-Nachricht besteht im Allgemeinen aus drei Komponenten: dem SOAP-Envelope, dem SOAP-Header und dem SOAP-Body, bei dem es sich um den eigentlichen Datenbereich handelt. Abbildung 3.5 veranschaulicht den Aufbau einer SOAP-Nachricht und Listing 5.1 zeigt exemplarisch einen Inhalt.

```
1    <?xml version='1.0'?>
2    <SOAP-ENV:Envelope
3              xmlns:SOAP-ENV="http://www.w3.org/2003/05/soap-envelope">
4      <SOAP-ENV:Header>
5        <t:Transaktion
6          xmlns:t="http://www.muster.de/shop"
7          SOAP-ENV:encodingStyle="http://schemas.muster.de/encoding"
8          SOAP-ENV:mustUnderstand="true" >123</t:Transaktion>
9      </SOAP-ENV:Header>
10     <SOAP-ENV:Body>
11      <i:BestellInformationen
12         SOAP-ENV:encodingStyle="http://www.w3.org/2003/05/soap-encoding"
13         xmlns:i="http://www.muster.de/">
14         <i:Bestellung xmlns:i="http://www.muster.de/Bestellung">
15           <i:ISBN>3-8073-2069-5</i:ISBN>
16           <i:Anzahl>1</i:Anzahl>
17         </i:Bestellung>
18         <b:Bezahlung
19             Art="Kreditkarte"
20             xmlns:b="http://muster.de/Verkauf">
21           <n:Name xmlns:n="http://muster.de/Kunden">
22             Hans Mustermann
23           </n:Name>
24           <b:Nummer>1234567891234567</b:Nummer>
25           <b:expires>05/2004</b:expires>
26         </b:Bezahlung>
27      </i:BestellInformationen>
28     </SOAP-ENV:Body>
29   </SOAP-ENV:Envelope>
```

Listingsverzeichnis 5.1: Beispiel einer SOAP 1.2 konformen Nachricht

Der SOAP-Envelope stellt einen Umschlag für die eigentliche Nachricht mit Header-Informationen dar und umschließt so die gesamte SOAP-Nachricht. Dabei müssen bestimmte Kriterien erfüllt sein, um später vom Empfänger eindeutig als SOAP-Nachricht identifiziert werden zu können. Der Header einer SOAP-Nachricht wird verwendet, um Informationen oder Anweisungen, die nicht direkt zum eigentlichen Funktionsaufruf gehören, zu übermitteln. Darunter fallen beispielsweise die Authentisierung oder das Einleiten einer Transaktion. Ein Empfänger kann die Informationen eines Headers ignorieren. Dies ist dann sinnvoll, wenn der Adressat nichts mit den angegebenen Daten des Headers anfangen kann. Im Gegensatz dazu ist es auch möglich, den Header mit einem Attribut zu versehen, damit der Empfänger gezwungen ist, den Header zu interpretieren. Ist eine Nachricht mit einem derartigen „mustUnderstand"-Attribut versehen und kann der Empfänger die Informationen nicht bearbeiten, z. B. für die Authentisierung, dann muss die SOAP-Nachricht mit einer Fehlermeldung versehen zurückgesendet werden.

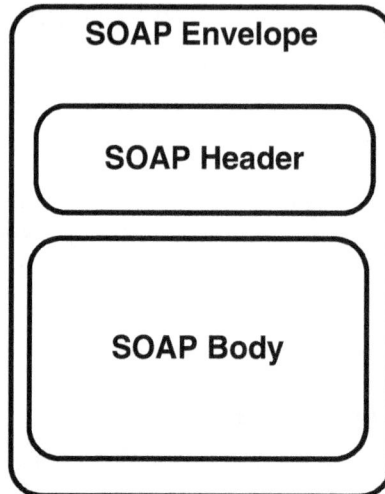

Abb. 3.5: *Aufbau einer SOAP-Nachricht*

Insgesamt sieht SOAP drei Arten von Nachrichten vor:

❏ Anfrage,

❏ Antwort und

❏ Fehlerbeschreibung

Bei einer Anfrage, auch *Request* genannt, enthält der Body der SOAP-Nachricht generell die Namen aufzurufender Funktionen. Auch weitere, für die Ausführung des Aufrufs benötigte Informationen, wie zu übergebende Parameter, werden in den Body eingebettet.

Eine SOAP-Nachricht kann auch über mehrere Zwischenstationen laufen, die im Allgemeinen als *nodes* oder *actors* bezeichnet werden. Bei nodes handelt es sich um einfache Zwischenstationen. Eine Zwischenstation bzw. node, die eine SOAP-Nachricht bearbeitet (z. B. Informationen aus dem Header für die Authentisierung), nennt man actor; vgl. Kuschke und Wölfel (2002, S. 32ff).

Einer der großen Vorteile von SOAP ist, dass eine SOAP-Nachricht auf verschiedene Arten transportiert werden kann. Auch wenn der Transport mit Hilfe des Hypertext Transfer Protocol (HTTP) wahrscheinlich am häufigsten ist, könnte eine SOAP-Nachricht genauso gut mit Hilfe anderer Protokolle (z. B. per E-Mail) transportiert werden.

Universal Description, Discovery and Integration – UDDI   Beim Universal Description, Discovery and Integration-Projekt handelt es sich um ein Business-Verzeichnis, mit dessen Hilfe Verzeichnisse öffentlich zur Verfügung gestellt werden können. Es werden Parameter und Zugriffsadressen beschrieben, die für einen Zugriff nötig sind. UDDI wird also verwendet, um Informationen über einen von einer anderen Partei angebotenen Web Service zu erhalten. UDDI kann aus sicherheitstechnischen Aspekten dann ein Problem werden, wenn es für jeden Informationen bereitstellt. Innerhalb eines Unternehmensnetzwerkes, das durch eine Firewall abgeschottet ist, stellt es allerdings eine äußerst nützliche Möglichkeit dar, Informationen über interne Applikationen zu erhalten, um anschließend mit Hilfe von SOAP miteinander zu kommunizieren; vgl. O'Neill (2003, S. 12f).

Web Service Definition Language – WSDL   Bei der Web Service Definition Language (WSDL) handelt es sich um eine Beschreibungssprache für Web Services, mit deren Hilfe Informationen zu einem Web Service bereitgestellt werden. Diese Informationen können, mit Hilfe spezieller Werkzeuge, für eine automatisierte Programmcode-Generierung verwendet werden. Die Eigenschaft von Web Services, sich selbst beschreiben zu können, bietet ihnen einen Vorteil gegenüber anderen Realisierungen verteilter Anwendungen; Snell u. a. (2002, S. 89).

Abbildung 3.6 fasst nochmals den Ablauf eines Web Service-Prozesses anschaulich zusammen.

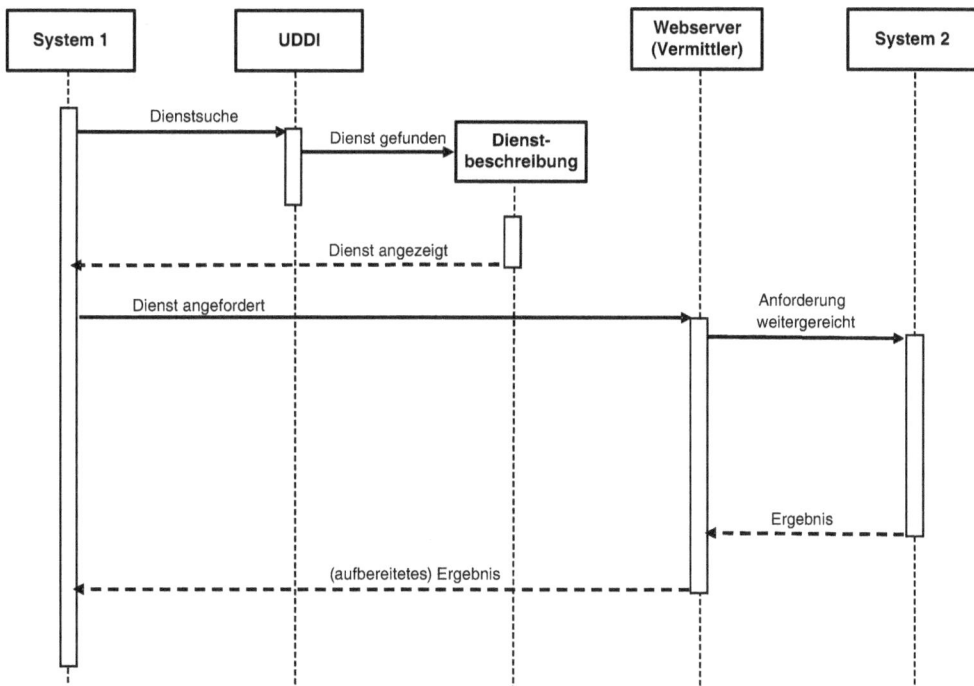

Abb. 3.6: Ablauf eines Web Services

3.6   AJAX

Moderne E-Business-Anwendungen folgen heute zunehmend der Leitidee des Web 2.0, wie es in Kapitel 5.2.1 noch aus anwendungsorientierter Sichtweise besprochen wird. Aus technischer Sicht weisen derartige Anwendungen ein hohes Maß an Benutzungsfreundlichkeit und Interaktivität auf, das mit einfachen HTML-Seiten alleine nicht realisiert werden kann. Vielmehr müssen hierfür mehrere Techniken sinnvoll kombiniert werden.

Eine derartige Kombination stellt „AJAX" dar. Dahinter verbirgt sich keine neue Programmiersprache oder ein neues Programmierkonzept, sondern ein Akronym für „Asynchrones JavaScript And XML". AJAX führt verschiedene, schon seit längerer Zeit vorhandene Techniken sinnvoll zusammen. Der Begriff selbst wurde durch Garret (2005) geprägt.

3.6.1   Grundidee

Im klassischen Modell von Web-Anwendungen wird eine Anfrage an den Webserver immer dann gestartet, wenn der Benutzer eine Internetadresse (den sogenannte URI – Uniform Resource Identifier) in seinen Webbrowser eingibt bzw. eine bestehende Webseite aktualisiert (*Request*). Ist die dadurch ausgelöste Anfrage an den Webserver erfolgreich, wird die entsprechende Ressource (z. B. eine Webseite in HTML oder XHTML) an den Webbrowser zur Darstellung zurückgegeben (*Response*). Bei einer normalen, statischen Webseite ist damit die Verarbeitung des Request/Response-Zyklus beendet, bis eine erneute Anfrage durch eine Benutzeraktivität ausgelöst wird. Dieser enge Zusammenhang zwischen Benutzer- und Webserveraktivität wird als *synchroner* Ablauf bezeichnet. Abbildung 3.7 zeigt, dass bei klassischen Web-Anwendungen immer entweder der Benutzer oder der Webserver aktiv ist. In der Praxis bedeutet das, dass der Benutzer immer erst auf die Antwort des Webservers warten muss, bevor er eine weitere Aktivität ausführen kann.

Dieses synchrone Prinzip wird von AJAX durchbrochen, wie Abb. 3.8 zeigt. Hier laufen die Aktivitäten von Webserver und Benutzer unabhängig voneinander ab. Der Benutzer muss also nicht auf die Antwort des Webservers warten, um eine weitere Aktivität im Webbrowser starten zu können.

In Abb. 3.9 sind die Unterschiede zwischen beiden Modellen erkennbar: Während im klassischen Modell jede Benutzeraktion eine Anfrage beim Webserver erzeugt, wird im Modell von AJAX ein Javascript-Aufruf erzeugt, der an die AJAX-Engine weitergegeben wird. Die AJAX-Engine entscheidet, ob für die Benutzeraktion eine Verbindung zum Webserver aufgebaut werden muss. Ist eine solche Verbindung nötig, führt die Engine die entsprechende Anfrage aus. Dabei wird die Interaktion des Benutzers mit der Web-Anwendung, anders als beim klassischen Modell, nicht unterbrochen.

Eines der bekanntesten Beispiele dieser asynchronen Datenübertragung ist *Google Suggest*, das in Abbildung 3.10 dargestellt wird. Bei Google Suggest werden automatisch während der Eingabe des Suchbegriffes Suchbegriffsergänzungsvorschläge sowie die jeweils dazugehörige mögliche Trefferanzahl ausgegeben.

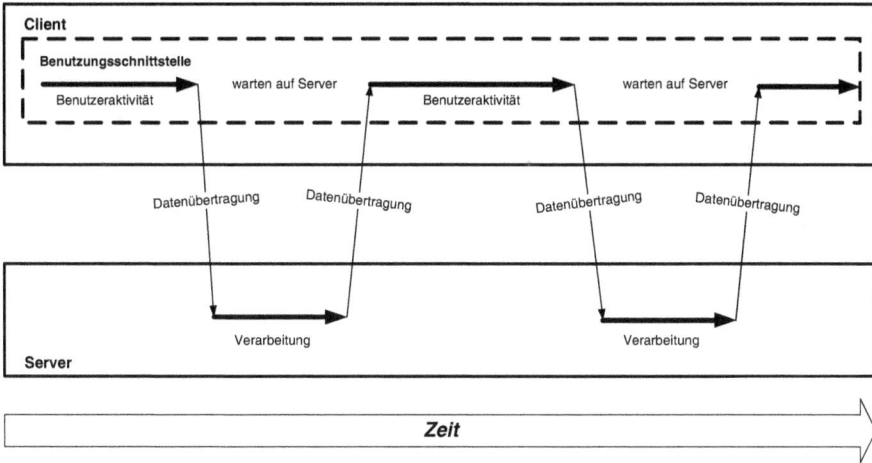

Abb. 3.7: *AJAX – Synchroner Ablauf bei klassischer Web-Anwendung*

3.6.2   Verwendete Techniken

AJAX ist keine neue Technik, sondern eine Verbindung von einzelnen schon seit vielen Jahren etablierten Techniken, die unter dem Begriff AJAX optimal zusammenwirken und auf eine neue Art und Weise zusammenspielen. Die folgende Tabelle 3.2 liefert einen kurzen Überblick, welche Techniken sich in AJAX vereinen und welche Aufgaben die einzelnen AJAX-Komponenten zu erfüllen haben.

Technik	Aufgabe
Hypertext Transfer Protocol (HTTP/S)	Datentransfer
Hypertext Markup Language (HTML)	Darstellung von Inhalten
Cascading Style Sheets (CSS)	Formatierung einer Webseite
Extensible Markup Language (XML)	Datenaustausch und -manipulation
Document Object Model (DOM)	Dynamische Ausgabe der Daten und Inhalte
JavaScript	Schnittstelle zwischen den einzelnen Komponenten

Tab. 3.2: *Komponenten von AJAX*

XML, HTML und CSS wurden bereits als wichtige Basistechniken von Web-Anwendungen in den vorherigen Abschnitten 3.2, 3.3 und 3.4 ausführlich behandelt. Nachfolgend werden deshalb nur noch die bislang nicht behandelten Komponenten von AJAX kurz vorgestellt.

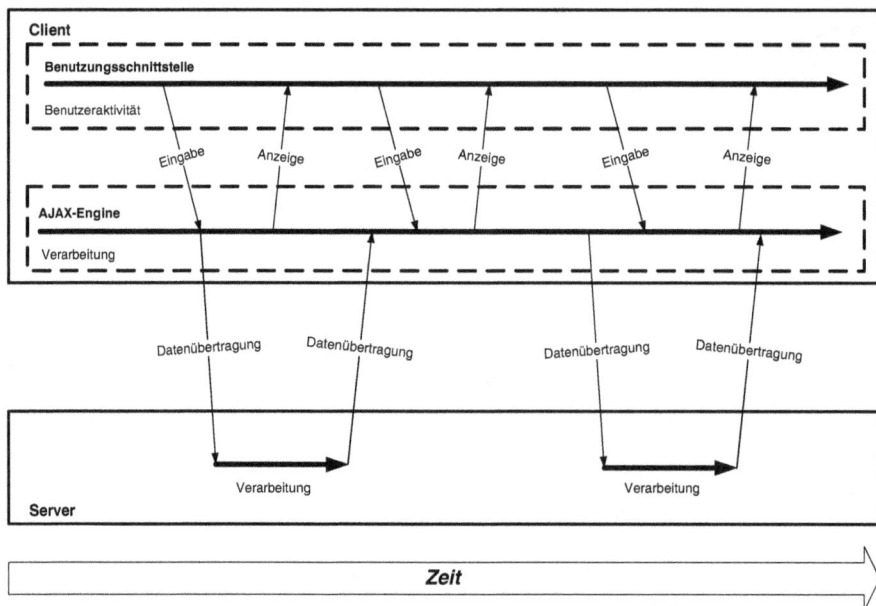

Abb. 3.8: AJAX – Asynchroner Ablauf bei typischer Web 2.0-Anwendung

HTTP Das Hypertext Transfer Protocol (HTTP) ist ein Protokoll zur Übertragung von Daten über ein Netzwerk. Syntaktisch ist HTTPS identisch mit dem Schema für HTTP, dient jedoch zur Verschlüsselung der Kommunikation zwischen Webserver und Browser mittels des Verschlüsselungsprotokolls TLS (vormals SSL). HTTP bzw. HTTPS wird hauptsächlich eingesetzt, um Webseiten und andere Daten aus dem World Wide Web in einen Webbrowser zu laden. Bei diesem Kommunikationsschema stellt der Client (Benutzer) einen Request (Anfrage) an den Webserver. Der Server nimmt den Request entgegen, verarbeitet diesen und sendet anschließend eine Response (Antwort) an den Client zurück. Dabei können auch im Header hinterlegte Statusinformationen eine wichtige Rolle in AJAX-Anwendungen spielen, da diese den Übertragungsstatus oder die Änderungseigenschaften des Dokuments enthalten können.

DOM Das Document Object Model (DOM) ist ein plattform- und sprachunabhängiger Standard, der eine Sammlung von Methoden und Eigenschaften zur einheitlichen browserübergreifenden Änderung der Elementeigenschaften in HTML- und XML-Dateien bereitstellt. Um das Dokument in eine Baumstruktur umzuwandeln, wird zuerst das gesamte Dokument durch einen DOM-Parser eingelesen und aus jedem Element ein Knoten im Baum erzeugt. Das DOM definiert Objekte, Eigenschaften und Methoden, die auf andere Dokumente anwendbar sind. Somit können durch den Baum navigiert, einzelne Elemente modifiziert, gelöscht und neue hinzugefügt werden.

Client

Benutzungsschnittstelle

HTTP-Anfrage   HTTP-Antwort (HTML, CSS)

Webserver

Datenbank, Anwendungen

Server

Client

Benutzungsschnittstelle

Javascript-   HTML,
Aufruf   CSS

AJAX-Engine

HTTP-Anfrage   HTTP-Antwort (XML)

Webserver

Datenbank, Anwendungen

Server

Klassisches Web-Modell   **AJAX-Modell**

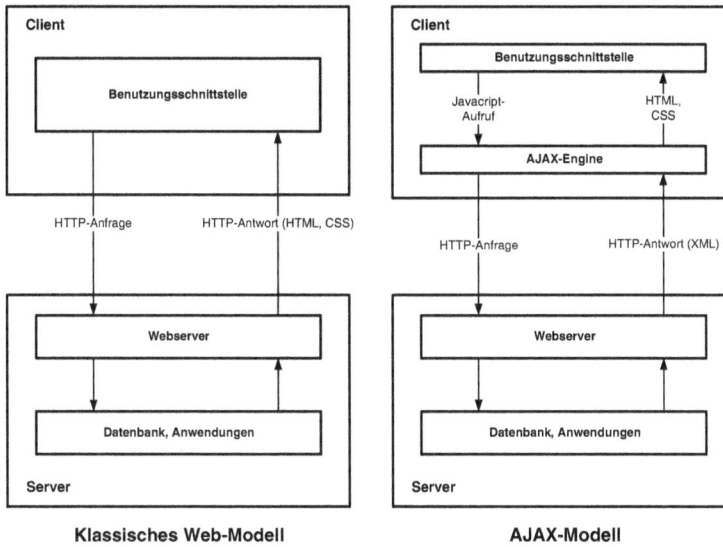

Abb. 3.9: *AJAX – Vergleich der beiden Modelle*

Javascript   JavaScript ist eine plattformunabhängige und clientseitige Interpreter-sprache. Javascript bietet die Möglichkeit zur interaktiven Webseiten-Gestaltung und ermöglicht den Zugriff auf einzelne DOM-Elemente des Dokuments, die zur Laufzeit ermittelt und verändert werden können. Die große Beliebtheit von Javascript liegt nicht zuletzt an der leichten Erlernbarkeit der Sprache.

3.7   Webentwicklungsframeworks

Webentwicklungsframeworks stellen Programmierkomponenten für die Entwicklung komplexer Webanwendungen zur Verfügung. Ihr Vorteil liegt vor allem in einer deutlichen Erhöhung von Produktivität und Qualität der zu entwickelenden E-Business-Anwendungen. Im Laufe der Zeit haben sich vielfältige Webentwicklungsframeworks etabliert.

3.7.1   Arten von Webentwicklungsframeworks

Prinzipiell lassen sich zwei Arten von Webentwicklungsframeworks unterscheiden, von denen nachfolgend einige kurz skizziert werden (Bächle und Kirchberg, 2007a, S. 79ff):

❑ In *ereignisgesteuerten Webentwicklungsframeworks* definiert der Programmierer für spezielle Komponenten vorab die Reaktion auf ein bestimmtes Ereignis, welche dann zur Laufzeit durch Benutzeraktion mit der Komponente ausgelöst werden kann.

Google™
Deutschland

e-business	Erweiterte Suche
	Spreadtools
e-business definition	48 200 000 Ergebnisse
e-business e-commerce	93 600 000 Ergebnisse
e-business geschäftsmodelle	244 000 Ergebnisse
e-business vorteile	77 300 000 Ergebnisse
e-business management	139 000 000 Ergebnisse
e-business studium	1 030 000 Ergebnisse
e-business grundlagen elektronischer geschäftsprozesse in der net economy	9 150 Ergebnisse
e-business kollmann	22 800 Ergebnisse
e-business suite	126 000 000 Ergebnisse
e-business nachteile	225.000 Ergebnisse
	Schließen

Abb. 3.10: *Einsatz von AJAX für die Suchfunktion von Google*

❏ *Aktionsgesteuerte Webentwicklungsframeworks* orientieren sich stärker an den technischen Besonderheiten des HTTP-Protokolls und definieren ihre Anwendungssteuerung entlang des webtypischen Request/Response-Zyklus. Konzeptionell lehnen sich diese Web-Frameworks stark an das Model-View-Controller- (MVC) Muster an. Das MVC-Muster beschreibt die klare Schichtentrennung nach Model, View und Controller einer Anwendung.

Tatsächlich ist die Anzahl der vorgeschlagenen Webentwicklungsframeworks deutlich größer, insbesondere für Entwicklungen mittels Web 2.0-Techniken gibt es eine zunehmende Anzahl von Frameworks. Eine guter Überblick findet sich auf Wikipedia unter http://de.wikipedia.org/wiki/Liste_von_Webframeworks.

Struts   Das Java-basierte Web-Framework Struts (http://struts.apache.org) gehört zu den klassischen Vertretern der MVC-Architektur, wobei das Zusammenspiel von Controller und View im Vordergrund steht (Weßendorf, 2006, S. 27ff):

❏ *Controller*: Die Controller-Komponente wird durch ein Java Servlet realisiert, das bei der ersten Anfrage eines Clients ein Session-Objekt erzeugt, in dessen Kontext die Requests verarbeitet werden. Das Servlet übernimmt dabei für jeden Client die jeweilige Ablaufsteuerung. Nach der Verarbeitung eines Requests wird vom Servlet eine Antwort (Response) generiert. Die Antwort besteht bei Struts aus einer JavaServer Page. Die Ablaufsteuerung des Servlets, und damit das Verhalten der Web-Anwendung, werden dabei nicht fest im Quellcode codiert, sondern in der konfigurierbaren XML-Datei definiert.

❏ *Model*: Der Zugriff im Framework auf die Daten des Models erfolgt über JavaBeans. Eine JavaBean ist im Wesentlichen eine beliebige Java-Klasse, die den in der JavaBeans-Spezifikation beschriebenen Vorgaben hinsichtlich einer öffentlichen

Schnittstelle folgt. Damit stehen auf dieser Ebene sämtliche Java-Entwicklungs-möglichkeiten zur Verfügung. Innerhalb der JavaBeans werden die Daten jedoch nicht gespeichert, sie dienen lediglich dem Transport. Die Speicherung erfolgt innerhalb der Geschäftslogik.

❏ *View*: Die View wird durch JavaServer Pages repräsentiert. Tag-Bibliotheken er-lauben Struts HTML-Output dynamisch zu gestalten. Es stehen zahlreiche Tag-Bibliotheken zur Verfügung. Neben den Struts-eigenen wird die Verwendung der Java Standard Tag Library (JSTL) angeraten. In diesen Taglibs stehen dem Entwickler verschiedene Taggruppen zu Verfügung. Mit den Tags der Core-Gruppe der JSTL können beispielsweise Daten angezeigt werden und mit der Formatierungsgruppe lassen sich die Tags länderspezifisch anpassen.

Tapestry   Im Gegensatz zum aktionsorientierten Struts verfolgt Tapestry[3] einen er-eignisorientierten Ansatz, wobei hiermit auch Web-Anwendungen nach dem MVC-Muster implementiert werden können. Die Vorgehensweise entspricht aufgrund der Ereignisorientierung mehr der Implementierung von Benutzeroberflächen mittels Swing oder AWT und abstrahiert damit stark von der eigentlichen Technologie des Web. Innerhalb von Tapestry existiert explizit das Konzept einer Anwendung. Die An-wendung wird gestartet, wenn ein Benutzer die URI des Tapestry-Servlets aufruft. Das Servlet instanziiert ein Engine-Objekt für jeden anfragenden Benutzer, das für diesen als Proxy fungiert. Alle in einer aufgerufenen Seite enthaltenen Komponenten werden dabei von der Engine identifiziert, ihre Komponentenspezifikationen gelesen und In-stanzen erzeugt. Nach dem Rendern der Seite kann diese dann an den anfragenden Client übertragen werden. Die Engine bleibt im Applikationskontext bestehen, solan-ge der Benutzer seine Session mit der Web-Anwendung aufrechterhält.

Cocoon   Cocoon[4] verfolgt als XML Publishing Framework einen vollständig ande-ren Ansatz. Hier steht die Darstellung von Daten im Vordergrund, die bereits im XML-Format vorliegen bzw. die aufgrund anderer Einflussfaktoren im XML-Format gespei-chert werden sollen; Niedermeier (2006, S. 41). Auf diese XML-Datenbasis setzt Co-coon eine flexible Präsentationsebene auf, so dass zum einen eine strikte Trennung zwischen Präsentation und Inhalt erreicht wird. Zum anderen können dadurch be-liebige Präsentationsformate wie HTML, WAP oder auch PDF unterstützt werden. Grundlage für die Umsetzung der Dokumente ist hierbei XSLT. Folglich eignet sich Cocoon primär für die Erstellung von Web-Anwendungen, die auf Basis einer vor-handenen Datenbasis dem Nutzer Abfragemöglichkeiten mit individuellen Ergebnis-darstellungen ermöglichen sollen. Obwohl Cocoon auf Java basiert, ermöglicht es eine Java-unabhängige Benutzung des Frameworks. Dementsprechend nutzt Cocoon ab-geschlossene Java-Komponenten, wie etwa den XML-Parser Xerces oder den XSLT-Prozessor Xalan. Der Cocoon-Nutzer beschreibt die Konfiguration dieser Komponen-ten sowie den Verarbeitungsfluss dann mit Hilfe von XML-Dokumenten. Dadurch las-sen sich ohne großen Java-Programmieraufwand komplexe Anwendungen aus ein-

---

[3]Vgl. http://tapestry.apache.org.
[4]Vgl. http://cocoon.apache.org.

zelnen Verarbeitungsbauteilen zusammensetzen. Zusätzlich stellt Cocoon Module zur Verfügung, die Funktionalitäten wie Formulargenerierung und -verarbeitung (Cocoon Forms), Definition eines Anwendungsablaufs (Cocoon Flow) und Authentifizierung abdecken. Ein integriertes Portal Framework ist ebenfalls verfügbar.

ASP.NET   Vergleichbar zu J2EE umfasst Microsofts Framework .NET[5] eine Anwendungsplattform, die auch verteilte serverseitige Anwendungen unterstützt. Für die Web-Entwicklung ist dabei ASP.NET die zentrale Komponente. Vor Einführung von .NET bestanden die Active Server Pages von Microsoft aus Script-Befehlen innerhalb der HTML-Seiten. Mit ASP.NET wird nun Code in einer objektorientierten Programmiersprache erstellt und kompiliert. Damit können auch hier Design und Programmierung voneinander getrennt werden. Insbesondere hat man bei der Programmiersprache die Wahl zwischen allen vorhandenen .NET-Sprachen wie beispielsweise C#, C++ oder Visual Basic Esposito (2006, S. 25ff). Einer der Vorteile des ASP.NET-Ansatzes liegt in der Zusammenführung der client- und serverseitigen Programmierung. So können beispielsweise für beide Seiten die gleichen Skriptsprachen eingesetzt werden, der Ausführungsort wird über eine Option bestimmt. Eine zentrale Rolle spielen dabei die Web Forms. Sie bilden die Grundlage für die Programmierung von interaktiven Formularen. Vergleichbar zu Tapestry wird auch hier die Programmausführung über Ereignisse ausgelöst, wobei das Konzept stark an der Programmierung von Windows-Benutzeroberflächen unter .NET angelehnt ist. Für Standardaufgaben können dabei vorgefertigte Bausteine, die Web Controls, eingesetzt werden. Im Vergleich zu Sprachen wie PHP wird die Programmierung mit ASP.NET vielfach als schwieriger bezeichnet. Vorteilhaft ist jedoch die Vielzahl an vorhandenen Klassen und Komponenten.

3.7.2   Fallbeispiel für ein Web 2.0-Framework: Ruby On Rails

Als Web 2.0-Framework integriert Ruby on Rails die aktuellen Entwicklungen im Bereich der Internetanwendungen. Bei Web 2.0 geht es aus technischer Sicht vorrangig um die Entwicklung offener Schnittstellen und desktopähnlicher Internetanwendungen. Für eine anwendungsbezogene Darstellung des Begriffs sei auf Kapitel 5.2.1 verwiesen.

RoR wurde von D. H. Hansson im Juli 2004 veröffentlicht[6]. Es ist quelloffen (open source) unter der MIT-Lizenz freigegeben. Rails bildet eine Umgebung und stellt alle Hilfsmittel zur Entwicklung von geschäftskritischen, datenbankbasierten Web-Anwendungen. Die grundlegenden Ziele sind Einfachheit, Wiederverwendbarkeit, Erweiterbarkeit, Testbarkeit, Produktivität und Veränderbarkeit. Den entscheidenden Teil hierfür tragen die nachfolgend vorgestellten Prinzipien von RoR bei; vgl. hierzu Bächle und Ritscher (2006) sowie Bächle und Kirchberg (2007b).

---

[5]Vgl. http://www.microsoft.com/net.
[6]Vgl. http://www.rubyonrails.org.

MVC Die Umsetzung von MVC resultiert in der klaren Separierung des Codes nach Zweck. Maßgeblich hierfür sind verschiedene Subframeworks, wie „Active Record", „Action Controller" und „Action View" (vgl. hierzu Abb. 3.11).

❏ Das Subframework *Active Record* stellt die Verbindung zwischen Domain-Objekten und der Datenbank her. Es setzt die vom Action Controller ankommenden Create-/Read-/Update- und Delete-Befehle in SQL-Befehle um, sendet die Abfragen an die Datenbank und schickt die empfangenen Ergebnisse an den Action Controller zurück. Active Record übernimmt auch die Validierung, ob ein Benutzer das Recht besitzt, auf einen bestimmten Datensatz zuzugreifen bzw. ihn zu verändern. Das Subframework verfolgt den Ansatz des Object/Relational Mapping (ORM) nach Fowler (2002): Klassen sind direkt Datenbanktabellen zugeordnet. Die Datensätze stellen Objekte der Klasse dar, die Tabellenspalten die Attribute. Normalerweise verlangt ORM eine umfangreiche Konfiguration per XML. RoR umgeht dies mit den Konventionen in Active Record. Tabellen werden über ActiveRecord::Base so angesprochen, wie sie in der Datenbank heißen – die benötigte Klasse wird automatisch erstellt. Der Konfigurationsaufwand zur Verbindung von Daten und Variablen entfällt durch die Umsetzung des Prinzips „Convention over Configuration". Active-Record-Klassen beziehen ihre Attribute folglich direkt aus der Datenbank-Tabellendefinition. Um Vererbung in einer relationalen Datenbank darzustellen, benutzt Rails ein weiteres Pattern aus Fowler (2002): Single Table Inheritance. Assoziationen werden in RoR durch Fremdschlüssel in der Datenbank und einer Deklaration in Active Record definiert. Eine Sammlung von Validierungsmethoden ermöglicht das Überprüfen von eingegebenen Daten auf Existenz oder auf ein bestimmtes Format. Dass dies direkt in Active Record geschieht, ist eine weitere Umsetzung des DRY-Prinzips. Schlägt eine Validierung fehl, generiert Rails automatisch eine Fehlermeldung im Stil „Das Feld XY darf nicht leer sein" und gibt sie im View aus.

❏ Der *Action Controller* ist die zentrale Steuerungseinheit einer Rails-Anwendung. Er nimmt Anfragen entgegen und sendet einen View an den Client zurück. Im Controller werden sogenannte Actions definiert, die festlegen, wie der Controller auf bestimmte HTTP-Requests reagieren soll. Der Action Controller schließt von URLs auf Aktionen bzw. Objekte und leitet zum richtigen View weiter. RoR verwendet „Pretty-URLs", beim Apache-Webserver beispielsweise durch die mod_-rewrite-Funktion ermöglicht. Des Weiteren durchläuft der Action Controller vor dem Ausführen einer Aktion einen Before-Filter und nach Abschluss einen After-Filter. Im Before-Filter können spezifische Aktionen wie zum Beispiel die Weiterleitung auf eine Login-Seite hinterlegt werden. Der After-Filter kommt besonders bei Optionalitäten wie der Überprüfung, ob der Benutzer für die Serverantwort eine verschlüsselte Übertragungsform wünscht, zum Einsatz. Die Filter werden bewusst im Backend (dem Action Controller) gehalten, um erneut Wiederholungen im Frontend (das heißt im View) zu vermeiden. Action Controller stellt auch die Verbindung zu Active Record her und liefert Daten aus der Datenbank an Action View, Web Services und Mailer. Weitere Funktionen des Action Controllers sind beispielsweise Session-Handling und Zuweisung von Layouts.

❏ *Action View* ist für die Darstellung der Daten zuständig. Typischerweise werden Daten im HTML-Format dargestellt. Die Darstellungsform wird in Templates festgelegt, damit die Präsentationsschicht vom Rest der Anwendung getrennt ist. Es gibt verschiedene Arten von Templates in RoR, am wichtigsten sind RHTML und RXML. RHTML-Templates mischen Ruby Code mit HTML. Sie agieren als Vorlagen, die zur Laufzeit durch die Ausführung des Ruby Codes mit Inhalt gefüllt werden. Hierzu wird der Ruby-Code als sogenannter „Embedded Ruby-Code" in einem Tag der Form <\% ... \%> eingeschlossen. RHTML-Templates können von Grafikdesignern mit HTML-Kenntnissen entworfen werden, Entwickler binden dann lediglich die benötigte Funktionalität ein. Für die Erzeugung von XML-Dateien verwendet RoR eine eigene Builder-Bibliothek. Der Builder wird durch das Präfix xml.* im RXML-Template angesprochen und setzt Ruby-Befehle in XML-Tags um. RoR stellt vorimplementierte Helper-Methoden zur Verfügung, die vor allem für Formatkonvertierungen, Formularfelder, Fehlermeldungen und Seitenmanagement hilfreich sind.

❏ Mit *Action Web Services* unterstützt Rails den Trend zu Serviceorientierten Architekturen (SOA) und macht es damit leicht, Funktionalität zu veröffentlichen und externe Services einzubinden. AJAX gestaltet Ruby-on-Rails-Anwendungen interaktiv und eröffnet neue Möglichkeiten in der Web-Entwicklung (Garret, 2005).

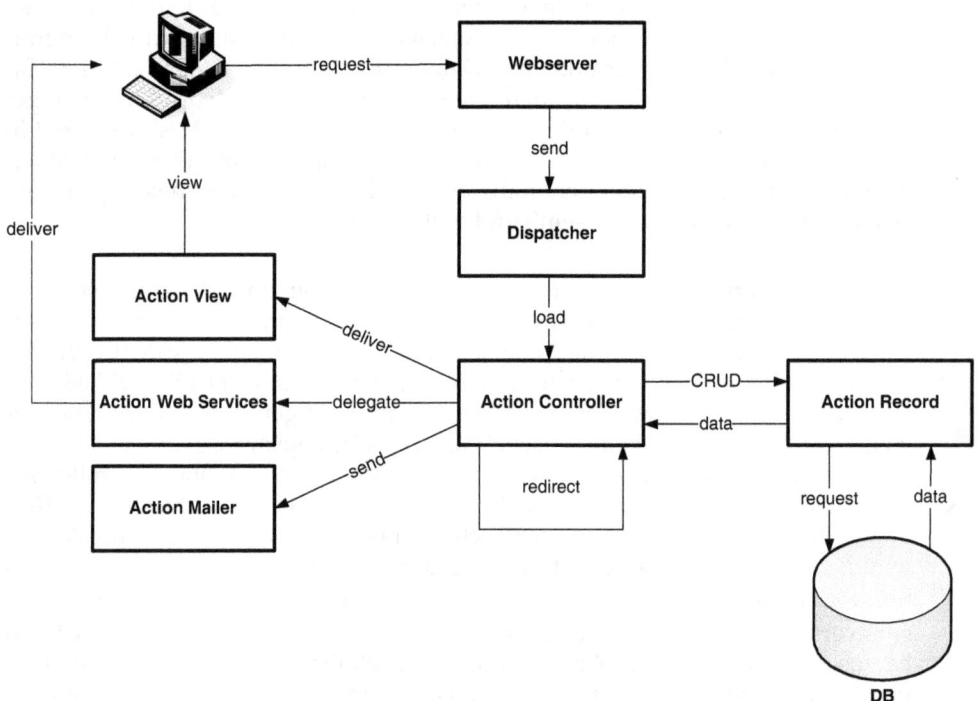

Abb. 3.11: *Das Webentwicklungsframework Ruby on Rails*

Convention over Configuration   RoR vermeidet Konfiguration im weitesten Sinne. Die einzige Konfigurationsdatei nennt sich database.yml und beinhaltet Art, Benutzername und Passwort der verwendeten Datenbank. Für jedes Projekt können drei verschiedene Datenbanken definiert werden: development, test und production. Die Rails-Komponenten arbeiten ohne Konfiguration problemlos zusammen. Sie sind im Framework fest verbunden. Konventionen können auch überschrieben werden, um spezielle Funktionen und individuelle Anpassungen zu ermöglichen.

Don't repeat yourself (DRY)   DRY setzt voraus, dass „jedes Stück Wissen eine einzige, eindeutige und maßgebliche Repräsentation in einem System hat" (Ruby u. a., 2009, S. 15), sich also selten bis nie wiederholt. Bei einem „Stück Wissen" kann es sich um Daten und Metadaten, Logik, Funktionalität oder einen Algorithmus handeln. RoR ist als Umgebung so angelegt, dass einmalige Deklaration und Wiederverwendung so einfach wie möglich gemacht werden. Das DRY-Prinzip sticht unter anderem bei der Betrachtung von Active Record ins Auge, da Attribute und Werte von Klassen ausschließlich in der Datenbank und nicht im Programmcode festgelegt werden.

Scaffolding   Mit dem Konsolenbefehl `scaffold` erstellt RoR anhand des Datenbankschemas ein grundlegendes Gerüst aus Controllern und View-Templates, mit CRUD-Funktionalität (Create-Retrieve-Update-Delete). An vielen Stellen bietet RoR zusätzlich Generatoren für wiederkehrende Elemente, die viel Arbeit sparen, wie zum Beispiel für ein Login-Formular. Oft wird RoR in Presse und Internet als Framework für das Schreiben einer Web 2.0-Anwendung an einem Nachmittag beworben. Hierbei beziehen sich die Autoren meist auf die Scaffolding-Funktion. Das automatische Generieren des Projektgerüsts spart viel Zeit und erlaubt es dem Entwickler sofort mit dem Kern der Applikation zu beginnen, erstellt aber keineswegs eine fertige Anwendung und ist nur ein kleiner Teil von RoR.

Unmittelbares Feedback   Ohne zusätzlichen Zeitaufwand durch Deployment kann der aktuellste Stand immer durch Neu-Laden im Browser angerufen werden. Das Projekt muss nicht erst kompiliert und ausgeführt werden.

Die Programmiersprache Ruby   RoR basiert auf der bislang selten verwendeten, dynamisch typisierten Programmiersprache Ruby (Thomas, 2009). Diese wurde 1995 von Y. Matsumoto vorgestellt. Die leichte Verständlichkeit vereinfacht Lernprozess und Wartung. Ruby wird direkt beim Aufruf vom Ruby-Interpreter des Webservers verarbeitet. Ruby ist objektorientiert, auch im Bereich der Datentypen gibt es keine Ausnahmen. Ungeachtet dessen kann in Ruby auch prozedural programmiert werden. In vergleichsweise wenig Code kann durch Loops und Arrays, zusammengefasst in „Blocks", sehr viel Funktionalität untergebracht werden. Ruby-Code ist leicht zu lesen und lehnt sich hauptsächlich an die Sprachen Perl, Python, Smalltalk und LISP an.

▱ 3.8   Kontrollfragen

1. Stellen Sie graphisch die Basisarchitektur von webbasierten E-Business-Anwendungen dar!

2. Erläutern Sie, was man unter Gültigkeit und Wohlgeformtheit bei XML-Dokumenten versteht!

3. Erläutern Sie die beiden Begriffe DTD und XML-Schema in ihrer Bedeutung für XML-Dokumente!

4. Erläutern Sie, worin der Vorteil von AJAX liegt!

5. Stellen Sie graphisch den Ablauf eines Web Services-Aufrufs dar!

4 Business-to-Business

Der B2B-Sektor weist das höchste Umsatzvolumen aller Akteursbeziehungen im E-Business auf. Dies überrascht wenig, wenn man sich überlegt, dass quasi jedes Unternehmen geschäftliche Beziehungen zu Lieferanten und/oder Geschäftskunden unterhält, jedoch nicht unbedingt zu privaten Endkunden. Dementsprechend lassen sich mit Hilfe der elektronischen Beschaffung (E-Procurement) gegenüber der manuellen Beschaffung von Waren die anfallenden Kosten pro Bestellung deutlich senken. Betrachtet man allein das Thema elektronische Rechnungsstellung (E-Invoicing), ein Teilthema des E-Procurements, so ist bereits dieses mit hohen Einsparpotentialen gegenüber der papierbasierten Rechnungsstellung verbunden. Firmen, die ihre Rechnungen statt auf Papier elektronisch versenden, sparen somit Zeit und Geld. Doch auch für den Rechnungsempfänger bedeutet E-Invoicing weniger Aufwand, da die aus dem ERP-System des Rechnungsstellers erzeugten Rechnungen auf Empfängerseite im eigenen ERP-System weiterverarbeitet werden können. Verglichen mit dem papierbasierten Rechnungsversand bestehen jedoch zusätzliche gesetzliche Vorgaben, die zwingend einzuhalten sind, insbesondere die qualifizierte elektronische Signatur (Kapitel 6.5.4), da erst durch sie ein Rechnungsdokument zur elektronischen Rechnung wird.

Gerade für den B2B-Bereich existieren eine ganze Reihe internationaler und nationaler Standards, die eine effiziente Zusammenarbeit verschiedener Unternehmen, welche im Extremfall weltweit verteilt sein können, erst möglich machen. Die einzelnen Kategorien von Standards werden vorgestellt. Das darauf aufbauende Thema E-Procurement wird ausführlich beschrieben. Andere Formen von B2B-Beziehungen wie etwa E-Banking, d. h. Bankgeschäfte von Unternehmen, haben demgegenüber meist unterstützenden Charakter und werden hier aus Platzgründen nicht näher betrachtet.

Geht es nicht nur um die isolierte Geschäftsbeziehung zwischen zwei Unternehmen, sondern um die Zusammenarbeit zwischen mehreren Partner-Unternehmen entlang der Wertschöpfungskette, so wird von Supply Chain Management gesprochen, das im dritten Abschnitt behandelt wird. Anwendungen zur unternehmensübergreifenden Zusammenarbeit werden oft auch in Unternehmensportale (Enterprise Portal) integriert, welche dem einheitlichen Zugriff auf verschiedene Anwendungen dienen, Beispiele für solche Unternehmensportale sind das IBM Websphere Portal und das SAP NetWeaver Portal. Ihnen ist der letzte Abschnitt gewidmet.

4.1 B2B-Standards

Für geschäftliche Transaktionen über das Internet ist es unbedingt notwendig, sich auf eine gemeinsame Kommunikationsbasis zwischen den beteiligten Geschäftspartnern zu verständigen. Dazu existieren Standards für verschiedene Aspekte der Kom-

munikation und Zusammenarbeit zwischen Unternehmen, die sowohl Struktur als
auch Inhalte geschäftlicher Nachrichten vereinheitlichen. Die Abb. 4.1 aus PROZEUS
(2008b, S. 5) zeigt den Zusammenhang zwischen den verschiedenen Kategorien von
Standards. In der Regel gibt es mehrere in Frage kommende Standards für jedes Gebiet, so dass sich die beteiligten Unternehmen jeweils auf bestimmte Standards einigen
müssen. Die Vielfalt der Standards kann allerdings auch dazu führen, dass sich Unternehmen bei der Nutzung von Standards nach wie vor eher abwartend verhalten, um
nicht in Standards zu investieren, die sich nicht durchsetzen.

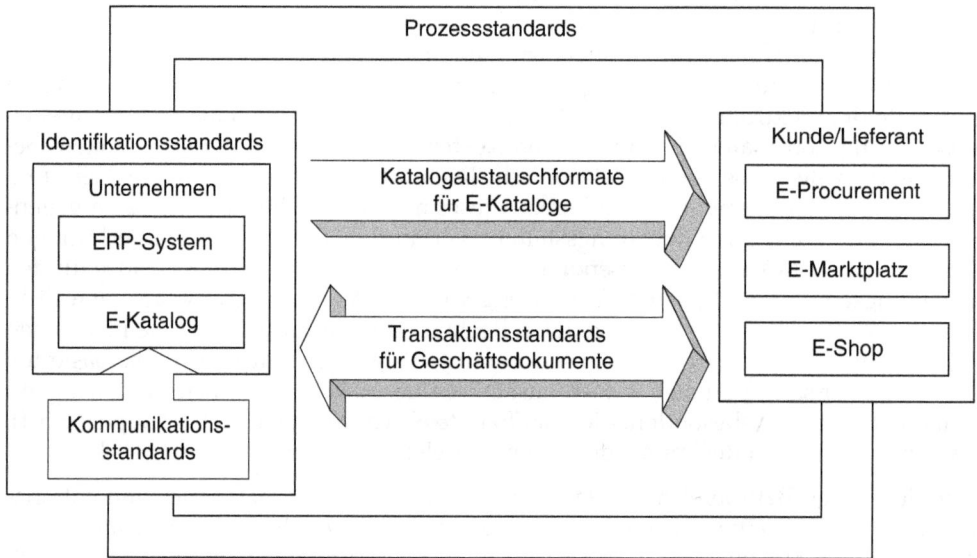

Abb. 4.1: *E-Business-Standards im Unternehmen*

4.1.1 Identifikationsstandards

Zur eindeutigen Identifikation von Artikeln wird in der Regel die Globale Artikelidentnummer, kurz GTIN (vormals EAN), benutzt. Es handelt sich dabei um eine weltweit überschneidungsfreie Nummer, die einen Artikel bzw. eine Handelseinheit in der
jeweiligen spezifischen Ausführung (Farbe, Größe, Verpackungseinheit etc.) identifiziert. Eindeutig zu identifizieren ist somit der Artikeltyp, nicht ein bestimmtes Ex-
emplar eines Artikels. Identifikationsstandards haben für moderne Warenwirtschafts-
systeme generell fundamentale Bedeutung und damit selbstverständlich auch für die
Warenwirtschaft im E-Business. Standardisierte Dienstleistungen, wie beispielsweise
im Mietwagengeschäft oder im Gesundheitswesen, können ebenfalls über eine GTIN
gekennzeichnet werden, vgl. GS1-Germany GmbH, S. 20.

Auch der Elektronische Produktcode (EPC), ermöglicht eine eindeutige Kennzeich-
nung von Objekten (z. B. Produkte, Transportbehälter). Dafür wird der EPC auf einem
Datenträger gespeichert, welcher im Anschluss an ein Objekt angebracht wird. Als Datenträger wird in der Regel ein RFID-Chip verwendet. Gerade für das Supply Chain

Management (siehe Kap. 4.3) ist der effiziente, da standardisierte Datenaustausch von großer Bedeutung und deshalb ein bevorzugtes Einsatzgebiet von EPC in Kombination mit der RFID-Technologie, vgl. GS1-Germany GmbH, S. 28.

Für die Identifikation von Unternehmen gibt es zum einen den Identifikationsstandard DUNS, dessen neunstelliger D-U-N-S Zahlencode von Dun & Bradstreet (der größten Wirtschaftsauskunftei der Welt mit Firmensitz in Short Hills, New Jersey) herausgegeben wird. Der D-U-N-S Zahlencode dient als Identifikationsnummer für ein Unternehmen, wobei die Zahlenkombination als Zufallszahl vergeben wird und somit keine klassifizierenden Teile beinhaltet. Eine Alternative zum Zahlencode von DUNS stellt die Global Location Number, kurz GLN dar. Auch sie identifiziert international Unternehmen und wird von den GS1-Organisationen vergeben. Für Deutschland ist dies die GS1 Germany. Die GLN ist immer 13-stellig, wobei die ersten drei Stellen das Länderpräfix der GS1-Mitgliedsgesellschaft, zum Beispiel 400-440 für Deutschland, angeben.

4.1.2 Klassifikationsstandards

Klassifikationsstandards wie eCl@ss, ETIM, GPC, profiCl@ss sowie die Standardwarenklassifikation und UNSPSC, werden zur einheitlichen Produktbeschreibung genutzt und ermöglichen damit insbesondere den Vergleich von am Markt angebotenen Produkten (PROZEUS, 2005c), denn nur Produkte derselben Klasse lassen sich in der Regel sinnvoll miteinander vergleichen, zum Beispiel bezüglich des geforderten Preises. Bekanntlich sollten z. B. keine Äpfel (eCl@ss-Nummer 16-04-01-01) mit Birnen (eCl@ss-Nummer 16-04-01-02) verglichen werden. Die meisten Klassifikationssysteme basieren auf der Sprache XML zur Beschreibung der Daten (vgl. Kapitel 3.2).

Unternehmen können entsprechende Klassifikationscodes auch zur Ausschreibung von Bedarfen nutzen, so dass potenzielle Anbieter genau wissen, welche Arten von Produkten gesucht werden. Eine einheitliche Beschreibung ist für den Austausch von Produktdaten mit Kunden oder Lieferanten immer dann erforderlich, wenn diese in eine vom Partnerunternehmen verwendete Kataloghierarchie eingeordnet werden sollen, vgl. dazu auch 4.1. Klassifiziert werden Branchen, Produkte und Dienstleistungen mittels einer hierarchischen Struktur. eCl@ss (http://www.eclass.de) z. B. unterscheidet zwischen Sachgebieten, Hauptgruppen, Gruppen und Untergruppen, vgl. das Beispiel eines Zimmermannstifts in Abb. 4.2 (vgl. http://www.eclass.de, Stand: 21.07.2009). Der Zimmermannstift zählt zum Sachgebiet 24 Büromaterial, Büroeinrichtung, Bürotechnik, Papeterie, Hauptgruppe 24-24 Schreibgerät, Spitzer, Radier- und Korrekturmittel, Gruppe 24-24-01 Bleistift, Untergruppe 24-24-01-03 Zimmermannstift. Ergänzt werden die Einträge der Produkte um Merkmalsleisten zur näheren Beschreibung sowie entsprechende Werte für den einzelnen Zimmermannstift eines Herstellers. eCl@ss kann sowohl unternehmensintern als auch unternehmensübergreifend eingesetzt werden und wird kontinuierlich weiterentwickelt.

Der Klassifikationsstandard ETIM (kurz für „Elektrotechnisches Informationsmodell"), siehe auch http://www.etim.de, kooperiert mit eCl@ss und ist speziell für die Elektro-Branche konzipiert worden. Das Klassifikationssystem der Initiative proficl@ss ist speziell auf den Bau- und Werkzeugbereich ausgerichtet (http://www.proficlass.de). Die Global Product Classification GPC ist ein internatio-

eCl@ss 6.1   ⌄   ▬ ▦

☐ ⬜ 24 Büromaterial, Büroeinrichtung, Bürotechnik, Papeterie

  ☐ ⬜ 24-24 Schreibgerat, Spitzer, Radier- und Korrekturmittel

    ☐ ⬜ 24-24-01 Bleistift

      S ⬜SML⬜ 24-24-01-01 Bleistift

      S ⬜SML⬜ 24-24-01-03 Zimmermannstift

        ⬜SML⬜ 24-24-01-90 Bleistift (nicht klassifiziert)

Klassifikation	24-24-01-03 [ACD785002]
Bevorzugte Benennung	Zimmermannstift
Definition:	
Schlagworte	Bleistift für Zimmermann, Schreibgerat (Zimmermannstift), Zimmermannbleistift

Merkmalleiste

BAA316003- Artikelbezeichnung
BAG108001- Ausführung der Schaftform
BAF815001- Ausführung des Inhalts mit Packung
BAG073001- Ausführung des Spitzzustandes
BAE967001- Beschreibung der Besonderheiten
BAF934001- Farbe des Schaftes
BAF340002- Garantie gewährt
BAJ015001- Garantiedauer
BAA271004- GTIN
BAD847003- Hersteller-Artikelnummer
BAA001003- Hersteller-Name
BAG469002- Lackierung auf Wasserbasis
BAA059004- Lieferanten-Artikelnummer
BAB542001- Lieferanten-Name
BAF559002- Lange
BAF936001- Material des Schaftes
BAG368002- nachfüllbar
BAA002002- Produkt-Typbezeichnung
AAF112001- REACH-Kennzeichnungspflichtig
BAG468002- Schaft lackiert
BAB678002- Sicherheitsdatenblattpflichtig

Abb. 4.2: *Klassifikation eines Bleistifts bei eCl@ss*

nales, branchenübergreifendes Klassifikationssystem (http://www.gs1.org). Aus dem nordamerikanischen Raum stammt der United Nations Standard Products and Services Code, kurz UNSPSC, der vor allem im englischsprachigen Raum verbreitet ist (http://www.unspsc.org).

4.1.3   Katalogaustauschformate

Katalogaustauschformate dienen der elektronischen Bereitstellung von Produktdaten in strukturierter Form, insbesondere in sogenannten E-Katalogen. E-Kataloge werden z. B. zwischen Lieferanten und beschaffenden Unternehmen ausgetauscht. Hierfür werden Katalogaustauschformate seitens des beschaffenden Unternehmens benötigt, damit der elektronische Katalog eines Lieferanten in die elektronischen Beschaffungssysteme großer Kunden überspielt werden kann, vgl. Abbildung 4.1. Damit können Mitarbeiter in allen eingestellten Katalogen übergreifend recherchieren. Ebenso werden auf elektronischen Marktplätzen die Kataloge mehrerer Lieferanten auf einer gemeinsamen Plattform zusammengestellt, so dass die konkurrierenden Angebote für Kunden vergleichbar werden.

Beispiele von Katalogaustauschformaten sind BMECat, cXML, Datanorm/Eldanorm, PRICAT, RosettaNet und xCBL, vgl. PROZEUS (2005b, 2007). Die strukturierte Form des Austauschs besteht dabei darin, dass die Katalogdaten in sogenannte Datenbereiche gegliedert werden. Im Falle von BMEcat (http://www.bmecat.org) erfolgt z. B. eine Untergliederung in Kopfdaten (mit Kontrollinformationen, Angaben zum

Kunden, Lieferanten, Rahmenvertrag, Standardwerten etc.), Artikeldaten (mit den eigentlichen Produktinformationen) und Strukturdaten (Daten über die Struktur des E-Katalogs). Im E-Shop erleichtert das Katalogaustauschformat die Pflege und Aktualisierung der Produktdaten. In Deutschland ist BMEcat als Katalogaustauschformat weit verbreitet, und zwar insbesondere im Bereich von C-Gütern (zur Differenzierung in A-, B- und C-Güter siehe Kapitel 4.2.2). BMEcat kann von der angegebenen Website heruntergeladen und lizenzfrei genutzt werden. CXML (http://www.cxml.org) und xCBL (http://www.xcbl.org) sind im englischsprachigen Raum verbreitet. Rosetta-Net (http://www.rosettanet.org) wird global in der IT-Industrie eingesetzt, Datanorm (http://www.datanorm.de) wird im Installations- und Bauhandwerk und Eldanorm (http://www.eldanorm.de) im Elektrohandwerk eingesetzt, PRICAT v. a. in der Konsumgüterwirtschaft verwendet (http://www.pricat.de).

4.1.4 Transaktionsstandards

Transaktionsstandards werden zum automatisierten Austausch von Geschäftsdokumenten zwischen Unternehmen mit ihren Kunden-Lieferanten-Beziehungen benötigt, vgl. Abb. 4.1. Man spricht auch von elektronischem Datenaustausch, kurz EDI (Electronic Data Interchange). Für den elektronischen Austausch von Transaktionsdaten wie Bestellungen, Lieferscheinen und Rechnungen sind neben den Katalogdaten zusätzliche Daten erforderlich. Diese legen Datenformate und Inhalte (Art des Geschäftsdokuments) fest.

Beispiele für Transaktionsstandards sind EANCOM, EDIFACT, GS1-XML, OAGIS, ODETTE, openTRANS und UBL, vgl. PROZEUS (2005d). Weit verbreitet und seit Jahren etabliert ist EDIFACT (Electronic data interchange for administration, commerce and transport) – siehe http://www.unece.org/trade/untdid/welcome.htm – mit festgelegter Syntax und Semantik. Es gibt bei EDIFACT über 200 Nachrichtentypen wie etwa Bestellung, Lieferschein, Zollerklärung etc.), die über Kurznamen, bestehend aus sechs Großbuchstaben, identifiziert werden, zum Beispiel seht INVOIC für Rechnung. EANCOM wird vor allem in der Konsumgüterwirtschaft, mittlerweile aber auch in der Buchbranche eingesetzt und basiert auf vereinfachten EDIFACT-Nachrichten, dabei kommen aus EDIFACT bekannte Nachrichtentypen wie ORDERS (Bestellungen) oder DESADV (Lieferavise) zum Einsatz. EDIFICE basiert ebenfalls auf EDIFACT und wird in der Elektronikbranche eingesetzt (http://www.efifice.org).

Allen auf EDIFACT basierenden Standards ist gemeinsam, dass sie aufwändige technische Voraussetzungen haben, die hohe Investitionskosten v. a. wegen spezieller Software, dem Aufbau eines Mehrwertnetzes bzw. Mehrwernetzwerks (Value Added Networks, kurz: VAN) zu den Lieferanten und der Anpassung von Unternehmensabläufen erfordern, so dass es vor allem größere Unternehmen sind, die EDIFACT benutzen. Das hinter einem Mehrwertnetz stehende Unternehmen fungiert als Vermittler zwischen den Geschäftspartnern und bietet neben der Kommunikationsdienstleistung zusätzliche Leistungen an wie Beratung, Schulung, Verschlüsselung der Daten, Benutzerverwaltung, Fehlererkennung, Transformation zwischen verschiedenen EDI-Standards und Archivierung. Ursprünglich wurden EDIFACT-Nachrichten über Wähl- bzw. Standleitungen oder sogar per Magnetband versandt, heute werden sichere Internetverbindungen genutzt.

Web-EDI stellt eine einfacher nutzbare Weiterentwicklung von EDIFACT dar. Es ist insgesamt flexibler, offener, kostengünstiger und damit auch für kleinere und mittlere Unternehmen nutzbar, da die Einstiegsbarrieren deutlich niedriger sind. Insbesondere fallen keine zusätzlichen Kosten für Implementierung und Betrieb von Hardware und Software an. Die Transaktionsdaten werden dabei in der Regel als XML-Dokumente über ein Web-Portal eingegeben. Im E-Business sind solche XML-basierten Formate als Transaktionsstandards verbreitet. Sie weisen neben einer festgelegten Syntax eine flexible Semantik auf. Ein Beispiel ist RosettaNet (http://www.rosettanet.org) in der Elektronikbranche. openTRANS (http://www.opentrans.org) ist ein branchenüber-greifender Standard, der sich allerdings bisher auf wenige Transaktionstypen (Nach-richtentypen) beschränkt:

❏ RFQ (Request For Quotation, Angebotsanforderung),

❏ QUOTATION (Angebot),

❏ ORDER (Auftrag bzw. Bestellung),

❏ ORDERCHANGE (Auftragsänderung),

❏ ORDERRESPONSE (Auftragsbestätigung),

❏ DISPATCHNOTIFICATION (Lieferavis),

❏ RECEIPTACKNOWLEDGEMENT (Wareneingangsbestätigung),

❏ INVOICE (Rechnung),

❏ INVOICELIST (Rechnungsliste),

❏ REMITTANCEADVICE (Zahlungsavis).

Der Transaktionsstandard UBL (http://www.oasis-open.org) ist ein Standard, der um Branchenspezifika erweiterbar ist und sich somit gerade auch für den Datenaustausch zwischen Unternehmen unterschiedlicher Branchen eignet, die auf keinen gemeinsamen Branchenstandard zurückgreifen können.

4.1.5   Prozessstandards

Unter Prozessstandards im E-Business-Bereich versteht man Vorlagen (Schablonen) für häufig auftretende Prozesse im Unternehmen, wie z. B. die Nachbestellung von Waren im Handel vgl. PROZEUS (2008b, S. 8). Man bezeichnet diese Vorlagen oft auch als sogenannte „Referenzprozesse". Prozessstandards umfassen neben den einzelnen Prozessschritten insbesondere Steuerungsinformationen, auslösende Ereignisse und Datenflüsse. Beispiele sind Efficient Consumer Response (ECR) mit den Teilthemen Vendor Managed Inventory (VMI) und Optimal Shelf Availability (OSA), sowie das Supply-Chain Operations Reference Model (SCOR), das in Kapitel 4.3 näher betrach-tet wird, vgl. PROZEUS (2008b, S. 10). Bei den zu steuernden Prozessen handelt sich in der Regel um Unternehmensgrenzen überschreitende Prozesse, vgl. Abb. 4.1, wobei der Einsatz von Prozessstandards die Nutzung von Identifikationsstandards, Klassifikationsstandards, Katalogaustauschstandards und Transaktionsstandards in der Regel voraussetzt.

Die standardisierten Prozesse werden in der Regel grafisch dokumentiert. Etabliert haben sich hierfür die ereignisgesteuerten Prozessketten (EPK). Daneben werden Aktivitätsdiagramme der Unified Modeling Language (UML) oder seit einiger Zeit die Business Process Modeling Notation (BPMN) eingesetzt. Zur IT-gestützten Ausführung von Prozessen werden XML-basierte Sprachen wie die Business Process Execution Language (BPEL) zur Steuerung der Prozesse genutzt. Die zu steuernden Prozesse sind in der Regel Workflows, als Software werden dementsprechend Workflow-Management-Systeme (Workflow-Engines) eingesetzt.

4.2   E-Procurement

4.2.1   Grundlagen

E-Procurement bedeutet Beschaffung benötigter, jedoch nicht selbst hergestellter Güter und Dienstleistungen per Internet. E-Procurement ist damit oft Schrittmacher für das E-Business in Unternehmen, da hier in besonderem Maße die alte kaufmännische Weisheit „im Einkauf liegt der Gewinn" gilt. Die Beschaffung wandelt sich aus diesem Grund mit Hilfe des E-Procurements immer mehr vom Erfüllungsgehilfen zu einem wertschöpfenden Prozess, vgl. von Stengel (2007, S. 195). Entsprechend beschäftigen sich zahlreiche Publikationen mit diesem Thema. Dabei wird schnell deutlich, dass eine scharfe Abgrenzung zwischen Beschaffung (engl. procurement) und Einkauf (engl. purchasing) in der E-Business-Praxis nicht anzutreffen ist. Zugunsten begrifflicher Klarheit wird in diesem Buch deshalb konsequent von „E-Procurement" gesprochen und auf „E-Purchasing" verzichtet.

Grundsätzlich ist E-Procurement für viele Unternehmen bedeutsamer als der Vertrieb per Internet, da sich bei weitem nicht alle Produkte und Dienstleistungen für den Vertriebskanal „Internet" eignen. Durch die Tendenz zur Konzentration auf die Kernaktivitäten ist jedoch beinahe jedes Unternehmen auf den Zukauf von Gütern und Dienstleitungen in erheblichem Umfang angewiesen. E-Procurement ermöglicht es hierbei durch höhere Markttransparenz, vor allem aber durch niedrigere Transaktionskosten deutliche Einsparpotenziale in der Beschaffung zu realisieren. In Kleineicken (2002, S. 103) werden die vielfältigen Nutzenpotenziale des E-Procurements systematisch dargestellt, siehe Abbildung 4.3 nach Kleineicken (2002, S. 103).

Das Thema E-Procurement kann in die Teilgebiete E-Sourcing und E-Ordering unterteilt werden, vgl. Abbildung 4.4, um die Lieferantenauswahl mit ihrem häufig strategischen Charakter vom operativen Bestellwesen klar abzutrennen und damit die Komplexität des Themas zu reduzieren, vgl. Arnold und Schnabel (2007, S. 84). Mit Hilfe von E-Sourcing-Lösungen werden primär Einsparungen bei den Produktkosten angestrebt, indem preislich günstigere Angebote bzw. Lieferanten gesucht werden. Dagegen sollen E-Ordering-Lösungen den einzelnen Beschaffungsprozess kostengünstiger realisieren. Auf die in der Abbildung 4.4 dargestellten Teilgebiete des E-Orderings und des E-Sourcings wird im weiteren Verlauf dieses Kapitels noch eingegangen.

Betrachtet man die Probleme herkömmlicher Beschaffung, so beruhen diese vor allem auf der Vielzahl von notwendigen Einzelschritten. Einen in diesem Sinne typischen konventionellen Beschaffungsprozess zeigt Abbildung 4.5 nach Wirtz und Eckert (2001, S. 154). Ein solcher Prozess ist in der Regel aufwendig und geprägt von häufigen Medienbrüchen, z. B. zwischen einer formularbasierten Bedarfsanforderung (Medium Papier) sowie der Erfassung der Bestellung in einem Warenwirtschaftssystem (Medium Software), welche nichtwertschöpfende, teils aufwändige und fehlerträchtige Übertragungsleistungen von einem zum anderen Medium nach sich ziehen. Auch sind mangels allumfassender Einkaufsregularien im E-Procurement häufig Einzelfallentscheidungen nötig, vgl. Kollmann (2009, S. 63). Dies führt zu hohen Kosten, langen Bearbeitungs- und Durchlaufzeiten, und zwar unabhängig vom Wert der Bestellung. Es lässt sich leicht nachvollziehen, dass sich diese Effekte bei C-Gütern be-

Beschaffungs-kosten	Beschaffungs-sicherheit	Beschaffungs-zeit	Beschaffungs-flexibilität	Beschaffungs-qualität	Beschaffungs-beziehungen
* Reduktion der Einstands-preise * Reduktion der Beschaffungs-kosten * Reduktion der Lagerkosten * Reduktion der Ausfallzeiten * Reduktion der Informations-beschaffungs- und distribu-tionskosten * Reduktion der Logistikkosten * Reduktion der Personal-kosten	* Erhöhung der Liefertreue * Erhöhung der Zahl der Lieferquellen * Verbesserung der Informa-tionsdistribu-tion * Verbesserung des Beschaf-fungscontroll-ings	* Reduktion der operativen Beschaffungs-zeit * Reduktion der strategischen Beschaffungs-zeit * Verkürzte Kommunika-tions und Informations-distributions-zeiten	* Reallokation der personel-len Res-sourcen in der Beschaffung * Flexibilisierung der Kommuni-kation und Informations-distribution * Flexibilisierung der Lieferan-tenbasis	* Erhöhung der Beschaffungs-qualität * Erhöhung der Informations-qualität * Erhöhung der Qualität der Beschaffungs-tätigkeiten * Reduktion der Erfassungs-fehler	* Verbesserte Lieferanten-kommunikation und -informa-tion * Verbessertes Management der Lieferan-tenbasis * Intensivierung der wichtigen Lieferanten-beziehungen

Abb. 4.3: Nutzenpotenziale des Electronic Procurements

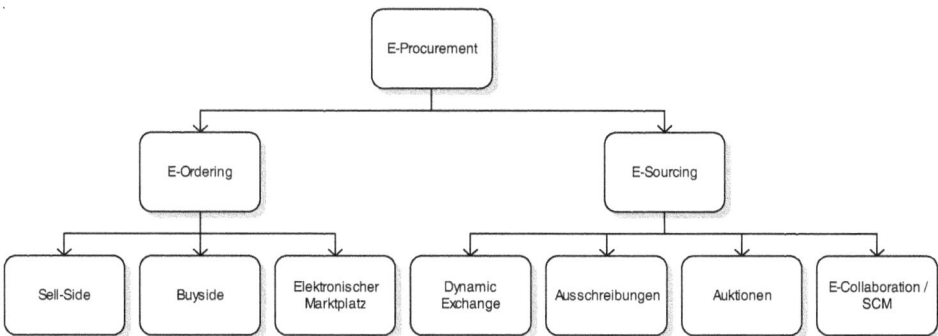

Abb. 4.4: E-Procurement-Begriff

sonders negativ auswirken, da die Beschaffung eines 10-Euro-Artikels (typisch für ein C-Gut) ähnliche Beschaffungskosten wie die Beschaffung eines 5000-Euro-Artikels (z. B. eines A-Guts) verursacht.

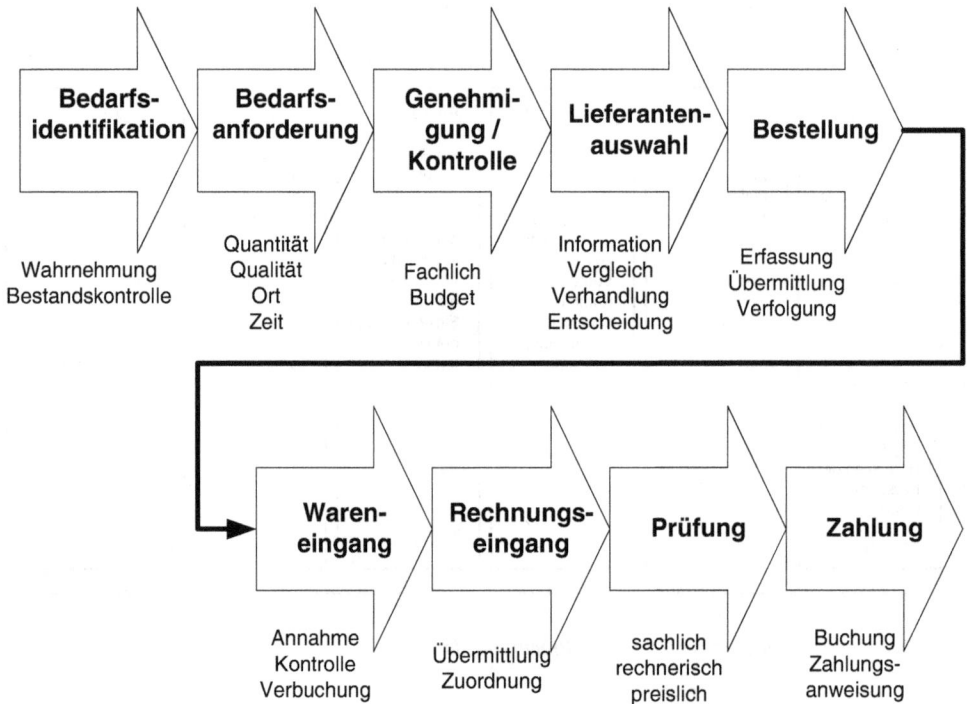

```
┌───────────────┐ ┌───────────────┐ ┌───────────────┐ ┌───────────────┐ ┌───────────────┐
   Bedarfs-          Bedarfs-          Genehmi-          Lieferanten-      Bestellung
 identifikation    anforderung         gung /            auswahl
                                       Kontrolle
└───────────────┘ └───────────────┘ └───────────────┘ └───────────────┘ └───────────────┘

 Wahrnehmung       Quantität          Fachlich          Information        Erfassung
 Bestandskontrolle Qualität           Budget            Vergleich         Übermittlung
                   Ort                                  Verhandlung       Verfolgung
                   Zeit                                  Entscheidung

┌───────────────┐ ┌───────────────┐ ┌───────────────┐ ┌───────────────┐
   Waren-            Rechnungs-        Prüfung           Zahlung
   eingang           eingang
└───────────────┘ └───────────────┘ └───────────────┘ └───────────────┘

 Annahme           Übermittlung       sachlich          Buchung
 Kontrolle         Zuordnung          rechnerisch       Zahlungs-
 Verbuchung                           preislich         anweisung
```

Abb. 4.5: Beschaffungsprozess

Zur besseren Übersicht wird der relativ komplexe Beschaffungsprozess häufig in die drei Phasen „Anbahnung" (Schritte 1 bis 3 in Abbildung 4.5), „Aushandlung" (Schritte 4 bis 5) und „Abwicklung" (Schritte 6 bis 9) untergliedert; vgl. z. B. Wirtz (2001, S. 315ff). Alle drei Phasen sollen im Zuge des E-Procurements so weit wie möglich automatisiert durchlaufen werden.

4.2.2   Grundmodelle des E-Procurements

Man unterscheidet als Grundmodelle der Systemlösungen des E-Procurements nach Kollmann (2009, S. 96ff) die in Abb. 4.6 nach Meier und Stormer (2008, S. 66) dargestellten Typen *Sell-Side*, *Buy-Side* und *Marktplatz*. Unterscheidungskriterium ist dabei, bei wem der E-Katalog bereitgehalten wird: beim Beschaffer (Buy-Side), beim Lieferanten (Sell-Side) oder bei einem neutralen Dritten (Marktplatz). An den E-Katalog selbst werden folgende Anforderungen gestellt, vgl. Kleineicken (2002, S. 122):

❑ Multimediale Abbildung der Produkte

❏ Umfangreiche Such- und Navigationshilfen

❏ Verwaltung vielstufiger Produktkategorien und -hierarchien

❏ Multilieferantenfähigkeit

❏ Verwaltung von lieferanten- und kundenspezifischen Produkt- und Artikelnummern

❏ Umfangreiche und komfortable Integrationsschnittstellen und Importmöglichkeiten für

❏ Unterschiedliche Datenstrukturen

❏ Anpassungsfähigkeit an geänderte Anforderungen

❏ Bequeme und kostengünstige Aktualisierungsmöglichkeiten

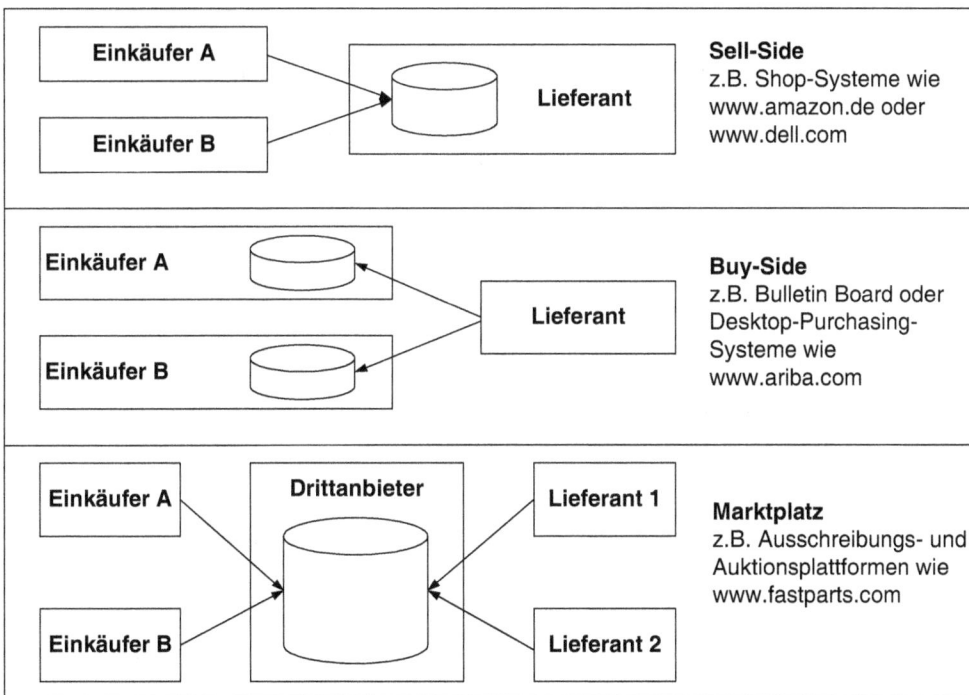

Abb. 4.6: *Grundmodelle des E-Procurements*

Sell-Side-Modell Im Sell-Side-Modell werden Einkaufssoftware und E-Katalog vom Lieferanten bereitgestellt. Ein Mitarbeiter des beschaffenden Unternehmens meldet sich auf der Website des Lieferanten an und kann dann zu u. U. individuell ausgehandelten Konditionen einkaufen wie in einem E-Shop. Viele Sell-Side-Lösungen ermöglichen die Integration mit dem eigenen ERP-System. Vorteilhaft für den Lieferanten ist die Möglichkeit, die eigenen Produkte optimal darzustellen. Nachteilig dabei ist, dass auf diese Weise keine Vergleiche mit anderen Lieferanten möglich sind. Ein Beispiel eines Sell-Side-Modells findet man bei Festo[1].

Buy-Side-Modell Bei einer Buy-Side-Lösung werden Einkaufssoftware und E-Katalog im Kern vom einkaufenden Unternehmen betrieben. Es handelt sich in der Regel um einen Multilieferantenkatalog, so dass sowohl eine lieferantenübergreifende Auswahl als auch Preisvergleiche möglich sind. Hierbei wird auch oft von Desktop-Purchasing-Systemen gesprochen, da es den Mitarbeitern im beschaffenden Unternehmen möglich ist, komfortabel vom Schreibtisch aus Bestellungen zu tätigen. Viele ERP-Systeme umfassen eigene Module für das Desktop Purchasing oder zumindest Schnittstellen für den Datenaustausch im Rahmen des elektronischen Einkaufs. Ein Beispiel eines etablierten Buy-Side-Modells ist die Einkaufsplattform (http://www.click2procure.de) der Siemens AG mit Zehntausenden von Transaktionen im Monat und entsprechendem Umsatzvolumen.

Marktplatz-Modell Im Marktplatz-Modell fungiert ein Marktplatzbetreiber als neutraler Intermediär und betreibt Software und E-Katalog auf Provisionsbasis. Man spricht hierbei auch von einem „Vermittler-Marktplatz" bzw. einer „Broker-Plattform". Vergleichbar der Sell-Side-Lösung wird das einkaufende Unternehmen bei der Suche nach Lieferanten, jedoch kaum beim internen Genehmigungsprozess einer Bestellung unterstützt. Vorteilhaft ist die Integrationsmöglichkeit mehrerer Lieferanten im Katalog, so dass entsprechende Vergleiche möglich sind. Ein Beispiel eines B2B-Marktplatzes ist http://www.zentrada.de. Auch branchenspezifische Suchmaschinen sowie Auktions- und Ausschreibungsplattformen können zu den neutralen Marktplätzen gezählt werden, vgl. Dolmetsch (2000, S. 45).

4.2.3   E-Procurement-Potenziale verschiedener Güterarten

Genauso wie im B2C eignen sich nicht alle Güterarten gleichermaßen für den webbasierten Vertrieb bzw. für die webbasierte Beschaffung im B2B. Als besonders geeignet gelten zunächst einmal indirekte Produkte, d. h. Produkte, die ein Unternehmen nicht für den Weiterverkauf oder die Weiterverarbeitung einkauft, sondern die für die Nutzung bzw. den Konsum im Unternehmen bestimmt sind. Darunter fallen sehr unterschiedliche Produkte, insbesondere die wertmäßig wenig bedeutsamen, dafür bezüglich der Bestellmenge umso gewichtigeren C-Güter, und hier wiederum vor allem die sogenannten MRO-Güter (MRO = Maintenance, Repair, Operations). Bedarfsträger von MRO-Gütern sind im Prinzip alle Mitarbeiter. Allerdings sind oft Genehmigungen vorgesetzter Stellen vorgeschrieben. Üblicherweise werden MRO-Güter per Katalog eingekauft, vgl. Dolmetsch (2000, S. 51), entweder mittels gedruckter Kataloge oder – schneller und kostengünstiger – im Rahmen des E-Procurements mittels E-Katalogen. Tabelle 4.1 (angelehnt an Dolmetsch (2000, S. 52f) listet typische Beispiele indirekter Produkte und Dienstleistungen auf.

Nichtsdestotrotz ist eine reine ABC-Analyse und eine sich daraus ergebende Fokussierung auf C-Güter zur Ausschöpfung der Vorteile des E-Procurements nicht ausrei-

---

[1]Vgl. http://www.festo.com.

Güter	Dienstleistungen
Bürobedarf (Bleistifte, Papier etc.)	Hotel-, Reise- und Restaurantbuchungen
Büromöbel	Cafeteria und Catering
Büroausstattung (Faxgerät, Kopierer etc.)	Kopier- und Druckservice
Telekommunikationsprodukte (Telefon etc.)	Post- und Kurierdienste
Werbegeschenke und –material	Transport- und Taxibestellungen
Personal Computer	Unternehmensberatung
Drucker	Bankdienstleistungen
Software	Zeitarbeit
Magazine, Bücher und Zeitungen	Rechtdienste
Firmen-Kfz	IT-Dienstleistungen
Dienstkleidung	Reinigungs- und Sicherheitsdienste
Ersatzteile für Maschinen	Schulungen
Schmiermittel	Werbedienstleistungen
Reinigungs- und Putzmittel	Rekrutierungsunterstützung
Werkzeuge	Finanzdienstleistungen
...	...

Tab. 4.1: *Beispiele indirekter Produkte*

chend, wenngleich bei C-Teilen – wie etwa MRO-Gütern – die höchsten Einsparpotenziale bei gleichzeitig den geringsten Risiken realisiert werden können, vgl. Wirtz und Eckert (2001, S. 156). Grundsätzlich lassen sich jedoch auch A- und B-Teile per E-Procurement beschaffen, allerdings i. d. R. nicht per Desktop Purchasing System, sondern mit Hilfe von Ausschreibungen, Auktionen und E-Marktplätzen. Anhand der Abbildung 4.7, angelehnt an Stoll (2007, S. 19), wird deutlich, dass für alle Kombinationen aus ABC-[2] und XYZ-Analyse[3] die Beschaffung E-Business-gestützt erfolgen kann. Im Falle von AX-Gütern, d. h. Gütern, die als A-Güter bezüglich Volumen und X-Güter bezüglich Beschaffungsregelmäßigkeit eingestuft werden, wird für eine enge, internetgestützte Zusammenarbeit zwischen Unternehmen im Sinne des Supply-Chain-Management-Konzepts (siehe Kapitel 4.3) plädiert. AY-, AZ- und B-Güter eignen sich demnach vor allem zur Beschaffung per elektronischer Ausschreibung bzw. Auktion, siehe dazu Kapitel 4.2.2.

In der Unterscheidung verschiedener Güterarten bei Arnold und Schnabel (2007,

---

[2]Die ABC-Güter-Analyse klassifiziert Güter i. d. R. nach ihrer Umsatzstärke, beim E-Procurement nach ihrem Anteil am wertmäßigen Beschaffungsvolumen. Die Abgrenzungen sind unternehmensindividuell vorzunehmen, Beispiel: A-Güter: Wertanteil von 70 bis 80%, B-Güter: Wertanteil von 15 bis 20%, C-Güter: Wertanteil von 5 bis 10%.

[3]Die XYZ-Güter-Analyse klassifiziert Güter i. d. R. nach ihrer Umsatzregelmäßigkeit, beim E-Procurement nach ihrer Beschaffungsregelmäßigkeit. X-Güter: konstanter Verbrauch, Schwankungen sind eher selten, Y-Güter: stärkere Schwankungen im Verbrauch, meist aus trendmäßigen oder saisonalen Gründen, Z-Güter: völlig unregelmäßiger Verbrauch.

		Wertigkeit		
		A	B	C
Vorhersagegenauigkeit	X	E-Collaboration, SCM	elektronische Aus-schreibungen	käuferseitiger Katalog (Buy-Side-Modell / DPS)
	Y	elektronische Aus-schreibungen und Auktionen		
	Z			katalogbasierter Marktplatz

Abb. 4.7: *Ableitung von E-Procurement-Formen aus der ABC-/XYZ-Analyse*

S. 86f) wird zusätzlich der Aspekt des Beschaffungsrisikos berücksichtigt. Unterschieden werden vier Beschaffungsszenarien, für die jeweils entsprechende Normstrategien empfohlen werden:

1. Geringwertige Güter ohne Versorgungsprobleme, z. B. Standarddrehteile: Anzustreben ist eine effiziente operative Abwicklung des Beschaffungsprozesses, d. h. eine Minimierung der Prozesskosten. Dazu werden häufig Desktop-Purchasing-Systeme eingesetzt.

2. Wenig komplexe, jedoch vom Beschaffungswert her gewichtige Güter wie z. B. Rohstoffe, für die genügend Anbieter vorhanden sind. Ziel muss es sein, möglichst geringe Einstandspreise zu erzielen. Ein Wechsel des Lieferanten ist ohne Weiteres möglich. Häufig werden dazu umgekehrte Auktionen (Reversed Auctions) durchgeführt.

3. Geringwertige Beschaffungsgüter, deren Beschaffung jedoch mit Risiken verbunden ist, so dass es sich um Engpassmaterial handeln kann, wie etwa im Falle von Spezialschrauben. Als Maßnahme empfiehlt sich hierbei Lagerhaltung, wobei die Lagerhaltungskosten aufgrund des geringen Werts begrenzt sind und gegenüber den durch Versorgungsengpässe verursachten Kosten in Form von Produktionsausfällen kaum ins Gewicht fallen. Lagerfähigkeit wird dabei natürlich vorausgesetzt. Sofern diese gegeben ist, haben Versorgungssicherheit und damit verbunden die Prozesskosten Priorität.

4. Hochwertige Güter, deren Beschaffung mit Versorgungsrisiken verbunden ist, z. B. einbaufähige Systeme wie etwa Bremsanlagen, Getriebe. Hier empfiehlt sich eine enge Zusammenarbeit mit den Lieferanten, um die Versorgung in ausreichender Menge und in der notwendigen Qualität zu gewährleisten. Eine solche enge Zusammenarbeit entlang der Wertschöpfungskette ist Gegenstand des Supply-Chain-Management-Konzepts.

Es kann festgehalten werden, dass es für die meisten Güterarten Möglichkeiten gibt, diese per E-Procurement zu beschaffen. Die jeweils einzusetzenden Formen des E-Procurements unterscheiden sich jedoch erheblich. Die einzelnen Formen werden in den nächsten Abschnitten näher betrachtet.

4.2.4 E-Ordering mittels eines Desktop Purchasing Systems

Die konventionelle Art der Abwicklung von Beschaffungsprozessen führt aufgrund diverser Ausnahmesituationen zu hohen Kosten. Beispiele für solche Ausnahmesituationen sind gemäß Wannenwetsch (2005, S. 133):

❏ Fehlerhaft ausgefüllte Bestellformulare

❏ Rückfragen während des Genehmigungsprozesses

❏ Fehler bei der Bestellübermittlung (z. B. defektes Faxgerät)

❏ Preisaktualisierungen, Rückfragen durch Lieferanten (z. B. Fax unleserlich)

❏ Bedarfsänderung, Lieferantenwechsel in Folge mangelnder Verfügbarkeit

❏ Reklamationen

❏ Fehlende Teillieferungen, Einzelrechnungen statt Sammelrechnungen

❏ Mehraufwand wegen „Maverick-Buying", d. h. Bestellung ohne Berücksichtigung bestehender Rahmenverträge

❏ Liegezeiten während des Genehmigungsprozesses oder Rückfragen

Die Idee, Beschaffungen elektronisch vorzunehmen, um Bestellvorgänge kostengünstiger abzuwickeln, indem eine Reihe der genannten Ausnahmesituationen, wie z. B. fehlerhaft ausgefüllte Bestellformulare, Fehler bei der Bestellübermittlung wegen defektem Faxgerät oder Rückfragen durch Lieferanten wegen unleserlichem Fax, wurde von Großunternehmen bereits lange vor der kommerziellen Nutzung des Internets mit Hilfe spezieller Datenleitungen und Standards (meist EDIFACT, siehe Abschnitt 3.2.4) aufgegriffen, um Bestell- und Lieferinformationen zu übermitteln, vgl. Hudetz und van Baal (2005, S. 74).

Heute dienen internetbasierte Desktop Purchasing Systeme (kurz: DPS) der Vereinheitlichung der Beschaffungsprozesse und damit zur Vermeidung der meisten der genannten Ausnahmesituationen auch in kleineren und mittleren Unternehmen. DPS basieren in der Regel auf elektronischen Produktkatalogen, die die Angebote mehrerer vom Einkauf ausgewählter Lieferanten zusammenfassen. Genehmigungsworkflows sind eingebunden, Bestell- und Budgetgrenzen werden überwacht, so dass grundsätzlich jeder Bedarfsträger (im Extremfall: jeder einzelne Mitarbeiter) selbständig beschaffen oder zumindest die genehmigungsfähige Beschaffung vorbereiten kann.

In Abbildung 4.8, in Anlehnung an Kleineicken (2002, S. 125), wird der Bestellprozess mit Hilfe eines DPS als ereignisgesteuerte Prozesskette (EPK) dargestellt, für vertiefende Hinweise zur Modellierung mit EPKs siehe z. B. Lehmann (2008). Wesentliche Schritte im Bestellprozess sind, angelehnt an Kleineicken (2002, S. 125):

❏ Produktauswahl: Ein Bedarfsträger greift mit seinem DPS per Webbrowser auf den E-Katalog zu, es werden Such- und evtl. regelbasierte Konfigurationsfunktionen (z. B. unternehmensspezifische Regeln zur Zusammenstellung eines Arbeitsplatzrechners) geboten, Produktverfügbarkeit und Preisinformationen sowie ein präziser Anlieferungszeitpunkt sind ablesbar.

❏ Genehmigung: Der Genehmigungsprozess und mit ihm verknüpft die Regeln zur Prüfung des virtuellen Warenkorbs sind entweder im DPS oder im ERP-System hinterlegt. Sofern die Bestellung in der Kompetenz des Bestellers liegt, wird die Bestellung sofort weiter bearbeitet. Andernfalls wird die Bestellung an die zuständige Genehmigungsinstanz (in der Regel den Vorgesetzten) geleitet und diese z. B. per E-Mail oder über die Arbeitsvorratsliste der Workflow-Management-Komponente des ERP-Systems über die anstehende Entscheidung informiert. *Hinweis: Im Modell der Abbildung 4.8 wurde aus Gründen der Übersichtlichkeit darauf verzichtet den Ausnahmefall darzustellen, dass die Genehmigung nicht erteilt wird.*

❏ Bestellung generieren: Aus der Bestellanforderung wird eine oder werden mehrere Bestellungen generiert und umgehend an die Lieferanten weiter geleitet. Je nach Implementierung erfolgt dies durch das DPS oder das ERP-System, auf jeden Fall finden entsprechende Datenübergaben zwischen diesen beiden Systemen statt, damit das ERP-System Wareneingang und Zahlungsabwicklung unterstützen kann.

❏ Bestellüberwachung: die E-Tracking-Funktion zur Sendungsverfolgung ermöglicht es dem Bedarfsträger bzw. der Einkaufsabteilung, sich kontinuierlich per DPS über den Lieferstatus zu informieren.

❏ Wareneingang: Die Wareneingangskontrolle kann direkt beim Bedarfsträger erfolgen, so dass dieser den Eingang der Ware direkt im DPS bzw. ERP verbuchen kann, oder aber der Eingang erfolgt bei einer zentralen Wareneingangsstelle. In jedem Fall muss der Empfang durch eine elektronische Wareneingangsbestätigung bestätigt werden.

❏ Zahlungsabwicklung: Es kann zunächst eine Rechnungsprüfung des DPS mit Hilfe des ERP-Systems stattfinden. Einzelrechnungen können zu Sammelrechnungen zusammengefasst werden. Für die Bezahlung selbst unterstützen DPS stets eine Reihe gängiger Bezahlverfahren, wie sie auf Seite 100 vorgestellt werden.

Wichtig ist beim Einsatz eines DPS, dass das schon kurz angesprochene sogenannte „Maverick-Buying", d. h. das Bestellen unter Umgehung des DPS seitens einzelner

Bedarf ist aufgetreten

DPS

Produkte auswählen

Bedarfsträger

Elektronischer Katalog

DPS

Warenkorb prüfen

Bestell-kompetenz ist vorhanden

Bestell-kompetenz fehlt

Bestell-anforderung genehmigen

Genehmigungsinstanz

e-Transaction

DPS

Bestellung generieren

Bestell-anforderung ist genehmigt

Daten sind an ERP-System übergeben

Daten sind an Lieferanten übergeben

e-Tracking

Bestellung überwachen

Bedarfsträger

Ware ist eingegangen

Bedarfsträger

ERP-System

Wareneingang bestätigen

Zentraler Wareneingang

DPS

Zahlung abwickeln

e-Payment

Bedarf ist gedeckt

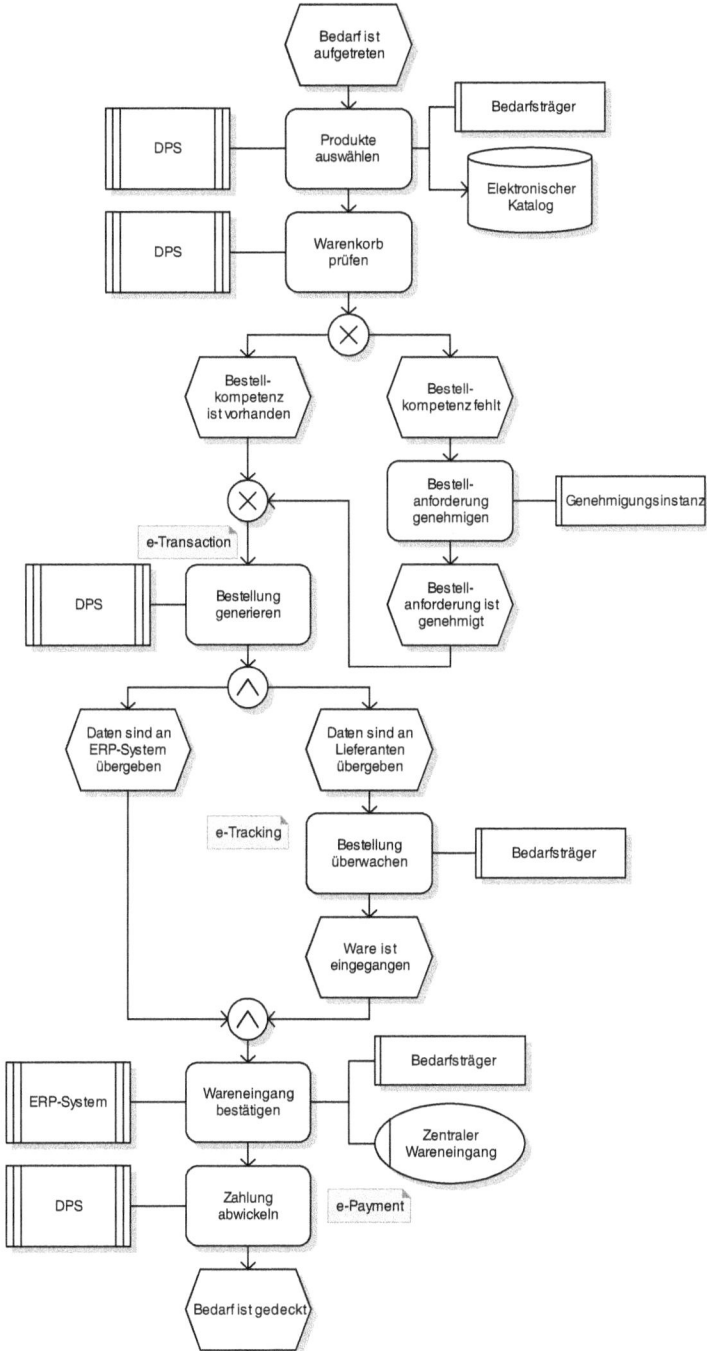

Abb. 4.8: Der Kernprozess im E-Procurement bei einem Desktop Purchasing System

Mitarbeiter, verhindert wird. Es darf z. B. keine Beschaffungsmöglichkeit per Papier-
katalog geben, vgl. Stoll (2007, S. 70f), da andernfalls die vielfältigen Nutzenpotenziale
des E-Procurements, vgl. Abbildung 4.3, nicht voll ausgeschöpft werden können.

4.2.5   E-Sourcing mittels E-Marktplätzen

E-Sourcing bedeutet die Nutzung webbasierter Applikationen zur Rationalisierung
und Verbesserung strategischer Beschaffungsprozesse, insbesondere zur Lieferantensuche und -vorauswahl, vgl. Brenner und Wenger (2007, S. 8f). Das wesentliche Ziel
des E-Sourcings ist die Senkung der Einstandspreise. Stets wird durch E-Sourcing jedoch auch der Aspekt der Prozessoptimierung und damit das Thema E-Ordering tan-
giert, vgl. Arnold und Schnabel (2007, S. 83ff). Folglich können die beiden Teilgebiete
des E-Procurements – E-Sourcing und E-Ordering – zwangsläufig oft nur gemeinsam
betrachtet werden. Im Rahmen des E-Sourcings werden dabei unterschiedliche Me-
chanismen zur Preisfindung eingesetzt. Diese können wiederum einzelnen Arten von
E-Marktplätzen zugeordnet werden, vgl. dazu auch PROZEUS (2005a).

Preisfindungsmechanismen   Selbstverständlich können auch im E-Business Fest-
preise verlangt und akzeptiert werden, eventuell leicht modifiziert durch Mengenra-
batte, Skonti o. ä., so dass sich die Preisfindung sehr einfach gestaltet. Charakteristisch
für die Potenziale des E-Procurements sind jedoch verschiedene Formen der dynami-
schen Preisfindung, vgl. z. B. Stoll (2007, S. 26). Dynamic Exchange steht demnach für
die Preisfindung nach dem Börsenprinzip, d. h. Kauf- und Verkaufsangebote werden
wie an einer Wertpapierbörse nach Preisen sortiert und der Preis gewählt, bei dem das
größtmögliche Transaktionsvolumen umgesetzt werden kann. Diese Verfahrensweise
eignet sich allerdings nur für leicht austauschbare und standardisierte Produkte wie
eben z. B. Finanzdienstleistungsprodukte (Schlagwort: E-Brokering) oder Rohstoffe,
da ansonsten die für die Preisfindung erforderliche Zahl an Geboten nicht zustande
kommt oder aber die Gebote nicht vergleichbar sind.

Ausschreibungen verfolgen das Ziel, ein bestimmtes Produkt oder eine bestimmte
Dienstleistung zu einem möglichst günstigen Preis zu erwerben, man spricht hier
auch oft von umgekehrten Auktionen (Reversed Auctions), da kein Höchstgebot wie
bei klassischen Versteigerungen, sondern ein möglichst tiefes Angebot gesucht wird.
Auktionen in diesem Sinne führen in der Regel zu deutlich geringeren Einstandsprei-
sen. Auf der anderen Seite ist der Aufwand zu sehen, der mit der Durchführung einer
solchen Auktion verbunden ist, zu denken ist an die Kosten für externe Dienstleister zur Durchführung der Reversed Auction sowie für die entsprechende Software,
aber auch an die Kosten, die mit einem eventuellen Lieferantenwechsel verbunden
sind, vgl. Arnold und Schnabel (2007, S. 88ff). Nicht zu unterschätzen ist außerdem
der Aufwand, das gesuchte Angebot in allen Facetten detailliert und ohne Interpretationsspielräume zu beschreiben, damit eingehende Angebote auch vergleichbar sind.
Sofern vorhanden sollte dabei auf Klassifikationsstandards zurückgegriffen werden.
Für noch zu entwickelnde Produkte ist das Reversed-Auction-Verfahren dementsprechend kaum einsetzbar, vgl. Koppelmann (2007, S. 36). Ein Beispiel für eine entsprechende Ausschreibungsplattform ist http://www.quotatis.de, es handelt sich dabei

um eine Plattform, die Ausschreibungen im B2B- und B2C-Bereich ermöglicht. Daneben sind für viele Unternehmen auch Ausschreibungen des öffentlichen Sektors von Interesse. Ganz besonders gilt dies für die Baubranche. Entsprechende Ausschreibungsplattformen für öffentliche Bedarfe sind z. B. http://www.evergabe-online.de und http://www.vergabereport.de.

Klassische E-Auktionen (Stoll, 2007, S. 72) haben dagegen das Ziel, ein Produkt oder eine Dienstleistung zu einem möglichst hohen Preis zu veräußern, ein Beispiel ist http://business.ebay.de. Die meisten Marktplatz-Plattformen bieten übrigens mehrere der genannten Preisfindungsmechanismen an.

Klassifikation von Marktplätzen nach ihrer Ausrichtung   Marktplätze können nach ihrer Ausrichtung klassifiziert werden in horizontale Marktplätze, vertikale Marktplätze und regionale Marktplätze, siehe z. B. Stoll (2007, S. 27), PROZEUS (2005a, S. 9). *Vertikale Marktplätze* besitzen einen eindeutigen Branchen- bzw. Nutzergruppenbezug, wie etwa http://www.vdma-e-market.com als Marktplatz für die Investitionsgüter-Branche oder http://www.supplyon.de als Marktplatz für die Automobil- und Fertigungsindustrie. Dies bedeutet, dass die Betreiber dieser Marktplätze entsprechende Branchenkenntnisse besitzen und auf branchenspezifische Anforderungen spezialisiert sind und beispielsweise branchenspezifische Zusatzleistungen – wie etwa die Vermittlung von Schwertransporten beim auf die Baubranche bezogenen Marktplatz – anbieten (wie etwa ww.bau-portal.com).

Dagegen sind *horizontale Marktplätze* auf Besucher verschiedener Branchen bzw. mit verschiedenen Interessenlagen ausgerichtet, z. B. http://www.bridge2b.com. An einem horizontalen Marktplatz nehmen somit Unternehmen auf der Einkäuferseite teil, die aus unterschiedlichen Branchen kommen können und auf eine gemeinsame Gruppe von Lieferanten zugreifen, folglich stehen hier indirekte Güter im Vordergrund, vgl. Merz (2002, S. 628), wohingegen auf vertikalen Marktplätzen tendenziell auch A- und B-Güter gehandelt werden.

Regionale Marktplätze bieten ein vielseitiges regional ausgerichtetes Angebot an Informationen, Produkten und Dienstleistungen, z. B. http://www.bodensee.de. Sie richten sich in der Regel vorrangig an Endverbraucher und sind dementsprechend für den B2B-Sektor meist weniger relevant. Es gibt jedoch regionale Marktplätze für den B2B-Sektor, z. B. http://www.handelsplatz-koeln.de für den Kölner Raum.

Klassifikation von Marktplätzen nach ihrer Beheimatung   Marktplätze können hinsichtlich ihrer Orientierung an der Einkäufer- oder an der Verkäuferseite klassifiziert werden. Plattformen der Einkäuferseite (Buyside-Modell) werden von Großunternehmen für ihre Lieferanten eingerichtet, Beispiele sind http://www.click2procure.de der Siemens AG oder das Lieferantenportal der Voith Gruppe[4]. Demgegenüber gibt es Plattformen der Verkäuferseite (Sellside-Modell), über welche registrierte Kunden Antriebstechnikprodukte per E-Katalog bestellen können, z. B. der Festo AG & Co. KG (http://www.festo.de). Ferner gibt es neutrale

---

[4]Vgl. http://www.voith.com/de_konzern_einkauf_lieferantenportal.htm.

Plattformen (Marktplatzmodell), ein Beispiel ist der Online-Marktplatz für Industrie, Gewerbe und Handwerk von Ebay (http://business.ebay.de).

Klassifikation von Marktplätzen nach ihrem Zugang   Marktplätze unterscheiden sich auch hinsichtlich der Zugangsmöglichkeiten sehr deutlich, vgl. PRO-ZEUS (2005a, S. 10ff), Stoll (2007, S. 27f). Auf einem offenen Marktplatz kann grundsätzlich jeder mögliche Marktteilnehmer (Interessent, Kunde, Lieferant etc.) Informationen sammeln, Angebote abgeben, geschäftliche Transaktionen abschließen etc. Er muss sich dazu in der Regel in einfacher Art und Weise registrieren und kann dann direkt teilnehmen, z. B. bei http://www.scout24.de. Bei geschlossenen Marktplätzen werden dagegen nur bestimmte, ausgewählte Teilnehmer eingeladen bzw. zugelassen. Geschlossene Marktplätze sind im B2B-Bereich sehr verbreitet, Beispiele sind die Ausschreibungsplattform von Thyssen Krupp (https://sourcing.thyssenkrupp.info/lvportal/) oder diejenige von Grohe (http://www.grohe.de).

Auktionsplattformen   Bei Auktionsplattformen stellt in der Regel ein unabhängiger Anbieter das Know-how für die Durchführung von E-Auktionen zur Verfügung. Bekanntes Beispiel hierfür ist http://www.ebay.de für den B2C-Bereich, für den B2B-Bereich gibt es das bereits genannte Pendant http://business.ebay.de. Ziel von Auktionen ist generell die Offenlegung der Zahlungsbereitschaft der Nachfrager und die Festlegung des Preises in dieser Höhe. Gemäß Wirtz (2001, S. 454) haben Auktionen dementsprechend

❏ eine **Koordinationsfunktion** bezüglich Angebot und Nachfrage nach einem Produkt mit dem Ziel, dass alle Produkte abgesetzt werden,

❏ eine **Preisbildungsfunktion**, so dass auch für selten gehandelte Güter wie etwa Sammlerstücke keine Schätzungen nötig sind,

❏ eine **Allokationsfunktion** und damit einen Mechanismus für schwer zu vermarktende Produkte wie Restplätze auf einem Linienflug und

❏ eine **Distributionsfunktion**, d. h. sie bilden einen separaten Distributionskanal, der z. T. neue Kundensegmente erreicht.

Insgesamt ist bei Auktionen eine Tendenz zur Senkung der Absatzpreise festzustellen. Tabelle 4.2 stellt die wesentlichen Auktionsformen, die zum Einsatz kommen, vor. Besonders verbreitet ist generell die englische Auktionsform. Im B2B-Bereich werden jedoch auch häufig umgekehrte Auktionen („reversed auctions") durchgeführt.

Form	Englische Auktion	Holländische Auktion	Höchstpreis-auktion	Umgekehrte Auktion
Prinzip	Mindestgebot, schrittweise Steigerung, bis nur noch ein Bieter übrig ist. Internet: Zeit-beschränkung nötig, da Transparenz der Zahl der Bieter fehlt.	Anfangspreis sinkt solange, bis der erste Bieter diesen annimmt.	Verdeckte Auktion, Nachfrager macht ein verschlossenes, geheimes Gebot. Am Ende der Auktion werden alle Gebote simultan geöffnet, das höchste Gebot erhält den Zuschlag.	Die Nachfrage wird dem Anbieter mit dem niedrigsten Preis zugeschlagen, evtl. Vorgabe einer Preisober-grenze durch den Einkäufer.
Vorteile	Leicht in großer Zahl durchführbar, spricht große Interessenten-zahl an.	Eignung für mehrere gleichartige Artikel, z. B. Schnittblumen.	Verhindert unüberlegte Gebote.	Eignung zur Senkung der Einstandspreise im Einkauf bzw. zur Akquisition neuer Lieferanten.
Nach-teile	Zahlungsbereit-schaft eines Nachfragers ist nur ablesbar, wenn die Zahl der Bieter nicht zu hoch ist.	Es gibt keine Gewähr, dass Nachfrager mit ihrer tatsächlichen Zahlungsbereit-schaft kaufen.	Kein dynamisches Verfahren, da Gebote nicht geändert werden dürfen.	

Fortsetzung auf der nächsten Seite

Form	Englische Auktion	Holländische Auktion	Höchstpreisauktion	Umgekehrte Auktion
Verbreitung	Häufige Form; Beispiel: Ebay.	Selten verwendet, ist v. a. im B2B-Bereich anzutreffen.	Selten anzutreffen, da relativ kompliziert, Bsp.: www.murphy-auctions.net (Industrieprodukte und Immobilien).	Häufig im B2B-Bereich (Beschaffungsportale) verwendet, wird aber auch im B2C- und B2A-Bereich eingesetzt.
Variante	Japanische Auktion (Vorgabe fester Preisschritte).		Vickrey-Auktion, bei der der Höchstbietende den Zuschlag zum Gebot des am zweithöchsten Bietenden erhält, auch Second Price Sealed Bid-Auktion (Zweitpreisauktion) genannt.	

Tab. 4.2: Auktionsverfahren im Vergleich

E-Ausschreibungen   E-Ausschreibungen dienen der Veröffentlichung von Bedarfen. Lieferanten sollen zu den von Unternehmen und öffentlichen Institutionen ausgeschriebenen Bedarfen Angebote abgeben. Typische Beispiele für entsprechende Plattformen sind http://www.clickplastics.com (Kunststoffindustrie) und http://www.evergabe-online.de (Bundesinnenministerium). Grundsätzlich kann unterschieden werden, ob ein potentieller Lieferant aus freien Stücken ein Angebot abgibt oder aber ausgewählte, häufig bereits beim beschaffenden Unternehmen registrierte Lieferanten dazu aufgefordert werden, Angebote abzugeben.

Im Rahmen elektronischer Ausschreibungen sind regelmäßig verschiedene Formen der Aufforderung zur Kontaktaufnahme bzw. zur Lieferung von weitergehenden Anbieterinformationen wesentliche Bestandteile des Verhandlungsprozesses. Gebräuchlich sind eine Reihe von Aufforderungen, die unter dem Akronym E-Rfx zusammengefasst werden können, wobei x für mehrere mögliche Buchstaben steht, nämlich I für Information, P für Proposal und Q für Quotation.

❏ **Electronic Request for Information (E-RfI)** Beim Electronic Request for Information wird der Lieferant gebeten, eine Auskunft über sich selbst zu erteilen. Bei einem unbekannten Lieferanten wird über diese elektronische Selbstauskunft ein Überblick über dessen grundsätzliches Potenzial mittels Unternehmenskennzahlen sowie Angaben zu Produktpalette, Referenzkunden etc. gewonnen. Ein E-RFI ist weniger formal und aufwendig als z. B. ein RFP.

❏ **Electronic Request for Proposal (E-RfP)** Der Electronic Request for Proposal verlangt vom Lieferanten, konkrete Angaben für den ausgeschriebenen Bedarf zu machen, d. h. ein vollständiges Angebot für den ausgeschriebenen Bedarf abzugeben, das sämtliche Kosten beinhaltet. Dieser Schritt ist insbesondere bei sehr komplexen und teuren Ausschreibungsbedarfen wichtig.

❏ **Electronic Request for Quotation (E-RfQ)** Ein Electronic Request for Quotation bedeutet die Aufforderung zur Angebotsabgabe für eine detailliert vordefinierte Lösung, wobei auch Liefertermine fix vorgegeben sein können. Das Angebot ist in einer strukturierten und standardisierten Form abzugeben, um eine direkte Vergleichbarkeit der Angebote verschiedener Lieferanten zu gewährleisten, vgl. Arnold und Schnabel (2007, S. 84f).

Die drei Formen der Aufforderung zur Kontaktaufnahme bauen teilweise aufeinander auf. Es müssen jedoch nicht alle drei Formen verwendet werden, z. B. kann ein E-RfI bei bereits bekannten Lieferanten entfallen. Für die elektronische Abwicklung von Anfragen und Ausschreibungen steht spezielle Software, die auch als eRfx-Tools bezeichnet wird, zur Verfügung; vgl. Clegg und Thewihsen (2007, S. 151).

Grundsätzlich haben beide Seiten Vorteile von elektronischen Ausschreibungsverfahren. Die ausschreibenden Unternehmen können ihre Einstandskosten und ihre Prozesskosten senken, Lieferanten können ihren Kundenkreis deutlich erweitern.

Kapazitätenbörsen Auf Kapazitätenbörsen werden freie Maschinenkapazitäten oder freie Dienstleistungskapazitäten angeboten. Eine Kapazitätenbörse soll somit das Angebot und die Nachfrage nach temporären, kurzfristig nutzbaren Kapazitäten zusammenführen. Es handelt sich oft um branchenspezifische Plattformen, ein Beispiel ist http://www.industryscout.net. Hier handelt es sich um eine Auktions- und Handelsplattform für Industriegüter mit integrierter Kapazitätenbörse. Diese Börse ist frei zugänglich, d. h. ein offener Marktplatz. Andere Börsen sind registrierten Benutzern vorbehalten. Kapazitätenbörsen werden häufig von unabhängigen Anbietern betrieben, vgl. PROZEUS (2008a, S. 13). Einige davon sind regional ausgerichtet, zum Beispiel die Kapazitätenbörse der IHK Nordschwarzwald[5].

---

[5]Vgl. http://www.nordschwarzwald.ihk24.de/servicemarken/branchen/kapazitaetenboerse.jsp.

Auswahlkriterien für einen elektronischen Marktplatz   Es fällt vielen Unternehmen oft nicht leicht zu entscheiden, auf welchen Marktplätzen sie präsent sein wollen bzw. welche sie zur Beschaffung nutzen sollen. Die Entscheidung darüber hängt von einer Vielzahl von Faktoren ab. Maßgeblich für die Beurteilung ist insbesondere die eigene Angebots- bzw. Bedarfspalette, die auf dem elektronischen Marktplatz platziert bzw. gedeckt werden soll. Folgende Auswahlkriterien sollten dabei bezüglich ihrer Relevanz für die eigene Auswahlentscheidung überprüft und entsprechend für die Auswahl eines Marktplatzes angewendet werden:

❏ Inhaltliche Ausrichtung (Richtige Branche, passende Güter?)

❏ Größe (Ist die kritische Masse bezüglich Umsätzen, Anbietern bzw. Nachfragern überschritten?)

❏ Zukunftssicherheit (Ist die Investitionssicherheit für das eigene Unternehmen gewährleistet?)

❏ Angebotsverfahren (Werden die gewünschten Verfahren wie Festpreis, Ausschreibung etc. angeboten?)

❏ Räumliche Nähe (Wo ist der Marktplatz beheimatet? Die räumliche Nähe ist z. B. dann relevant, wenn erhebliche entfernungsabhängige Transportkosten anfallen.)

❏ Sicherheit und Zuverlässigkeit (Lassen sich Marktteilnehmer eindeutig identifizieren? Wie steht es um die Bonität der Marktteilnehmer? Etc.)

❏ Verfügbarkeit (Steht der Marktplatz rund um die Uhr zur Verfügung?)

❏ Erreichbarkeit (Kann der Marktplatz ohne Zusatzsoftware genutzt werden?)

❏ Kosten (Welche Transaktionsgebühren, Mitgliedsbeiträge, Kosten für Zusatzleistungen und Werbung etc. fallen an?)

❏ Unterstützung von E-Business-Standards (Werden die passenden E-Business-Standards unterstützt?)

❏ Bildung von Communitys (Gibt es Communitys?)

❏ Schnittstellen zu eigenen Systemen (Können z. B. Daten mit dem eigenen ERP-System ausgetauscht werden?)

❏ Sonderaktionen (Gibt es Möglichkeiten zum Vertrieb von Über- und Restbeständen?)

❏ E-Collaboration (Werden neue Geschäftsmodelle unterstützt, bei welchen sich Lieferanten statt Einzelteile anzubieten zu virtuellen Systemanbietern zusammenschließen?)

Ob es sinnvoll ist, gleichzeitig auf mehreren elektronischen Marktplätzen vertreten zu sein, kann grundsätzlich nur im Einzelfall entschieden werden. Falls jedoch z. B. sowohl E-Procurement als auch E-Commerce (Handel mit Endkunden) betrieben werden sollen, dürften sich hierfür in der Regel unterschiedliche Marktplätze anbieten.

Tendenzen im Bereich elektronischer Marktplätze Nach der Boomphase der elektronischen Marktplätze in den 1990er Jahren, während der eine Vielzahl von Marktplätzen entstanden ist, hat in den letzten Jahren ein Konzentrationsprozess eingesetzt. Nichtsdestotrotz wird die Zahl der E-Marktplätze weltweit auf mehrere Tausend geschätzt, die teilweise miteinander konkurrieren, von denen jedoch wiederum nur einige Hundert als relevant einzustufen sind, vgl. PROZEUS (2008a, S. 7). Tendenziell haben somit die großen Marktplätze sowie spezialisierte Nischenanbieter die besten Zukunftsperspektiven.

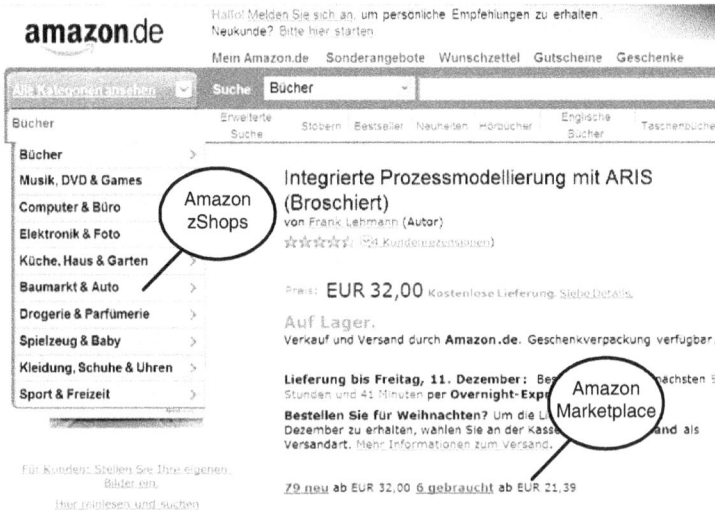

Abb. 4.9: *Beispiele integrierter Shops auf dem Amazon-Marktplatz*

Die Technologie zur Realisierung elektronischer Marktplätz ist im Vergleich zu früheren Jahren sehr viel günstiger geworden. Hinzu kommt der Trend, verschiedene Angebote über genormte Schnittstellen (APIs) miteinander zu vernetzen, so dass ein gemeinsamer Marktplatz mit hoher Angebotsdichte entsteht (z. B. der Amazon-Marktplatz). Vormals eigenständige Marktplätze werden überdies zunehmend in übergreifende Portallösungen integriert. Beispiele solcher Portallösungen sind:

❏ Bei **Scout24** werden Submarken einzelner Produktarten verkauft. Es werden eine Preisvergleichsfunktion, ein Treuhänderservice sowie die komplette Kauf- und Zahlungsabwicklung für Händler angeboten.

❏ Der **Amazon-Marktplatz** ermöglicht es Fremdanbietern, Angebote zu Produkten, die Amazon selbst anbietet, einzustellen. Dazu ist eine Registrierung erforderlich. Die Zahlungsabwicklung erfolgt über Amazon.de. Gebühren fallen nicht für das Einstellen, sondern lediglich bei erfolgreichem Verkauf an, vgl. Abb. 4.9.

❏ **Amazon.de zShops** sind Web-Shops im Amazon-Design, die für Artikel gedacht sind, die Amazon nicht vertreibt. Die Abwicklung erfolgt ähnlich wie beim Amazon.de Marketplace, vgl. Abb. 4.9.

Vorteilhaft im Hinblick auf die Steigerung der Kundenzufriedenheit ist der Trend zur Integration zusätzlicher Serviceleistungen in das Angebot wie z. B. Prüfbescheinigungen in der Metallindustrie, welche die Qualität des Materials dokumentieren, oder die Vermittlung von Transportdienstleistungen für Güter, die aufgrund ihrer Beschaffenheit (z. B. Größe) diesbezüglich spezielle Anforderungen stellen.

4.3   Supply Chain Management (SCM)

Supply Chain Management (SCM) bezeichnet die Steuerung von Wertschöpfungssystemen. Ziel ist die erfolgreiche Zusammenarbeit der Wertschöpfungskettenglieder, d. h. der Unternehmen, welche an der Wertschöpfungskette eines Produkts beteiligt sind, über den gesamten Produktlebenszyklus hinweg, vgl. Wannenwetsch (2005, S. 1). Es geht somit um eine besonders umfassende Form der internetbasierten Zusammenarbeit von Unternehmen (E-Collaboration). Synonyme Bezeichnungen für dieses in den 1980er Jahren populär gewordene Thema sind Lieferkettenmanagement und Value Chain Management. Supply Chain Management gilt als ein normatives und teilweise visionäres Managementkonzept, das einen verbesserten Lieferservice für den Endkunden bei reduzierten Puffern in Beständen und Durchlaufzeiten entlang der logistischen Kette und bei verbesserter Kapazitätsauslastung der beteiligten Unternehmen verspricht, vgl. Melzer-Ridinger (2005, S. 7). Grundsätzlich sollen durch das Supply Chain Management sowohl der Nutzen der Endkunden gesteigert werden als auch alle beteiligten Partnerunternehmen Vorteile durch besseren Informations- und Güteraustausch in einer vertrauensvollen partnerschaftlichen Zusammenarbeit im Sinne einer sogenannten „Win-Win-Situation" erlangen.

Zur Verbesserung des Informationsaustauschs werden heute in der Regel Internettechnologien eingesetzt – neben E-Mailing vor allem Web-EDI, elektronische Marktplätze, Extranets und Web Services –, die gemäß einer branchenübergreifenden Befragung eine stark positive Wirkung auf den Erfolg des Supply Chain Managements ausüben, vgl. Wecker und Wirtz (2007, S. 911ff). Die Abbildung 4.10 nach Wannenwetsch (2005, S. 116) stellt das Konzept des Supply Chain Managements im Überblick dar. Sowohl auf Beschaffungs- als auch auf Absatzseite können mehrere Unternehmen in der Kette vertreten sein. Zwischen den beteiligten Unternehmen fließen zahlreiche Informationen im Zusammenhang mit dem Austausch von Gütern und Dienstleistungen, die es zu steuern gilt. Entsprechende Geldströme sind ebenfalls zu steuern, schwerpunktartig in der Kette rückwärts, doch sind auch Geldströme in der anderen Richtung möglich, z. B. Marketingbeihilfen der Hersteller für den Handel.

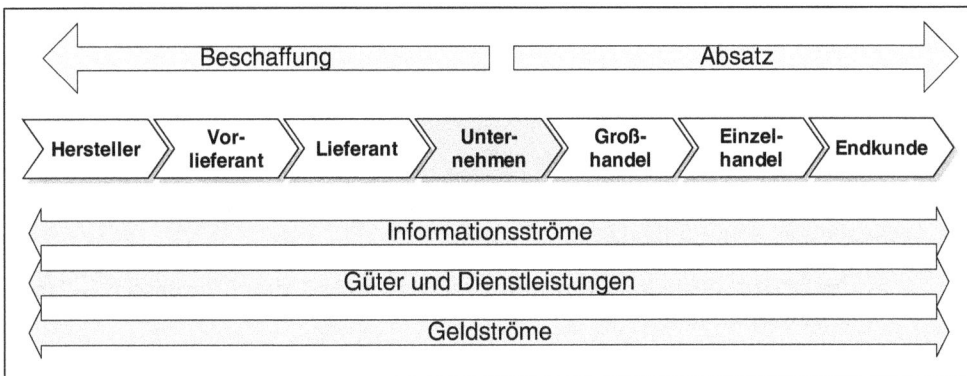

Abb. 4.10: Supply Chain Management

4.3.1   Ziele des Supply Chain Managements

Ein zentrales Ziel des Supply Chain Managements besteht darin, den sogenannten
Peitschenschlag- oder **Bullwhip-Effekt** gar nicht erst eintreten zu lassen. Dieser Effekt steht für die Auswirkungen von Nachfrage-Schwankungen und wird bereits in
Forrester (1958, S. 32ff) beschrieben, er wird deshalb auch „Forrester-Aufschaukelung"
genannt. Beschrieben werden die negativen Konsequenzen, die aus der Ungewissheit
bezüglich des zukünftigen Nachfrageverlaufs der Abnehmer heraus für ein Unternehmen entstehen. Die Problematik dabei besteht darin, dass ohne Supply Chain Management die Absatz- und Terminplanung der liefernden Stufe grundsätzlich keine Informationen über Bestände in der Kette hat, während die abnehmende Stufe keine
Informationen über Ressourcen der liefernden Stufe besitzt. Falls sich einzelne Kettenglieder nur am Bestellverhalten ihrer direkten Kunden orientieren, können Auftragsschwankungen aufgrund von Preisvariationen, z. B. Sonderangeboten, Sammelbestellungen (zur Erzielung von Mengenrabatten) oder erwarteten Lieferengpässen
zu Überreaktionen der vorgelagerten Kettenglieder führen. Zur Abfederung der Planungsungenauigkeiten werden auf jeder Stufe Sicherheitsbestände vorgehalten, um
kostspielige Fehlbestände zu vermeiden. Leichte Nachfrageschwankungen im Handel
schaukeln sich dabei wie ein Peitschenschlag bei vorgelagerten Stufen auf, und zwar
umso höher, desto mehr Stufen (Kundenkäufe, Handelsbestellungen, Herstellerbestellungen, Lieferantenbestellungen) beteiligt sind, vgl. Nicolai (2002, S. 2).

Über die Verhinderung des Peitschenschlageffekts hinaus verfolgt das Supply Chain
Management gemäß Beckmann (2004, S. 12ff), Dillerup und Stoi (2008, S. 255f) sowie
Wannenwetsch (2005, S. 62f) noch eine ganze Reihe von Zielsetzungen:

❏ Steigerung der Kundenzufriedenheit

   – Erhöhung der Termintreue

   – Verkürzung von Durchlauf- und Lieferzeiten

   – Erhöhung des Lieferbereitschaftsgrads

❏ Kosteneinsparungen

   – bessere Kapazitätsauslastung

   – Abbau von Lagerbeständen, d. h. geringere Kapitalbindung

   – Senkung von Transaktionskosten

❏ Erhöhung der Prognose- und Planungsgenauigkeit durch Transparenz über die
   gesamte Wettschöpfungskette

   – Optimierte Bestellmengen und Bestellhäufigkeit durch umfassende Übersicht über Bestände

   – Optimierte Beladungsmengen und Beladungsfrequenz der Transportfahrzeuge durch Volumen- und Routenoptimierung

   – Optimierte Ein- und Auslagerungsprozesse durch exakte Lagerplatzverwaltung

  – Optimierte Produktionsreihenfolgen und Kapazitätsauslastungen

❑ Vermeidung von Produktionsverzögerungen, zwischenbetrieblichen Lieferzeiten, Nachbesserungen und Reklamationen

❑ Reduzierung von Marktrisiken, d. h. des Risikos finanzieller Verluste auf Grund der Änderung von Marktpreisen wie z. B. Aktienkursen, Zinsen oder Wechselkursen

❑ Steigerung der Anpassungsfähigkeit an veränderte Marktbedingungen

❑ Beschleunigung von Innovationen

Diese Aufzählung lässt einerseits die enormen Potenziale des Supply-Chain-Management-Ansatzes erkennen, betont andererseits aber auch die besonderen Herausforderungen im Hinblick auf die Gestaltung der Zusammenarbeit und die Systemunterstützung der Partnerunternehmen in der Wertschöpfungskette. Schließlich sollen alle Beteiligten gleichermaßen von der Zusammenarbeit profitieren.

4.3.2   Aufgaben des Supply Chain Managements

Aufgrund der Vielfalt an Zielsetzungen ist es nur naheliegend, dass Supply Chain Management eine breite Palette von Aufgaben umfasst. Diese sollen nachfolgend nur kurz skizziert werden, vgl. Hellinggrath u. a. (2004, S. 104ff):

❑ **Strategische Netzwerkgestaltung**: Die Auswirkungen der möglichen Veränderung von Anzahl und Standorten von Werken, Lagern, Distributionszentren und Lieferanten ist regelmäßig zu bewerten, um eine optimal gestaltete Wertschöpfungskette dauerhaft zu gewährleisten.

❑ **Bedarfsplanung**: Der lang-, mittel- und kurzfristige Bedarf entlang der Wertschöpfungskette ist zu planen.

❑ **Netzwerkplanung**: Es ist ein Netzwerk zu planen, das die übergreifende Koordinierung der Wertschöpfungskettenpartner erlaubt.

❑ **Beschaffungsplanung**: Es soll eine optimale Planung der Teileversorgung bzw. Bestände basierend auf der Bedarfs-, der Netzwerk- und der Produktionsplanung verwirklicht werden.

❑ **Produktionsplanung**: Für jede einzelne Produktionsstätte der Wertschöpfungskette ist ein optimierter Produktionsplan zu erstellen.

❑ **Distributionsplanung**: Die Lagerbestände und die Verteilung der Produkte zum Kunden sind optimal zu planen.

❑ **Verfügbarkeits- und Machbarkeitsprüfung**: Die termingerechte Erfüllbarkeit von Kundenanfragen oder Kundenaufträgen ist unternehmensübergreifend zu überprüfen.

❏ **Beschaffungsfeinplanung**: Anlieferungen bzw. Anlieferungsmengen müssen auf Basis der Beschaffungsplanung und Produktionsfeinplanung optimal geplant werden.

❏ **Produktionsfeinplanung**: Es sind detaillierte Produktionspläne zu generieren.

❏ **Distributionsfeinplanung**: Die Transportmittel, ihre Touren und ihre Beladung sind im Hinblick auf die termingerechte Belieferung festzulegen.

❏ **Unternehmensübergreifende Kapazitätsplanung**: Die Planung der Produktions-, Lager- und Transportkapazitäten ist unternehmensübergreifend durchzuführen, so dass nicht lediglich aus Unsicherheit heraus Kapazitäten bei den Partnerunternehmen gesichert werden.

❏ **Kollaborative Bedarfsplanung**: Die Kollaborative Bedarfsplanung hat unter Einbeziehung von Kunden bzw. Lieferanten zur Verhinderung sowohl des Peitschenschlageffekts als auch einer Out-of-stock-Situation (einer mangelnden Warenverfügbarkeit) stattzufinden.

❏ **Kollaborative Bestandsplanung**: Die Kollaborative Bestandsplanung soll unter Einbeziehung von Kunden und Lieferanten, z. B. mittels Continous Replenishment (CR) oder mittels Vendor Managed Inventory (VMI), durchgeführt werden.

❏ **Auftragsabwicklung**: Die einzelnen Kundenaufträge werden in der Wertschöpfungskette gesteuert und überwacht.

❏ **Customer Relationship Management (CRM)**: Zum Supply Chain Management gehört das systematische Pflegen und Managen der Kundenbeziehungen. Das CRM wird in Kapitel 5.3 noch eingehender behandelt.

❏ **Supplier Relationship Management (SRM)**: Zum SRM gehört die Lieferantenauswahl (E-Sourcing), die Lieferantenentwicklung und die Lieferantenintegration, d. h. das Management der Lieferanten muss analog zum Management der Kunden (CRM) systematisch betrieben werden.

❏ **Supply Chain Event Management**: Engpässe in der Materialversorgung sind mittels Monitoring, Sendungsverfolgung und Alert-Management zu vermeiden. Das Alert Management bildet alle Bewegungen in der Wertschöpfungskette ab, d. h. man kann ablesen, wo sich welche Ware gerade befindet. Es können Toleranzwerte definiert werden, deren Überschreitung zu Warnmeldungen führen soll, vgl. Wannenwetsch (2005, S. 70ff).

❏ **Netzwerk-Informationsmanagement**: Beispielsweise sind die Datenbereitstellung aus den verschiedenen Transaktionssystemen zu steuern und Sicherheitsaspekte bei der Kommunikation zu berücksichtigen.

Die skizzierten Aufgaben sollten grundsätzlich softwareunterstützt erledigt werden. Allerdings gilt der Softwaremarkt zur Unterstützung des Supply Chain Managements als eher unübersichtlich. Grundsätzlich ist zwischen Software-Lösungen von ERP-Systemanbietern und Softwarelösungen von spezialisierten Anbietern zu unterscheiden. Im Mittelpunkt steht der umfassende Datenaustausch zwischen den beteiligten Unternehmen. In der Regel sind die Softwarelösungen modular aufgebaut, wobei neben den von E-Marktplätzen und Portalen bekannten Funktionen auch spezielle Funktionen wie etwa ein Advanced Planning System (APS) zur umfassenden Planungsunterstützung, die Erkennung von Überschüssen und Defiziten oder die Berücksichtigung von Engpässen erforderlich sind, vgl. Mertens (2009, S. 272f).

4.3.3 Unternehmensübergreifende Prozessstandards

Wichtige unternehmensübergreifende Prozessstandards für das E-Business sind in Anlehnung an PROZEUS (2008b) Efficient Consumer Response (ECR) und das Supply Chain Operations Reference-Model (SCOR), ergänzt um technische Standards wie ebXML und RosettaNet.

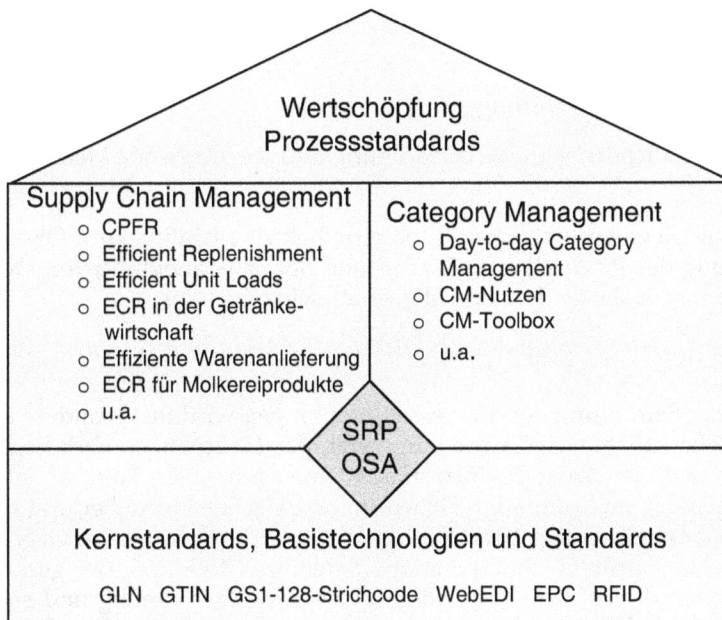

Abb. 4.11: Konzept des Efficient Consumer Response

Efficient Consumer Response   Efficient Consumer Response hat eine bessere, schnellere und kostengünstigere Erfüllung von Verbraucherwünschen durch entsprechendes Zusammenwirken der Partnerunternehmen entlang der Wertschöpfungskette zum Ziel und ist damit wesentlicher Bestandteil des Supply-Chain-Management-Konzepts. Im Vordergrund steht somit die endkundenorientierte Optimierung der Geschäftsprozesse zwischen den beteiligten Industrie- und Handelsunternehmen. Durch kontinuierlichen Warennachschub („Efficient Replenishment") soll mangelnde Warenverfügbarkeit („Out-of-Stock-Situation") im Handel verhindert werden und zwar bei gleichzeitiger Minimierung der Lagerhaltungskosten, vgl. Wannenwetsch (2005, S. 261). ECR umfasst Prozessempfehlungen im Sinne sogenannter „Best Practices" (d. h. bewährter Verfahrensweisen) für die Versorgungskette und die Einzelhandelsfiliale bzw. den E-Shop, aber auch Standards zur Prozessunterstützung wie etwa Identifikations- und Transaktionsstandards, vgl. Abb. 4.11[6] und GS1-Germany GmbH. Zielsetzungen des Efficient Consumer Response, welche zwangsläufig mit den Zielsetzungen des Supply Chain Managements teilweise überlappen, sind demnach:

❏ Festlegung logistisch effizienter Transport- und Ladeeinheiten

❏ Optimierung unternehmensübergreifender Planungsprozesse

❏ Kontinuierliche Warenversorgung entlang der Wertschöpfungskette, orientiert an tatsächlichen Nachfragen und prognostizierten Bedarfen

❏ Herstellergesteuertes Bestandsmanagement (Vendor Managed Inventory, kurz: VMI)

❏ Effiziente Warenanlieferung

❏ Sicherer Transport, schnelle Verräumung und ansprechende Platzierung der Waren

❏ Optimale Regalverfügbarkeit (Optimal Shelf Availability, kurz OSA), d. h. Optimierung der Produktverfügbarkeit und damit Vermeidung von Out-of-stock-Situationen, insbesondere im Lebensmitteleinzelhandel

❏ etc.

ECR mit seiner Sammlung von Prozessempfehlungen wird insbesondere in der Konsum- und Gebrauchsgüterindustrie eingesetzt, das Hauptaugenmerk liegt dabei auf der Planung und Steuerung des Abverkaufs am sogenannten Point of Sale (POS), d. h. im Einzelhandel, und somit den Beziehungen zwischen Hersteller und Händler. Im Fokus steht somit ein bestimmter Teil der Wertschöpfungskette. Im Gegensatz dazu befasst sich das Supply Chain Operations Reference Model mit der gesamten Wertschöpfungskette, d. h. z. B. beginnend bei der Rohstoffgewinnung und endend beim Verkauf an den Endkunden oder sogar bei der Entsorgung eines Produkts.

Supply Chain Operations Reference Model   SCOR steht für „Supply Chain Operations Reference Model", siehe Abbildung 4.12 aus Supply Chain Council (2006, S. 3). Dieses Referenzmodell stammt vom branchenübergreifenden Supply Chain Council (http://www.supply-chain.org), in dem namhafte Unternehmen und Non-Profit-Organisationen vertreten sind. Ziel ist die Standardisierung der Abläufe in einer Wertschöpfungskette, d. h. es handelt sich um eine Sammlung von Prozessstandards.

---

[6]Entnommen http://www.gs1-germany.de/internet/content/e4/e100/e785/ECRGross_ger.gif, Abruf am 12.11.2009.

Abb. 4.12: Supply Chain Operations Referencemodel

Das Referenzmodell deckt sowohl informationelle Beziehungen zwischen Wertschöp-
fungskettenpartnern (z. B. Bestelleingang, Stichwort: E-Invoicing) als auch die eigentlichen Materialflüsse ab. Ergänzend werden marktstrategische Überlegungen integriert,
die wiederum auf den Methoden des Business Process Reengineerings – d. h. der umfassenden Erneuerung der Geschäftsprozesse – und des Best Practice Benchmarkings
(dem Vergleich bewährter Vorgehensweisen) aufsetzen, vgl. Supply Chain Council
(2008, S. 1). Das Modell selbst gliedert sich in die fünf Hauptprozesse

❏ Plan (Planung)

❏ Source (Beschaffung)

❏ Make (Herstellung)

❏ Deliver (Auslieferung)

❏ Return (Rückgabe bzw. Rücknahme fehlerhafter Produkte oder Materialien)

Die gesamte Wertschöpfungskette lässt sich mit Hilfe des SCOR-Modells beschreiben.
Bei Anwendung des Modells werden die fünf Hauptprozesse Planen, Beschaffen, Herstellen, Liefern, Zurücknehmen schrittweise in unternehmensspezifische Aktivitäten
zerlegt, vgl. Dillerup und Stoi (2008, S. 258). Für jeden der Hauptprozesse gibt es eigene Module, die sich mit den unterschiedlichen Arten der Beschaffung, Herstellung,
Auslieferung etc. auf mehreren Ebenen beschäftigen. Ein Vorgehensmodell beschreibt,
wie entsprechende Projekte zur Einführung der Referenzprozesse gestaltet werden
sollten. SCOR wird laut PROZEUS (2008b, S. 15) vor allem in der warenproduzieren-
den Industrie eingesetzt.

Ausgewählte strategische Maßnahmen des Supply Chain Managements   Im Rahmen des Supply Chain Managements kann eine ganze Reihe von im Kern strategischen Maßnahmen zur unternehmensübergreifenden Verbesserung der Geschäftsprozesse eingesetzt werden. Einige wichtige generelle Maßnahmen zur Verhinderung des Peitschenschlageffekts sowie zur Erreichung weiterer Ziele sind gemäß Dillerup und Stoi (2008, S. 256), Melzer-Ridinger (2005, S. 7ff) und Werner (2008, S. 38ff) folgende:

❏ **Planungskoordination**, d. h. die Beschaffungs-, Produktions- und Vertriebsplanung wird nicht isoliert, sondern zwischen den in der Wertkette involvierten Unternehmen abgestimmt durchgeführt. Gefördert wird dadurch ganzheitliches Denken und Handeln bezogen auf die gesamte Wertschöpfungskette vom ersten Vorlieferanten bis zum Endkunden.

❏ **Einsatz integrierter Informationssysteme** als Basis für die koordinierte Beschaffungs-, Produktions- und Vertriebsplanung der beteiligten Unternehmen. Auf ein solches Informationssystem sollen alle Partnerunternehmen gleichermaßen zugreifen und sich so insbesondere über die Entwicklung der Endkundennachfrage informieren können.

❏ **Optimierung bei Engpässen** als Koordinationsaufgabe mit dem Ziel, dass knappe Kapazitäten im Engpassfall nicht für Lageraufträge, C-Kunden oder „Poor Dogs" (d. h. Problemprodukte, die „armen Hunde" des Sortiments) verschwendet werden.

❏ **Zeitliche Abstimmung von (Sonderangebots-)Aktionen**, um mit Schwankungen in Form von Absatzspitzen und anschließenden Absatzeinbrüchen besser umgehen zu können, die Lieferfähigkeit zu sichern und Überbestände nach der Aktion zu verhindern.

Für Produkte mit stabiler und damit berechenbarer Nachfrage, geringer Variantenvielfalt, hoher Vergleichbarkeit, geringen Deckungsbeiträgen und hohen Rüstkosten in der Fertigung, z. B. Zahnpasta, Zucker, industrielle Standardprodukte, rät Melzer-Ridinger (2005, S. 10) als empfehlenswerte strategische Maßnahmen die Eliminierung jeglicher Verschwendung, eine gleichmäßige Kapazitätsauslastung und eine zentralisierte Lagerhaltung in den Vordergrund zu stellen. Dagegen wird für Produkte mit kurzen Lebenszyklen, die modeabhängig sind und somit eine instabile Nachfrage aufweisen, (z. B. modische Kleidung oder Weihnachtsgebäck) wegen des hohen Risikos des Stock-Outs bzw. unverkaufter Ware am Saisonende nahegelegt, das Ziel kurzer Durchlaufzeiten zu priorisieren, um weniger von Absatzprognosen abhängig zu sein. Dies ist erreichbar durch Produktionsflexibilität (Automatisierung, kurze Rüstzeiten) kombiniert mit Puffern bei Kapazitäten und Produktionsmaterial; vgl. Melzer-Ridinger (2005, S. 10). Im Falle von Herstellern komplexer Produkte mit vielen Lieferanten und wenigen Kunden (z. B. Flugzeughersteller) gilt dagegen die Verhinderung langer bzw. schwankender Beschaffungszeiten als vorrangiges Ziel.

Es ist offensichtlich, dass im Rahmen des SCM zwischen den verschiedenen Partnerunternehmen E-Procurement-Transaktionen stattfinden, wenngleich dies oft nicht explizit so bezeichnet wird, da es sich in einer Supply Chain eben nicht um mehr oder weniger anonyme Kunden-Lieferanten-Beziehungen handelt. Grundsätzlich sind Supply Chain Management und E-Procurement miteinander vereinbar, wie Knolmayer u. a. (2003, S. 65) zeigen. Demnach kann ein elektronischer Markplatz in eine Lieferkette eingebunden werden und zentrale Kommunikations-, Kooperations- und Kontrollaufgaben wahrnehmen und damit die Koordination erleichtern.

4.3.4 Vendor Managed Inventory

Das Vendor Managed Inventory (VMI) kann ein wichtiger Baustein eines Supply-Chain-Management-Konzepts sein. Beim VMI ist der Lieferant für die Verwaltung des Lagerbestands beim Kunden verantwortlich. Beispielsweise übernimmt ein Großhändler die Lagerdisposition für seine direkten Abnehmer, d. h. für diverse Einzelhändler. Auf der Basis entsprechender Lagerbestandsberichte (z. B. als EANCOM-Nachricht Typ „Inventory Report", kurz INVRPT) und definierter Ober-und Untergrenzen als Auslöser löst der Zulieferer selbsttätig Bestellungen für den Kunden aus. Dies verringert den Administrationsaufwand des Kunden und ermöglicht es dem Zulieferer, einen für ihn produktionstechnisch oder logistisch günstigen Zeitpunkt und Umfang der Bestellung (EANCOM-Nachricht ORDERS) festzulegen, vgl. PROZEUS (2008b, S. 9). Selbstverständlich sollten dem Kunden Lieferungen dennoch angekündigt werden, damit dessen Warenannahme für die ankommenden Sendungen vorbereitet ist. Zusammengefasst können als Vorteile des VMI gemäß Melzer-Ridinger und Neumann (2009, S. 55f); Lang (2002, S. 197) genannt werden:

❑ Vorteile für den Lieferanten

- Verbesserte Finanzplanung
- Verbesserte Lieferbereitschaft
- Größere Übersicht und Kontrolle über die Anforderungen an die Produktion
- Bessere Produktionsplanung aufgrund verlässlicher, präziser Bestandsdaten der Kunden
- Höhere Kundenbindung durch enge Partnerschaftsbeziehung per VMI

❑ Vorteile für den Kunden

- Geringere Kapitalbindung durch niedrigere Bestände
- Einsparung von Personalkosten, da Bestellaufwand beim Kunden entfällt
- Übertragung des Risikos, dass Ware veraltet oder verdirbt, auf den Lieferanten

Praktiziert wird VMI z. B. bei der Drogeriemarktkette „dm" bereits seit 1996, wobei die Bestandsreichweiten in den Verteilzentren deutlich reduziert und der Lieferbereitschaftsgrad deutlich erhöht werden konnten, vgl. Ester und Mostberger (Mai 2002, S. 10).

4.4   Enterprise Portale

4.4.1   Begriff und Zweck

Enterprise Portale bzw. Unternehmensportale stellen im E-Business einen wichtigen Baustein dar. Um die grundsätzliche Funktion eines Portals im IT-Umfeld zu beschreiben, kann eine Analogie zum Portal im architektonischen Sinne verwendet werden. Während ein Portal in der Architektur einen Zugang zu einem großen Gebäude bzw. einem Gebäudekomplex darstellt, bietet ein Portal als Softwareprodukt einen Einstiegspunkt bzw. Eingang zu einem Informationsraum.

In Abgrenzung zu Webportalen, die wie z. B. Yahoo! oder MSN jedem Benutzer frei zugänglich sind (man spricht hier auch von offenen Portalen), handelt es sich bei Enterprise Portalen um geschlossene Systeme, die nur einem bestimmten Benutzerkreis zugänglich sind. Zu diesem Benutzerkreis zählen in erster Linie die Mitarbeiter des Unternehmens, jedoch können auch Kunden, Lieferanten und jegliche Art von Geschäftspartner potentielle Anwender darstellen.

Ein Enterprise Portal dient vor allem der Bereitstellung von Informationen für dessen Benutzer. Die Funktionen reichen jedoch weit über die reine Zurverfügungstellung von Informationen hinaus. Demzufolge sollten sie nicht als bloße Fortsetzung eines Intranets verstanden werden.

Ein Enterprise Portal/Unternehmensportal kann definiert werden als E-Business-System, welches basierend auf Webtechnologien zentralen Zugriff auf Inhalte, Dienste und Funktionen bereitstellt. Charakteristisch ist dabei die Integration einer heterogenen IT-Landschaft in eine für den Anwender homogen wirkende Plattform. Von zentraler Bedeutung ist auch die Personalisierung, d.h. die benutzerspezifische bedarfsgerechte Anpassung von Inhalten und Darstellungsformen, um den Bedienkomfort und die Effizienz für den Anwender zu steigern.

4.4.2   Arten von Enterprise Portalen

Ausgehend von ihren jeweiligen Zielgruppen lassen sich Enterprise Portale nach Kirchhof u. a. (2004, S. 5ff) wie folgt klassifizieren:

Mitarbeiterportale (Employee Portals, Business-to-Employee Portals)   bilden eine Schnittstelle zwischen dem Mitarbeiter und den IT-Systemen mit ihren hinterlegten Geschäftsprozessen, die für die tägliche Arbeit benötigt werden.

Geschäftskundenportale (Business Portals, Business-to-Business Portals)   dienen der Unterstützung zwischenbetrieblicher Prozesse in Richtung Geschäftskunde. Hierbei werden insbesondere Marketing-, Vertriebs- und Serviceprozesse des CRM abgebildet (vgl. Kap. 5.3).

Lieferantenportale (Supplier Portals) bilden die Grundlage für die Integration von Lieferanten in die betrieblichen Geschäftsprozesse. Hierüber werden insbesondere Kataloge des E-Procurement sowie Lieferanteninformationen eingestellt und die Geschäftsprozesse des Einkaufs abgewickelt. Synonym wird mittlerweile oftmals auch der Begriff des Supplier Relationship Management-Portals (SRM-Portals) verwendet. Derartige Beschaffungsportale oder auch Nachfragemarktplätze werden von Großkunden für ihre Stammlieferanten eingerichtet. Dies können einzelne Unternehmen sein oder eine Gruppe von Unternehmen mit ähnlichem Bedarf. Ziel ist die Bündelung des Angebots der Zulieferer. Großkunden verlangen von ihren Zulieferern zunehmend die Teilnahme an einem Beschaffungsportal, für die häufig auch eine Nutzungsgebühr seitens der Lieferanten zu entrichten ist. Beispiele: http://www.vwgroupsupply.com (Einkaufsportal des VW-Konzerns), http://www.chemconnect.com (Einkaufplattform der chemischen Industrie).

Endkundenportale (Consumer Portals, Business-to-Customer Portals) unterstützen die endkundenorientierten Geschfäftspozesse von Vertrieb, Marketing und Service, wie sie in Kap. 5.3 behandelt werden.

4.5 Kontrollfragen

1. Erläutern Sie den Begriff des E-Invoicings. Gehen Sie dabei auch auf die Vorteile dieses Konzepts ein!

2. Begründen Sie, weshalb Beschaffungen per EDIFACT nur für bestimmte Unternehmen in Frage kommen und erläutern Sie Alternativen!

3. Legen Sie dar, inwieweit die alte kaufmännische Weisheit „im Einkauf liegt der Gewinn" im E-Business gilt!

4. Nehmen Sie Stellung zu der These, dass sich E-Procurement ausschließlich zur Beschaffung von C-Gütern eignet!

5. Erläutern Sie das Prinzip einer Ausschreibung (reversed auction) im Rahmen des E-Procurements!

6. Erläutern Sie den Peitschenschlageffekt und erläutern Sie Maßnahmen des Supply Chain Managements, die der Vermeidung dieses Effekts dienen sollen!

7. Beschreiben Sie das Konzept des Vendor Managed Inventory (VMI) und seine Vorteile für die beteiligten Unternehmen!

8. Erläutern Sie die Charakteristika von Enterprise Portalen!

9. Klassifizieren Sie Enterprise Portale nach ihren Zielgruppen!

5 Business-to-Consumer

Der B2C-Bereich umfasst die Leistungsaustauschprozesse zwischen Unternehmen (B = Business) und Konsumenten (C = Consumer). Im Mittelpunkt steht dabei E-Commerce, d. h. der elektronische Handel zwischen Unternehmen und Konsumenten. Weitere Anwendungsfelder des B2C sind beispielsweise E-Banking (die Abwicklung von Bankgeschäften über das Internet), E-Brokerage (die Abwicklung von Börsengeschäften über das Internet) und E-Insurance (der Vertrieb und die Abwicklung von Versicherungsleistungen über das Internet). Ergänzend dazu wird das Trendthema Social Commerce betrachtet (Kapitel 5.2). Dabei geht es um den partiellen Wandel des herkömmlichen E-Commerce zu Interaktionsformen, die den Konsumenten sehr viel stärker einbeziehen, ihn zur Mitwirkung anregen, und zwar sowohl im direkten Kontakt zum Unternehmen als auch durch den unmittelbaren Austausch mit anderen Konsumenten. Als dritter Themenblock wird die Pflege der Kundenziehungen seitens der Unternehmen im Sinne des Customer Relationship Managements (CRM) behandelt (Kapitel 5.3).

5.1 E-Commerce

In Kapitel 2 wurde E-Commerce als Teilgebiet des E-Business definiert, das sich mit elektronischem Handel im B2C-Bereich beschäftigt. Der elektronische Handel unterscheidet sich gegenüber den traditionellen Vertriebskanälen vor allem durch die enorme Flexibilität auf der Angebotsseite und den einfachen Direktvertrieb über E-Shops, E-Marktplätze etc. Hinzu kommt eine erhebliche Reduzierung der Transaktionskosten. So werden beispielsweise Reise- oder Telefonkosten in der Kundenakquisition, Kundenkommunikation und der Leistungspräsentation durch den elektronischen Informationsaustausch deutlich gesenkt, so dass die entsprechenden Prozesse deutlich effizienter durchgeführt werden können. Die räumlichen Distanzen sind bei physischen Leistungen nichtsdestotrotz zu überwinden und erfordern entsprechende Logistikkapazitäten analog zum klassischen Versandhandel auf Basis gedruckter Kataloge. E-Commerce stellt generell in vielfacher Hinsicht eine Weiterentwicklung des klassischen Versandhandels dar. Man geht davon aus, dass der Online-Handel den klassischen Versandhandel in Deutschland beim Umsatz im Jahr 2009 erstmals überflügelt hat, vgl. Bundesverband des Deutschen Versandhandels e. V. (2009, S. 1).

Ein Unternehmen kann E-Commerce über eine oder gegebenenfalls auch mehrere der nachfolgend genannten Formen betreiben:

❑ Betrieb eines eigenen E-Shops (Web-Shop), siehe Kapitel 5.1.2.

❏ Beteiligung an einem E-Marktplatz (alias Verkaufsplattform, Shopping-Mall) wie z. B. Amazon.de, zShops, Scout24, siehe Kapitel 5.1.3.

❏ Betrieb eines Subshops. Bei einem Subshop wird die eigene Shop-Plattform in die Web-Site eines Dritten integriert, um Produkte über dessen Web-Seite verkaufen zu können, dabei sind Provisionen an den jeweiligen Web-Seiten-Betreiber zu bezahlen. Als Beispiele können Social-Commerce-Plattformen wie Spreadshirt, Shirtcity oder Amazon.de mit aStore genannt werden, die es jedem ermöglichen, sehr einfach einen eigenen E-Shop zum Vertrieb selbst gestalteter Produkte wie beispielsweise T-Shirts zu eröffnen. Spreadshirt z. B. übernimmt dabei für den T-Shirt-Anbieter Lagerhaltung, Produktion, Versand, Zahlungsabwicklung und Kundenservice, vgl. Stahl u. a. (2009, S. 35).

❏ Nutzung einer Auktionsplattform wie z. B. eBay, hood.de, atrada zur Versteigerung von Artikeln. Der Ablauf ist dabei bei fast allen Anbietern ähnlich. Nach der Registrierung des Verkäufers können Produkte in verschiedene Kategorien eingestellt werden. Falls ein Produkt ersteigert wurde, wird eine E-Mail über den Zuschlag versandt, es folgt die Zahlungsabwicklung (siehe Kapitel 4.2.5) und abschließend der Versand.

Als größte Herausforderungen für Händler im E-Commerce gelten gemäß einer aktuellen Umfrage (Stahl u. a., 2009, S. 40) folgende Aufgaben (mit absteigender Nennungshäufigkeit):

1. Bekanntmachung des Angebots

2. Pflege des Produktangebots im Shop

3. Kontinuierliche Anpassung an neue rechtliche Rahmenbedingungen zur Vermeidung von Abmahnungen

4. Zeitnahe Abarbeitung von Bestellungen

5. Technische Pflege und Weiterentwicklung des Shops

6. Erfüllung der Kundenanforderungen an die Zahlungsabwicklung bei gleichzeitiger Vermeidung von Zahlungsverzögerungen und Zahlungsausfällen

7. Gewährleistung ausreichenden Supports

8. Auswahl geeigneter Dienstleister für die Zahlungs- und Versandabwicklung

9. Bearbeitung von Retouren

An erster Stelle steht mit der Bekanntmachung des Angebots ein zentrales E-Marketing-Thema (Kapitel 5.1.1). Die Punkte 2, 3, 5, 6 und 8 beziehen sich auf die Organisation eines E-Shops (Kapitel 5.1.2), die Punkte 4, 7 und 9 beziehen sich auf die Abwicklung einzelner Handelstransaktionen, wobei Punkt 7 insbesondere Maßnahmen wie Online-Hilfen oder Live-Support-Systeme für den direkten Kontakt zum

Kundenberater zur Unterstützung der Benutzer umfasst, die verhindern sollen, dass potenzielle Käufer wegen Bedienungs- oder Verständnisproblemen ihren Einkauf vorzeitig abbrechen. Die Zielsetzung besteht darin, dass ein möglichst hoher Anteil an Transaktionen erfolgreich abgeschlossen wird.

Eine Handelstransaktion im E-Commerce wird gemäß Merz (2002, S. 30) in eine Informationsphase, eine Verhandlungsphase und eine Abwicklungsphase unterteilt. In der **Informationsphase** werden Kataloge, Preisdatenbanken und Suchmaschinen eingesetzt, siehe dazu auch das Kapitel 5.1.1. Die Nutzung von Preisdatenbanken wie pricerunner.de, idealo.de oder guenstiger.de steigt dabei mit zunehmender Interneterfahrung der Konsumenten deutlich an. Die **Verhandlungsphase** reicht von der Kontaktaufnahme bis zum Vertragsschluss. Genutzt werden dazu E-Shops und E-Marktplätze, wobei bekannte E-Shops erfahrungsgemäß bevorzugt werden. Für die Auswahl entscheidend können auch die angebotenen Zahlverfahren sein, siehe dazu Kapitel 5.1.2. Die **Abwicklungsphase** beinhaltet insbesondere die Lieferung und ggf. die Bezahlung. Häufig wird dazu ein Logistikpartner involviert.

Grundsätzlich ist das Angebot an Waren und Dienstleistungen eines Unternehmens im E-Commerce global präsent. Es besteht somit die Chance, immer wieder neue Kunden oder Kundengruppen zu gewinnen. Ob die Option des weltweiten Handels im Einzelfall jedoch tatsächlich einen nennenswerten Vorteil darstellt, hängt von den jeweiligen Zielen des Unternehmens, den anfallenden Logistikkosten etc. ab.

Im Falle konventioneller Unternehmen kann bereits das Angebot des zusätzlichen Vertriebskanals „E-Commerce" zu einer Verbesserung des Firmenimages beitragen und somit einen Nutzen für das Unternehmen bedeuten, völlig unabhängig von den damit angestrebten Umsatz- und Gewinnsteigerungen. Falls E-Commerce ergänzend zu traditionellen Vertriebskanälen wie einem Ladengeschäft oder klassischem Versandgeschäft betrieben werden soll, muss im Vorfeld analysiert werden, in welchem Umfang Kannibalisierungseffekte zu erwarten sind, d. h. Umsätze im E-Commerce zu Lasten der Umsätze über andere Vertriebskanäle gehen dürften. Es kann beispielsweise sein, dass sich der Verkauf partiell vom Ladengeschäft auf das Internet verlagert und zwar bei gleichbleibenden Kosten für den Laden. Andererseits kann von einem Vertrauensbonus seitens der Kunden für diejenigen Händler ausgegangen werden, die sie aus der realen Welt bereits kennen. Somit ergeben sich Kombinationsmöglichkeiten wie z. B. bei mediamarkt.de. Hier kann eine Bestellung per Internet aufgegeben und später in einem Ladengeschäft der Wahl abgeholt werden, etwa weil man das Produkt vor der Bezahlung einmal persönlich in Augenschein nehmen oder man sich die Versandkosten sparen möchte. Durch den Ladenbesuch kann außerdem zusätzlicher Umsatz generiert werden kann. Die einzelnen Kanäle befruchteten sich generell gegenseitig, indem sie wechselseitig Impulse für den Kauf und Informationen zu den Produkten liefern. Bei entsprechender Nutzung einer Kombination der Kanäle durch einzelne Kunden spricht man von sogenannten „Multi-Channel-Shoppern".

5.1.1   E-Marketing

Einführung   Die Aufgabe des Marketings besteht darin sowohl neue Kunden zu gewinnen als auch alte weiterhin zufrieden zu stellen und an das Unternehmen zu

binden. Dabei gelten grundsätzlich die klassischen Marketingregeln, vgl. Meier und
Stormer (2008, S. 78). Es ist jedoch zwingend erforderlich, bestimmte Besonderheiten
der überwiegenden Mehrheit der Online-Kunden zu beachten.

Charakteristisch für Online-Kunden ist demnach ihr **hoher Bedarf an aktuellen und
zielgenauen Informationen**. Dieser wird ergänzt durch ein hohes Maß an **Ungeduld**,
d. h. die gewünschten Informationen bzgl. Angebotspalette, Preisen, Zahlungsmög-
lichkeiten, Lieferzeiten, Versandkosten etc. müssen auf den ersten Blick erkennbar
sein, ansonsten tritt als weitere Besonderheit der Online-Kunden ihre **Schnelligkeit**
in Form eines schnellen Wechsels zum nächsten Anbieter zutage. Daneben gibt es allerdings auch „Bummler" unter den Online-Kunden im Internet, die sich durch mehr
oder weniger zielloses Umherstreifen auszeichnen. Sie können anders als die „Eiligen"
z. B. durch Unterhaltungsangebote (Spiele, Preisausschreiben etc.) oder das Angebot
von Hintergrundinformationen gewonnen werden.

E-Marketing (alias Online-Marketing) kann als Marketing mittels elektronischer Medien, insbesondere des Internets, definiert werden. Aufgrund der hohen Nutzungsrate
des Internets ist E-Marketing ein Thema für jedes Unternehmen, nicht nur für solche,
die Handel per Internet betreiben. Die Bekanntmachung des Angebots an Produkten
und Dienstleistungen, die per Internet erworben werden können, kann somit ein wichtiges Ziel sein, sie muss es nicht. E-Marketing kann auch lediglich zur Steigerung der
Bekanntheit eines Unternehmens und zur Imageverbesserung genutzt werden. Daraus
lässt sich leicht ableiten, dass E-Marketing grundsätzlich als Ergänzung des traditionellen Marketing-Mix – des sogenannten „Offline-Marketings" – und nicht als Ersatz
zu sehen ist. Entscheidend ist die richtige Mischung der Marketing-Instrumente im
Einzelfall. Determinanten dafür sind Branche, Produktpalette und Zielgruppen eines
Unternehmens und selbstverständlich die Frage, ob der Vertriebskanal E-Commerce
ausschließlich, ergänzend oder überhaupt nicht angeboten wird. Wichtig ist dabei stets
dem Konsumenten Zusatznutzen zu bieten Dieser kann beispielsweise in nützlichen
Hintergrundinformationen, Gutscheinen, kostenlosen Zusatzdiensten etc. bestehen.

Abhängig von den konkreten Zielsetzungen können verschiedene „Stufen des E-Marketings" unterschieden werden, vgl. Meier und Stormer (2008, S. 95f):

1. *Information*: Es werden z. B. Informationen über das Unternehmen, eine Stellen-
   börse oder Produktkataloge angeboten.

2. *Kommunikation*: Über das Informationsangebot hinaus werden internetbasierte
   Kommunikationsmöglichkeiten wie E-Mail, Newsletter, Newsgroup, Chat, Foren oder FAQ-Listen einbezogen, welche zum Teil für konkrete Marketingmaßnahmen genutzt werden können.

3. *Transaktion bzw. Geschäftsabwicklung*: Die dritte Stufe ist erreicht, wenn mit dem
   Unternehmen nicht nur per Internet kommuniziert werden kann, sondern Transaktionen wie die Online-Angebotserstellung, das Bestellwesen, die Bezahlung
   und die Distribution abgewickelt werden können.

4. *Integration und Kundenbindung*: Die höchste Stufe des E-Marketings besteht z. B.
   im One-to-one-Marketing, d. h. dem individuellen Zuschneiden von Marketing-

Maßnahmen auf jeden Kunden mit Hilfe statistischer Verfahren, dem Online-Order-Tracking (Online-Auftragsverfolgung) und dem Einsatz digitaler Agenten für die Beratung und den Verkauf mit dem Ziel, die im Onlinehandel grundsätzlich nur schwach ausgeprägte Kundenbindung zu erhöhen.

Zentrales Ziel des E-Marketings ist es, Daten über das Kundenverhalten schneller und genauer als auf herkömmlichen Wegen zu gewinnen, so dass Unternehmen Produkte und Dienstleistungen auf Kundengruppen zuschneiden und zu wettbewerbsfähigen Preisen anbieten können. Diesem Ziel dient auch die Online-Marktforschung („E-Marktforschung"), welche gegenüber klassischer Marktforschung Zeit und Kosten einsparen kann und vielfältigere Aufbereitungsmöglichkeiten z. B. der Fragekataloge sowie automatisierte Auswertungsmöglichkeiten bietet, vgl. Steininger u. a. (2009a, S. 79).

Formen des E-Marketings   E-Marketing kann auf eine große Palette an Marketinginstrumenten, d. h. Formen direkter oder indirekter Werbung zurückgreifen. Der Einsatz der verschiedenen Werbemedien verfolgt in der Regel das Ziel, messbare Reaktionen hervorzurufen und/oder Transaktionen mit dem Nutzer abzuwickeln. Vergleichbares ist bei klassischen Werbeformen selten möglich. Die Ansprache des Kunden beziehungsweise Interessenten im Internet kann dagegen sehr gezielt erfolgen, nach Möglichkeit sogar individuell, um die größtmögliche Interaktion mit den Nutzern zu erreichen. In diesem Zusammenhang wird auch von „Performance-Marketing" gesprochen, das als integrierter Ansatz verschiedener E-Marketing-Formen zusammenfasst, welchen gemeinsam ist, dass alle Vertriebs- und Werbeleistungen erfolgsabhängig abgerechnet werden können, vgl. Thomas (2006, S. 18). Die wesentlichen Formen werden nachfolgend kurz vorgestellt. Laut einer Befragung von Onlinehändlern sind dabei die mit Abstand am häufigsten eingesetzten E-Marketing-Instrumente das Suchmaschinen-Marketing und das E-Mail-Marketing, vgl. Pangora GmbH; ECC Handel (2009, S. 9).

Display-Marketing   Die Werbung, die auf einzelnen Webseiten in Form von Bannern, Buttons, Popups oder vergleichbaren Formen wie etwa Videoclips auftaucht, wird Display-Marketing genannt. Das Display-Marketing wird in der Regel nach dem Prinzip „Bezahlung per Klick" und hier oft per TKP (Tausender-Kontakt-Preis) abgerechnet. Seine Funktionsweise ist analog derjenigen herkömmlicher Werbeplakate und Print-Anzeigen zu sehen, ergänzt um Interaktions- bzw. Linkfunktionen. Deshalb wird Display-Marketing in der Regel zur klassischen Online-Werbung gezählt. Im Gegensatz zur Offline-Werbung können Werbeeinblendungen z. B. in Abhängigkeit von der geografischen Lokation des Besuchers oder der Tageszeit erfolgen, trotzdem steht bei dieser Marketingform einer hohen Reichweite auch ein hoher Streuverlust gegenüber. Dementsprechend dient Display-Marketing tendenziell Image- und Brandingeffekten zum Aufbau von Marken und zur Steigerung des Unternehmenswerts, da die Reaktionsquoten eher gering sind, vgl. Meier und Stormer (2008, S. 92).

Virales Marketing   Virales Marketing bedeutet die rasche Verbreitung von (Werbe-)Botschaften im Internet per „Mundpropaganda" analog zur häufig raschen Ausbreitung von Viren, seien es Krankheitserreger oder Computerschädlinge. Für diese „Mundpropaganda" wird idealerweise auf gut vernetzte Personen zurückgegriffen (sogenannte „Multiplikatoren"). Sie sind z. B. in sozialen Netzwerken wie XING, Facebook etc. zu finden und an der Anzahl ihrer Kontakte erkennbar, wobei neben den direkten Kontakten auch die (indirekten) Kontakte von Kontakten und Kontakte 3. Grades von Interesse sein können, da über sie schnell große Zahlen von potenziellen Interessenten erreicht werden können. Genutzt werden damit die ohnehin bestehenden Beziehungen und Kommunikationswege in menschlichen Netzwerken, welche kostengünstiger, insbesondere aber wesentlich glaubwürdiger sind als andere Kommunikationskanäle, da die Botschaften hierbei den aufdringlichen Charakter eines klassischen Werbeversprechens verlieren. Kostenlose Angebote („Give-Aways") locken oft ebenfalls große Benutzerzahlen auf eine Website, was wiederum zu Problemen beim Provider führen kann, falls dessen Hardware für den Ansturm nicht ausgelegt sein sollte. Ebenfalls sehr erfolgreich ist virales Marketing über unterhaltungsorientierte Plattformen wie z. B. YouTube oder der Einsatz von Gutscheinen, vgl. Fischer (2008, S. 40ff).

Suchmaschinen-Marketing mittels Anzeigen   Zum Suchmaschinen-Marketing zählen Textanzeigen im Anzeigenteil einer Suchmaschine. Bekannte Vertreter dieser „sponsored Links" sind die Adwords-Anzeigen bei Google und die Search Marketing Anzeigen bei Yahoo. Die Anzeigen werden unterhalb, oberhalb oder seitlich der Suchergebnisse eingeblendet, sofern die Anzeige zum Suchbegriff passt. Suchmaschinen-Marketing ist damit eine effiziente Form des Direktmarketings, die ihre Zielgruppe quasi ohne Streuverluste erreicht, vgl. Eisinger (2006, S. 31). Es wird deshalb auch von „Keyword Advertising" gesprochen, vgl. Lammenett (2006, S. 83). Dagegen ist es – laut Bekundungen der Suchmaschinenbetreiber – nicht möglich, sich in die regulären Suchergebnisse quasi einzukaufen. In ähnlicher Form wie bei Suchmaschinen werden Anzeigen bzw. Links bei Suchanfragen in Special Interest Communitys wie FlickR oder YouTube platziert, passend zu den zur Recherche nach Bildern oder Filmen verwendeten Suchbegriffen. Damit wird eine kontextabhängige Personalisierung der Werbeeinblendungen erreicht. Die Position, in welcher die Anzeigen erscheinen, wird durch unterschiedliche Auktionsverfahren festgelegt. Das höchste Gebot (z. B. bezüglich des Preises pro Klick) erscheint so beispielsweise an erster Stelle, das zweithöchste an zweiter und so weiter.

Suchmaschinenoptimierung   Eine Alternative zum Suchmaschinen-Marketing ist die Suchmaschinenoptimierung. Hierbei besteht die Zielsetzung darin, nicht wie beim Suchmaschinen-Marketing im Werbeteil, sondern im Bereich der Suchergebnisse weit oben zu stehen, d. h. in den redaktionellen Ergebnisseiten von Suchmaschinen eine gute Platzierung zu erreichen (Lammenett, 2006, S. 145). Man erreicht auf diesem Weg mit seiner Marketingbotschaft eine gegenüber einer Werbeanzeige ungleich höhere Glaubwürdigkeit. Allerdings kommt es ganz wesentlich darauf an, weit oben in der Trefferliste zu erscheinen, am besten auf der ersten Trefferseite, da erfahrungsgemäß nur wenige Nutzer bei den in der Regel hohen Trefferzahlen ihrer Recherchen sich die Ergebnisse auf den Folgeseiten ansehen. Deshalb muss überlegt werden, welche Suchbegriffe potenzielle Interessenten zur Recherche nach dem eigenen Unternehmen wohl verwenden würden, so dass diese in die eigene Website integriert werden können. Geeignete Maßnahmen hierfür sind die Nutzung eines aussagekräftigen Seitentitels (Web-Adresse), eine ebenso aussagekräftige Seitenbeschreibung und vor allem die Festlegung geeigneter Schlüsselwörter (Keywords) unter Berücksichtigung von Singular und Plural, Zusammen- und Getrenntschreibung, regionaler Synonyme, Fach- vs. Umgangssprache, Schreibfehlern und Schreibvarianten, z. B. wegen alter und neuer Rechtschreibung. Diese Schlüsselwörter müssen in einem vernünftigen Satz auf der Website platziert werden, damit der Robot der Suchmaschine sie finden kann, vgl. Fischer (2008, S. 201ff). Ebenso sollte für Grafiken und Bilder ein alternativer Text vorhanden sein, damit auch deren Inhalte gefunden werden können. Diese kurze Auflistung zu beachtender Aspekte lässt schon deutlich erkennen, dass Suchmaschinenoptimierung ein komplexes Themengebiet darstellt, für das nicht ohne Grund viele Unternehmen auf die Hilfe spezialisierter Dienstleister zurückgreifen.

E-Mail-Marketing Beim E-Mail-Marketing werden einzelne Werbeflächen einer E-Mail gebucht beziehungsweise komplette Adresslisten für Werbe-E-Mails gekauft. Letzteres führt oftmals zu einer Schwemme von E-Mails (schnell auch zu Spam) und wird von den meisten Benutzern als sehr störend empfunden. Grundsätzlich haben viele Benutzer Aversionen gegenüber unverlangter E-Mail-Werbung, zumal hier die Gefahr, sich Viren oder Trojaner einzuhandeln oder eine Phishing-E-Mail zu erhalten, die Bankdaten erschleichen soll, besonders groß ist, worauf in den Medien mit Recht auch immer wieder hingewiesen wird, so dass der Nutzen unverlangter Werbe-E-Mails sehr niedrig ist. Zwar ist es möglich E-Mail-Marketing auch in der Pre-Sales-Phase einzusetzen beziehungsweise es auf Bestandskunden auszurichten, jedoch ist es gemäß Fischer (2008, S. 33f) eigentlich eher im After-Sales-Prozess zu empfehlen, da die Kunden vorher bewusst ihre E-Mail-Adressen abgegeben haben, dementsprechend mit E-Mails vom Händler bzw. Betreiber einer Website rechnen und sie somit nicht als Spam herausfiltern lassen. Im Idealfall werden sie die E-Mails sogar lesen. Die Erlaubnis zur Zusendung durch den Empfänger gilt hierbei als Grundvoraussetzung für erfolgreiches E-Mail-Marketing. Nichtsdestotrotz ist wegen der Spam-Problematik eine gute Aufbereitung wichtig. Im Vordergrund sollten dabei wenn möglich redaktionell gepflegte Inhalte stehen, daneben dürfen natürlich auch Informationen über neue Produkte, Sonderangebote oder Last-Minute-Angebote – sofern Kunden dafür Interesse zeigen – enthalten sein, ergänzt um Links, die nähere Informationen versprechen.

Newsletter Marketing Newsletter Marketing ist ein grundsätzlich erfolgsversprechender Kanal, da die Benutzer aktiv die Erlaubnis der Zusendung durch das Abonnement erteilt haben und somit keine Spamproblematik im eigentlichen Sinne existiert. Im Mittelpunkt steht die Vermittlung redaktionell aufbereiteter Neuigkeiten („News") aus dem Unternehmen. Abhängig von Branche und Zielgruppe können Schnäppchen-Angebote durchaus integriert werden, reine Werbemitteilungen stoßen jedoch mit Sicherheit auf weitgehendes Desinteresse. Somit ist es wichtig, dass die nützlichen In-

formationen gegenüber werbenden stets dominieren. Dies bedeutet, dass für die Neuigkeiten und ihre redaktionelle Aufbereitung ein nicht unerheblicher Aufwand ein-
kalkuliert werden muss. Für das Abonnieren eines Newsletters hat sich das sogenannte „Double-opt-int-Verfahren" etabliert. Nach dem Eintrag einer E-Mail-Adresse
wird automatisch eine generierte E-Mail mit einem Link gesendet, zum Abschluss des
Abonnements muss der Link angeklickt werden, um nachzuweisen, dass derjenige,
der eine E-Mail-Adresse angegeben hat, auch derjenige ist, dem die entsprechende
Mailbox gehört, vgl. Fischer (2008, S. 69ff). Wichtig ist beim Newsletter-Marketing
auch eine einfache Möglichkeit der Abbestellung des Newsletters. Es zeichnet sich
ein Trend zur partiellen Ablösung durch RSS-Feeds ab, welche im Gegensatz zum
Newsletter durch Interessenten anonym bezogen werden können, vgl. Fischer (2008,
S. 128), siehe dazu auch das Kapitel 4.2. Außerdem besteht die Möglichkeit, seine Bot-
schaft im Newsletter eines anderen Unternehmens oder eines kommerziellen Anbieters von Newslettern zu platzieren oder bei der Erstellung des Newsletters mit be-
freundeten Unternehmen zu kooperieren (Lammenett, 2006, S. 51f).

Affiliate Marketing   Hinter dem Affiliate-Marketing steht das Prinzip der Vertriebs-
oder Netzwerkpartner mit dem Zusammenspiel zwischen werbetreibendem Unternehmen, Unternehmen, die Raum für Werbung auf ihren Websites anbieten (die sogenannten Partner bzw. „Affiliates"), sowie Netzwerkbetreibern, die als Vermittler agieren. Dabei bewirbt der Partner Produkte oder Dienstleistungen anderer Unternehmen
(z. B. eines Online-Händlers) auf seiner Website.

Als Affiliate-Marketing bezeichnet man somit das Schalten von Werbeeinblendungen
in Websites eines entsprechenden Netzwerkes (Lammenett, 2006, S. 23). Der Online-
Händler kauft sich dabei über ein Affiliate-Netzwerk Werbeplätze auf Websites von
Partner-Unternehmen (Affiliates), wofür er Gebühren an den Netzwerkbetreiber ent-
richtet, d. h. er vermarktet seine Produkte oder Dienstleistungen auf Partner-Web-
Seiten. Interessiert sich ein Kunde für ein Produkt, wird er in den eigenen Online-Shop
geleitet, für die Vermittlung ist eine Provision fällig (pro tatsächlichem Kauf, pro Klick
oder pro Kontakt), vgl. Fischer (2008, S. 95). Der Partner erhält die entsprechende Ver-
gütung meist vom Netzwerkbetreiber, Beispiele für Netzwerkbetreiber sind Affilinet
(http://www.affilinet.de), Zanox (http://www.zanox.com/de) und Google AdSense
(http://www.google.com/adsense). Der Netzwerkbetreiber bündelt somit das Angebot der Online-Händler und Affiliates, betreut es technisch, kontrolliert es und rechnet
es in der Regel auch ab. Der Erfolg von Amazon beispielsweise hängt maßgeblich mit
der sehr hohen Zahl von Partnern zusammen, die auf ihren Websites Links zu Amazon
platzieren. Große Unternehmen wie OTTO (http://affiliate.otto.de) oder eben Amazon betreiben dazu eigene Partnerprogramme, vgl. Abbildung 5.1.

Durch das Bündeln verschiedener Webseiten und Portale erreichen Affiliate-
Netzwerke eine enorm hohe Reichweite. Typisches Einsatzgebiet für dieses Marke-
tinginstrument ist somit z. B. der Abverkauf. Weiterhin bietet das Affiliate Marketing
oftmals den Einstieg für Unternehmen in das E-Business, da einem geringen Aufwand ein kalkulierbares Risiko gegenübersteht. Ein gewisses Risiko besteht bei Ab-
rechnungsmodellen, die sich an Klickraten orientieren, allerdings darin, dass Klick-
netzwerke gebildet werden können, die die Werbung auf den Seiten eines Affiliates

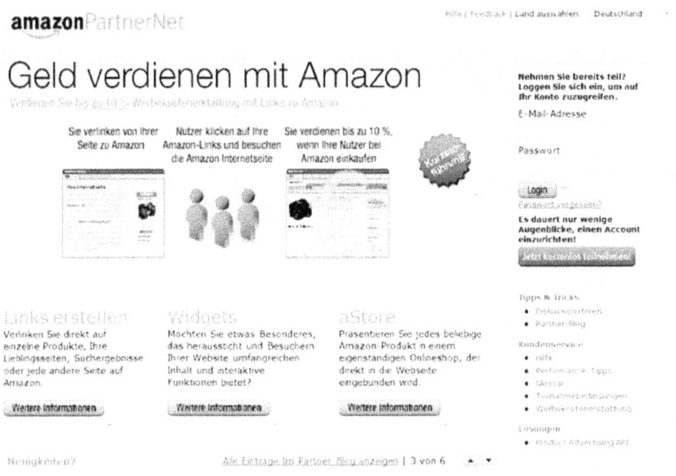

Abb. 5.1: *Affiliate Marketing*

gehäuft anklicken, um Gebühren-Einnahmen für diesen zu erzielen. Die Netzwerkbetreiber müssen in diesem Fall auf auffällige Klickpfade achten und entsprechend reagieren.

Behavioral Targeting Beim Behavioral Targeting geht es darum, aufgrund des Verhaltens von Benutzern im Web Rückschlüsse auf für sie passende Werbung zu ziehen. Für diese Methode werden in der Regel Cookies als Quelle herangezogen, die auf dem Computer des Benutzers durch von ihm besuchte Websites abgelegt wurden. Darüber hinaus können über Benutzerprofile von eingeloggten Usern Informationen erlangt werden. Dies wird nicht nur in der Bannerwerbung eingesetzt; auch Unternehmensseiten wie z. B. Amazon nutzen Behavioral Targeting seit langem, um auf Produkte hinzuweisen, die für den Benutzer von Interesse sein dürften, da sie auf die von ihm bis dahin besuchten Seiten des Unternehmens und seine bisher dort getätigten Käufe abgestimmt werden.

Allerdings kann es durchaus sein, dass das Verhalten des Nutzers keine aussagekräftigen Daten liefert. In diesen Fällen wird das sogenannte „Predictive Behavioral Targeting" eingesetzt. Dies bedeutet, dass repräsentative Vertreter von Nutzergruppen, die ein identisches Surfverhalten aufweisen, anonym nach ihren Interessen befragt werden, und zwar unabhängig von den besuchten Seiten. Die hier erfassten Daten werden auf künftige und alle anderen User hochgerechnet, d. h. Messdaten aus dem Surfverhalten von Nutzern werden mit Befragungs- oder Registrierungsdaten repräsentativer Internetnutzer derselben Nutzergruppe kombiniert.

Nicht anwendbar ist das Verfahren bei Benutzern, die regelmäßig die abgelegten Cookies löschen, da dadurch die meisten für das werbetreibende Unternehmen relevanten Informationen über das Benutzerverhalten verloren gehen. Auch Computer, die von mehreren Personen genutzt werden, stellen für das Behavioral Targeting ein Problem dar, da sich kaum ein einheitliches Bild der Interessenlagen der verschiedenen Benutzer, z. B. mehrerer Familienangehöriger, ergeben dürfte.

Marketing in Social Networks (Social Marketing)   Ein weiteres, wichtiges Instrument zum Vermarkten von Produkten im Onlinebereich sind die sogenannten Social Networks wie Xing, Facebook, Myspace oder das StudiVZ (vgl. hierzu auch Kap. 7.4). Seit geraumer Zeit ist es dort möglich zielgerichtete Werbung in Form personalisierter Werbung zu schalten, da man sich in der Regel im Netzwerk einloggen muss und damit mehr oder weniger klar ist, welches Alter und welches Geschlecht der Besucher hat, unter Umständen auch aus welcher Region er stammt, welcher Berufsgruppe er angehört etc., so dass die Streubreite der Werbung dementsprechend eingeschränkt werden kann (Fischer, 2008, S. 144). Doch nicht nur die direkte Werbung in diesem Bereich ist wichtig für den Erfolg einer Marke. Auch das Image ist ein wichtiger Faktor, der durch Social Networks stark beeinflusst werden kann. Die Reichweite, die eine gelungene Kampagne in einer Community haben kann, lässt sich nur schwer messen, sollte jedoch keinesfalls unterschätzt werden. Dies wird auch durch die Tatsache unterstrichen, dass einige Unternehmen bereits Gruppen bei StudiVZ „betreuen" oder ins Leben gerufen haben, z. B. „Brands 4 Friends". In dieser Gruppe kann man preisgünstig Kleidung erstehen. Allerdings muss man in die Gruppe eingeladen werden.

Guerilla-Marketing   Guerilla-Marketing ist eine dem Social Commerce (vgl. Kap. 5.2) zurechenbare spezielle Form des E-Marketings und besteht im Kern darin, fingierte, echt – und somit unauffällig für andere Benutzer und Webmaster – wirkende Empfehlungen der eigenen Produkte oder Dienstleistungen in Bewertungsportalen zu platzieren. Sie werden oft mit einem Verweis auf Google ergänzt, um nähere Informationen zu erhalten. Alternativ besteht die Möglichkeit, Konkurrenzprodukte durch eher negative Beurteilungen in Verruf zu bringen, welche wiederum mit einzelnen positiven Aspekten angereichert sind, um nicht aufzufallen (Fischer, 2008, S. 65). Es liegt auf der Hand, dass der Einsatz dieses Marketinginstruments ethisch recht zweifelhaft und eine Erfolgskontrolle desselben eher schwierig ist.

Vorteile des E-Marketings   E-Marketing besitzt im Gegensatz zu klassischen Informationsmedien den großen Vorteil direkter Feedbackmöglichkeiten, z. B. in Form des direkten Aufgebens von Bestellungen oder des Absendens von Nachfragen. Für Unternehmen ist außerdem – abhängig von den eingesetzten Formen des E-Marketings – zum Teil sogar messbar, auf welche Resonanz ihre Webseiten gestoßen sind. Beispielsweise kann gemessen werden, welche Seiten angeklickt wurden, welche Banner angeklickt wurden, welche Angebote angenommen wurden etc. Basis hierfür sind unter anderem die Abrufstatistiken der Websites. Entsprechende Analysen erlauben eine vergleichsweise hohe Zielgenauigkeit und damit geringe Streuverluste bei der Kundeninformation. Tagesaktuelle Statistiken über Markt und Kundenverhalten erlauben zeitnahe Anpassungen z. B. im elektronischen Produktkatalog. Damit wird auch das kurzfristige Ausprobieren verschiedener Preise und Angebotsbündel möglich. E-Marketing ist damit auch als Weiterführung des individualisierten und damit aufwendigen Marketings durch multimediale „persönliche" Aufbereitung einschließlich interaktiver Elemente unter Beibehaltung der Kostenvorteile des Massenmarketings (Meier und Stormer, 2008, S. 79) zu sehen.

5.1.2 E-Shop

Ein E-Shop (Kurzform für „Electronic Shop") bezeichnet die Internetpräsenz eines Händlers mit dem Ziel des Vertriebs seiner Waren. Synonyme Bezeichnungen sind Web-Shop, Online-Shop und E-Laden. Zunächst sollen wesentliche Merkmale von E-Shops sowie ihre Vorzüge gegenüber konventionellen Geschäften erläutert werden, bevor hinterfragt wird, welche Produkte sich überhaupt für den Verkauf per E-Shop eignen. Anschließend werden die wesentlichen Funktionen eines E-Shops und mögliche Bezahlverfahren erläutert. Abschließend wird diskutiert, welche Konsequenzen es haben kann, wenn ein E-Shop neben anderen Vertriebskanälen genutzt wird.

Vertriebskanal E-Shop   Internethändler haben gegenüber konventionellen Händlern den offensichtlichen Vorteil, dass sie keinen physischen Verkaufsraum brauchen. Ihr Verkaufsraum steht virtuell als Website zur Verfügung. Außerdem benötigen E-Shops häufig keinen oder nur wenig Lagerraum, da sie eine Lieferung oft direkt vom Erzeuger veranlassen (sogenanntes „Drop Shipping") bzw. die Waren je nach Bedarf bestellen können. Die eingesparten Fixkosten lassen sich dann in Form niedrigerer Preise an die Konsumenten weitergeben. Sogar Internetbuchhändler, die in Deutschland der Buchpreisbindung unterliegen, welche Rabattaktionen verbietet, haben den Vorteil, durch die Übernahme der Versandkosten den Kunden bei gleichem Preis den Gang zum Buchladen zu ersparen und ihnen dadurch einen Zusatznutzen zu bieten.

Nichtsdestotrotz stehen E-Shops generell vor der Herausforderung, Interessenten davon zu überzeugen, dass es vorteilhaft für sie ist, statt in ein konventionelles Geschäft zu gehen, im E-Shop einzukaufen. Dazu gehört auch das Überwinden von Sicherheitsbedenken der Kunden. Diese Bedenken können z. B. durch verliehene Prüfsiegel für den E-Shop, durch die Erläuterung der Garantie- bzw. Gewährleistungsprozesse, durch das Einräumen von Rückgabe- und Umtauschrechten oder das Vorstellen der Menschen, die hinter dem Shop stehen, zerstreut werden.

Die wesentlichen Argumente, die für den Kauf im E-Shop sprechen, sind in der Regel die schon angesprochenen Preisvorteile gegenüber stationärem Handel aufgrund niedrigerer Fixkosten, eine oft schnellere Verfügbarkeit der bestellten Waren, da z. B. kein Ladengeschäft aufgesucht werden muss, ein vielfältiges Angebot von selten oder nur zu einem hohen Preis vor Ort erhältlicher Produkte bzw. Dienstleistungen und die Bequemlichkeit, rund um die Uhr Einkäufe tätigen zu können und sich nicht nach Öffnungszeiten richten zu müssen, die gerade bei Fachgeschäften für Berufstätige oft nicht passend sind. Man darf sich in diesem Zusammenhang auch fragen, welchen Vorteil ein Fachgeschäft wie z. B. eine Buchhandlung bieten kann, wenn man aufgrund der Nutzung anderer Informationsquellen schon genau weiß, was man will.

Daneben besteht die Möglichkeit ähnlich wie im konventionellen Handel durch entsprechende Präsentation bestimmter Angebote Besucher zu kurzfristigen Impulskäu-

fen zu bewegen. Dies ist insbesondere bei jüngeren Käufergruppen erfolgverspre-
chend.

Produkteignung   Es ist offensichtlich, dass sich nicht alle Produktkategorien gleichermaßen für den Vertrieb über E-Shops eignen und dass abhängig von der Produktkategorie zu überlegen ist, welchen Zusatznutzen der Erwerb über das Internet dem
Konsumenten bieten kann. Man kann zunächst zwischen digitalisierbaren und nicht-
digitalisierbaren Gütern unterscheiden. Im Fall von **digitalisierbaren Gütern** wie Software, Videos, Musik und Texten (Dokumente, Schriften) besteht ein wesentlicher Vorteil in der Online-Auslieferung. Dies setzt andererseits in der Regel Vorabbezahlung
voraus. Die möglichen Bezahlverfahren werden auf Seite 100 vorgestellt. Nach dem
Kauf des Produkts kann der Kunde das erworbene Produkt in der Regel direkt herunterladen. Der physische Versand entfällt und der Kunde kann seinen Einkauf sofort
nutzen. Folglich gelten digitalisierbare Güter als besonders geeignet für den Vertrieb
per E-Shop. Der Umkehrschluss, dass physische Produkte grundsätzlich weniger geeignet sind, ist dagegen in seiner Pauschalierung nicht zulässig.

In Kollmann (2009, S. 251) wird in einer **Produkteignungsmatrix** nach Beurteilbarkeit,
Beschreibbarkeit und Beratungsaufwand die Eignung von Produkten genauer diffe-
renziert. Optimal geeignet sind demnach Produkte,

❑ deren **Beschaffenheit** durch eine Beschreibung im Internet durch Besucher gut
beurteilt werden kann, etwa weil die Sinne Betasten, Riechen oder Schmecken
nicht benötigt werden,

❑ die durch den Anbieter **gut beschreibbar** sind (per Text, Bild, Audio- oder Vi-
deoclip) und

❑ **niedrigen Beratungsbedarf** aufweisen, etwa weil keine persönlichen Umstände
potentieller Kunden zu berücksichtigen sind.

Beispiele für in diesem Sinne optimale Produkte sind Standardsoftware, Musik, Bücher, Zeitungen, Flugtickets etc., vgl. Abb. 5.2 nach Kollmann (2009, S. 251). Dagegen
eignen sich komplexe Produkte wie etwa Fertighäuser mit ihrem hohen Erklärungs-
bedarf nicht für den Vertrieb per E-Shop (Wolf, 2007, S. 8).

E-Geld bzw. Buchgeld stellt eine besondere Form eines digitalen Guts dar. Online-
Banken mit ihrem E-Banking- und E-Brokering-Angebot nehmen hier die Rolle des E-
Shops ein. Ähnliches gilt für den Vertrieb von Versicherungsleistungen (E-Insurance)
und den Vertrieb von Touristikdienstleistungen (E-Tourismus) per Internet. Im Touris-
musbereich eignen sich insbesondere wenig erklärungsbedürftige Angebote wie etwa
Flüge, Fahrkarten, Hotelübernachtungen und Eintrittskarten für den Vertrieb per E-
Shop.

Für den Erwerb **nicht-digitalisierbarer Güter** per Internet können als Kaufargumente
wie erwähnt Preisvorteile, mangelnde regionale Verfügbarkeit und u. U. Bequemlichkeit sprechen. Dies trifft insbesondere auf standardisierte, wenig erklärungsbedürftige

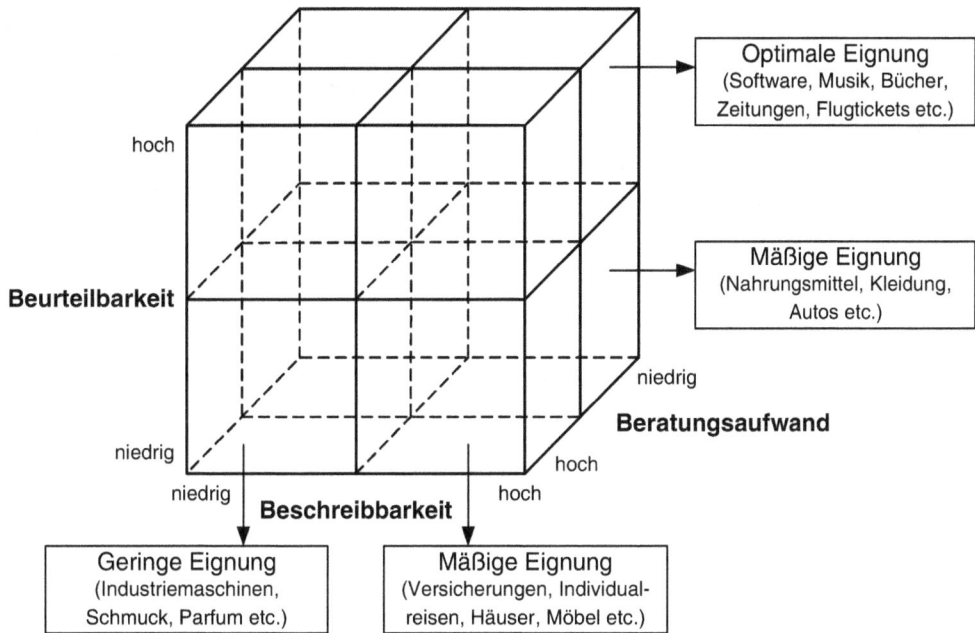

Abb. 5.2: *Produkteignungsmatrix*

Produkte wie Bücher, DVDs oder Computer zu. Preisvergleiche sind im Vorfeld entsprechender Kaufentscheidungen dementsprechend üblich. Bei einigen Gütern wie z. B. Computerhardware herrscht dabei ein harter Preiswettbewerb, der es recht unattraktiv macht, neu in diesen Markt mit einem E-Shop einzusteigen. Es findet im Gegenteil eher eine Marktkonsolidierung statt.

Für alle nicht-digitalisierbaren Güter gilt, dass für sie ein Warenwirtschaftssystem und eine mehr oder weniger anspruchsvolle Logistikinfrastruktur für den Versand zum Kunden notwendig sind. Während sich letztere bei den genannten Klassikern des Vertriebs per E-Shop wie Büchern oder DVDs in Grenzen hält, da der Versand einfach einem Paketdienstleister übertragen werden kann, stellen Güter wie frische Lebensmittel, Möbel oder lebende Tiere zwangsläufig ganz andere Anforderungen an Lagerhaltung und Transport. So sind Supermärkte als E-Shops dementsprechend nach wie vor vergleichsweise selten zu finden, einige Beispiele hierfür sind http://www.leshop.ch, http://www.naturkost-express.de, http://www.otto-supermarkt.de.

Problematisch sind im Lebensmitteleinzelhandel insbesondere verderbliche Lebensmittel wie frisches Obst, Gemüse, Fleisch, welche wiederum unterschiedliche Produktanforderungen bezüglich Kühlung, Verpackungs- und Transporteinheiten stellen. Daraus resultiert ein hoher Aufwand bei ihrer Verpackung und der Transportlogistik. Erschwerend kommen in der Regel die Kundenerwartung der schnellen Lieferung (möglichst innerhalb von 24 Stunden) bzw. zu einem genauen Termin und eine relativ ausgeprägte Preissensibilität bei gleichzeitig geringen Gewinnmargen in der Lebens-

mittelbranche hinzu. Folglich ist es kaum möglich, die hohen Versand- und Transportkosten auf den Kunden zu verlagern. Einfacher handhabbar und deshalb sehr viel
häufiger in E-Shops erhältlich sind haltbare und hochpreisigere Lebensmittel.

Ein Argument für den Erwerb von Lebensmitteln im E-Shop kann die Möglichkeit
der individuellen Gestaltung eines Mischprodukts wie etwa eines Müslis sein. Zum
Beispiel bietet http://www.mymuesli.com/ die Möglichkeit, ein individuelles Müsli-
Produkt aus einer Vielzahl von Basiskomponenten, Flocken, Früchten und Nüssen zu-
sammenzustellen. Ähnliche Angebote gibt es für das Zusammenstellen individueller
Tees.

Funktionen eines E-Shops   Grundsätzlich sind Kunden bei E-Shops an mittlerweile
etablierte Standards gewöhnt, so dass es hier nur im Detail Differenzierungsmöglich-
keiten gibt. Es geht eher darum, dass sich die Funktionalität eines E-Shops nicht negativ von diesen Standards abhebt, um zu verhindern, dass Besucher allein deshalb den
E-Shop ohne Einkauf wieder verlassen. Üblich bzw. notwendig sind folgende Funktionen, vgl. Bundesamt für Sicherheit in der Informationstechnik (2005):

❏ Angebotskatalog

❏ Suchfunktion

❏ Navigationsmöglichkeiten

❏ Kundenidentifikation (Bestandskunden)

❏ Anmeldeformular für Erstkunden

❏ Virtueller Warenkorb

❏ Kundenkonto

❏ Virtuelle Kasse / Check-Out-Prozess

❏ Adressverwaltung (Rechnungsadresse, Lieferadresse)

❏ Auswahl mehrerer Zahlverfahren

❏ Information über alle Kosten und nachweislich über die AGBs

Der Angebotskatalog (E-Katalog) dient der Produktpräsentation und -information.
Moderne E-Shops bieten dem Besucher im Fall hochwertiger Konsumgüter nicht selten multimediale Informationen wie z. B. Filme über das Produkt und seine Einsatzmöglichkeiten. Die Wahrnehmung des Kunden soll dabei möglichst nahe an die Realität heran geführt werden. Dazu dienen auch Konfigurationsprogramme, mit denen
Produkte wie z. B. PKWs in Farbe, Ausstattung etc. an die individuellen Vorstellun-
gen des Kunden angepasst werden können. Für den Betreiber des E-Shops bzw. den
Hersteller fallen als Zusatznutzen Informationen über die Präferenzen der Kunden ab.

Es ist überdies selbstverständlich, dass im E-Katalog einfach direkt nach Begriffen gesucht werden kann, ohne wie im Falle gedruckter Kataloge auf ein Inhaltsverzeichnis
angewiesen zu sein.

E-Shops werden inzwischen häufig auch mit sogenannten Live-Support-Systemen
ausgestattet, die per Knopfdruck den direkten Kontakt zu einem Kundenbetreuer ermöglichen. Dies soll verhindern, dass Besucher bei auftretenden Problemen in der Benutzung des E-Shops den Besuch abbrechen. Stattdessen soll durch das Angebot von
Erläuterungen und Hintergrundinformationen der Verkauf unterstützt werden. Das
Ziel besteht somit darin, die Absprungraten der Besucher zu reduzieren.

Je nach Produktkategorie können als weitere Funktionen noch hinzu kommen:

❑ **Kundenbewertungen** (z. B. bei Büchern oder technischen Produkten)

❑ **Redaktionelle Rezensionen** (z. B. bei Büchern)

❑ **Downloadfunktion** (falls digitale Produkte oder Zusatzleistungen zum Herunterladen bereitgestellt werden)

Neben diesen für Besucher bzw. Kunden wichtigen Funktionen weisen E-Shop-Systeme stets auch sogenannte Back-Office-Funktionen auf, die für die Administration
des E-Shops von Bedeutung sind. In Anlehnung an Stärk (2005, S. 11) sind dabei zu
nennen:

❑ **Katalogpflege**. Sie erfolgt in Form einer manuellen Eingabe neuer Produkte bzw.
   von Änderungen über vorgefertigte Vorlagen (Templates) oder automatisch gesteuert über eine Schnittstelle zur Produktdatenbank, in welcher die entsprechenden Änderungen zentral vollzogen werden.

❑ **Kundendatenverwaltung** in einer entsprechenden Datenbank.

❑ Das **Ausstellen einer Rechnung** und die Weiterleitung an die interne Buchhal-
   tung erfolgen automatisch; ebenso die Aktualisierung der Lagerdaten anhand
   einer Bestellung.

❑ **Statistik-Tools**, welche variable Auswertungen der Kundendaten und Bestellungen ermöglichen.

❑ **Lagerverwaltung**, die über Schnittstellen zu externen Systemen automatisiert
   oder manuell zu betreiben ist.

Es sind sehr unterschiedliche E-Shop-Softwarelösungen im Einsatz, und zwar sowohl
Standardsoftware- als auch Individualsoftwarelösungen. In der Regel ist jedoch Standardsoftware zu empfehlen, die beim Betrieb weniger Probleme aufwirft, da ihre Wartung etc. vom Anbieter übernommen wird. Zudem ist Standardsoftware in der Regel leichter erweiterbar. Auch Open Source-Lösungen stehen zur Verfügung, hierzu
wird allerdings IT-Know-how benötigt. Dafür bieten diese Lösungen jedoch vielfältige Gestaltungsmöglichkeiten. Die meisten E-Shop-Systeme besitzen die in Abbildung

5.3 nach Merz (2002, S. 409) dargestellten Softwarekomponenten, vgl. auch Kollmann (2009, S. 208ff). Alternativ zum eigenen E-Shop kann jedoch auch eine Beteiligung an einem E-Marktplatz erwogen werden.

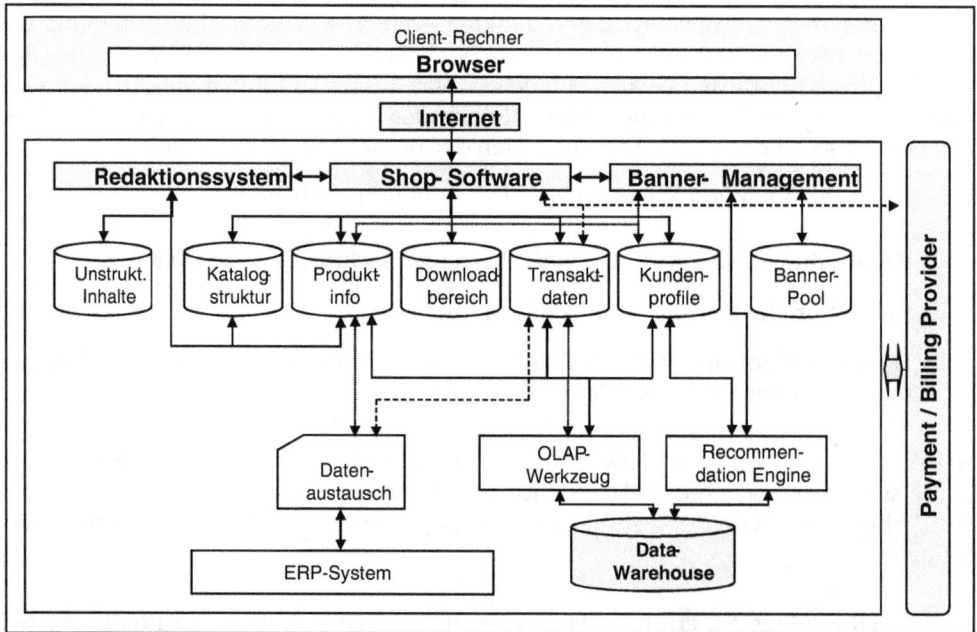

Abb. 5.3: Beispiel einer Referenzarchitektur

Bezahlverfahren   Kunden erwarten heute, dass ihnen verschiedene Möglichkeiten der Bezahlung in einem E-Shop angeboten werden. Die verschiedenen Bezahlverfahren unterscheiden sich dabei hinsichtlich ihrer Sicherheit für den Händler, ihrer Sicherheit für den Kunden und der für die Beteiligten anfallenden Kosten. Der E-Shop-Betreiber muss bei der Auswahl der Bezahlverfahren einen tragfähigen Kompromiss zwischen seinen Interessen bezüglich des Vermeidens von Zahlungsausfällen sowie geringen eigenen Kosten und den Wünschen von Kunden nach Absicherung der Lieferung, einfacher Gestaltung des Zurückgebens (Retouren), generell geringen Kosten und einfacher Handhabung finden. Zur Verfügung stehen dazu sowohl klassische Bezahlverfahren als auch spezielle Verfahren des E-Payments, d. h. des internetbasierten Bezahlens. Nachfolgend werden die wesentlichen Verfahren in Anlehnung an Stahl u. a. (2009) kurz vorgestellt.

Der **Kauf auf Rechnung** weist eine hohe Kundenakzeptanz auf, da er im Versandhandel bereits seit langem gebräuchlich ist. Er birgt für den Händler jedoch gleichzeitig das Risiko einer verspäteten oder ausfallenden Zahlung. Mit Rechnungen sind außerdem hohe interne Kosten beim E-Shop-Betreiber zum Abgleich von Zahlungseingängen mit offenen Posten und sich daraus ergebenden Rückfragen bei Unstimmigkeiten verbunden.

Vorkasse bedeutet eine Zahlung vor Lieferung, so dass der Händler vor Zahlungsausfall geschützt ist. Folglich trägt der Kunde das Risiko, dass die bestellte Ware nicht oder fehlerhaft geliefert wird. Ihre Handhabung ist eher umständlich, da der Kunde erst ein Überweisungsformular ausfüllen muss (per E-Banking oder sogar ein Papierformular). Dies birgt eine erhebliche Fehlergefahr in sich. Vorkasse stößt damit generell auf geringe Kundenakzeptanz. Die beim Händler anfallenden Kosten für den Abgleich von Zahlungseingang und Bestellungen, Rückfragen bei Unstimmigkeiten etc. sind ebenfalls nicht unerheblich.

Giropay ist ein E-Payment-Bezahlverfahren, das von der deutschen Kreditwirtschaft entwickelt wurde. Der Kunde wird nach Abschluss der Bestellung automatisch zum E-Banking seiner Bank umgeleitet, bei der er sich daraufhin einloggt. Danach erscheint ein mit den Zahlungsdaten inkl. Verwendungszweck vorausgefüllter Überweisungsauftrag, der per TAN bestätigt werden kann. Die Bank leitet eine Auftragsbestätigung an den Händler und der Kunde wird wieder zurück in den E-Shop geleitet. Der Händler kann daraufhin die Ware sofort versenden, die Banken garantieren die Zahlung, als Gebühr für die Banken fallen ca. 2-3% des Umsatzes an. Dieses Verfahren stößt auf mittlere Kundenakzeptanz, da auch hier das Vorkasseprinzip realisiert ist. Vertrauen wird dabei eher großen Unternehmen als kleinen E-Shops geschenkt. Nach demselben Prinzip funktioniert eine Bezahlung per sofortüberweisung.de.

Nachnahme vermindert das Risiko sowohl auf Händler- als auch auf Kundenseite. Die Abwicklung ist jedoch umständlich. Dies gilt insbesondere für Fälle, in denen ein Kunde nicht zu Hause ist oder nicht genügend Geld zu Hause hat. Allerdings werden von Zustelldiensten inzwischen meist auch Kartenzahlungen akzeptiert. Falls ein Kunde nicht zu Hause war und er die Sendung auch nicht fristgerecht im Lager des Zustelldienstes abholt, führt dies zur Rücksendung und der Händler muss Versand- und Nachnahmekosten tragen. Nachteilig sind darüber hinaus die generell relativ hohen Kosten (Versand, Nachnahmekosten), die gerade bei geringen Warenwerten ins Gewicht fallen und Kunden deshalb vom Kauf abhalten können.

Das **Lastschriftverfahren** ist grundsätzlich einfach und bequem für Händler und Kunden. Ein Kunde gibt bei der Bestellung seine Bankverbindung ein und der Händler zieht den Rechnungsbetrag per Lastschrift vom Konto des Kunden ein. Nachteilig bei diesem Verfahren ist, dass zum einen nicht jeder Kunde gerne seine Bankverbindung preisgibt und zum anderen eine schriftliche Einzugsermächtigung fehlt, so dass die Rechtmäßigkeit des Einzugs gegenüber der Bank nicht belegt werden kann. Vorteilhaft sind die geringen Kosten, die bei diesem Verfahren anfallen, sowie eine deutliche Absenkung der Bonitäts- und Betrugsrisiken. Falls ein Kunde einer Lastschrift jedoch widerspricht, fallen zusätzlich Gebühren für Rücklastschriften (ca. 3 bis 5 Euro) an. Außerdem ist der Einzug von Lastschriften im Ausland in der Regel nicht möglich, da es sich um ein deutsches Verfahren handelt. Im Rahmen des Projekts SEPA (Single Euro Payments Area) ist jedoch für die Zukunft ein gesamteuropäisches Lastschriftverfahren angekündigt worden.

Die Bezahlung per **Kreditkarte** ist ein internationales Verfahren, das sich dementsprechend besondere für den Handel mit ausländischen Kunden eignet. Es bietet relativ hohe Sicherheit und einen hohen Automatisierungsgrad der Abläufe. Der Karteninhaber gibt bei der Zahlung seine Kreditkartendaten (Kreditkartennummer, Gültigkeitsdatum, Kartenprüfnummer) im Webformular an und bestätigt den Auftrag. Die Daten werden an den sogenannten Kreditkartenacquirer (die kreditkartenbetreuende Stelle des Händlers) weitergeleitet, der für den Händler die Autorisierung und die Abrechnung der Zahlungen übernimmt. Bei erfolgreicher Autorisierung erhält der Händler einen Autorisierungscode, der ihm bestätigt, dass das Kreditkartenkonto existiert und mit dem Betrag belastet werden kann. Der Kreditkartenacquirer bucht den Betrag vom Kundenkreditkartenkonto ab und auf das Händlerkonto beim Kreditkartenacquirer auf, abzüglich des vereinbarten Entgelts (Disagio), d. h. einer prozentualen Gebühr vom Umsatz (meist zwischen 2 und 5%). Die Prepaid-Kreditkarte als vorausbezahlte Kreditkarte für Jugendliche ab 14 Jahren stellt eine Sonderform dieses Verfahrens dar.

E-Mailbasierte Verfahren wie z. B. PayPal, Moneybookers, Anypay tauschen auf der Basis von E-Mail-Adressen und E-Mail-Kommunikation Zahlungsinformationen aus. So können z. B. PayPal-Mitglieder Geld an jede beliebige Person in den unterstützten Ländern senden, sofern diese über eine E-Mail-Adresse verfügt. Die Informationen der Teilnehmer werden bei jeder Überweisung mit dem Verschlüsselungsprotokoll TLS (Transport Layer Security, vormals SSL) geschützt; vgl. Kap. 3.6.2). Die Kontendaten des Senders, wie beispielsweise die Kreditkarten- oder Kontonummer, bleiben dem Empfänger verborgen, wodurch ein Missbrauch dieser Daten durch den Zahlungsempfänger vermieden werden soll.

Kartenbasierte Verfahren, z. B. Geldkarte, Paysafecard, T Pay MicroMoney, basieren auf einer Karte des Anbieters des Zahlungsverfahrens. So ist beispielsweise die Geldkarte ein System für eine elektronische Geldbörse in Deutschland, das die bargeldlose Offline-Zahlung ohne Benutzeridentifizierung (PIN-Prüfung) von kleinen Geldbeträgen ermöglicht. Die Bezahlung erfolgt immer mit einem vorbezahlten Guthaben, welches auf einer Chipkarte – der Geldkarte – gespeichert ist. Unterschieden werden girokonto-bezogene Geldkarten, die an Geldautomaten oder speziellen Ladeterminals durch Belastung des Girokontos aufgeladen werden können und kontoungebundene Geldkarten, die gegen Bargeld am Bankschalter aufgeladen werden. Es existieren auch Ladeterminals mit zwei Kartenschlitzen, an denen man eine kontoungebundene Geldkarte gegen eine EC- oder Maestro-Karte aufladen kann.

Mobile Payment bedeutet Mobiltelefon-basiertes Bezahlen. Mobile-Payment-Verfahren wie z. B. mpass, Crandy setzen somit den Besitz einer Mobiltelefonnummer voraus. Diese wird in den Zahlungsablauf eingebunden. Das Bezahlen per Mobiltelefon hat sich in Deutschland im Gegensatz zu anderen Ländern, wie z. B. Österreich, bisher trotz hoher Mobiltelefondichte nicht durchgesetzt.

Darüber hinaus gibt es noch weitere **Inkasso- und Billingverfahren**, wie z. B. Clickand Buy, iclear, WEB.Cent, infin-Micropayment, T-Pay oder telefonische Mehrwertdienste, z. B. Dialer-Verfahren und Premium-SMS, welche einzelne meist kleine Beträge zusammenfassen und dem Händler in einem Betrag auf ein Bankkonto auszahlen.

Kunden und Händler bevorzugen unterschiedliche Zahlverfahren, da die Interessen oft gegenläufig sind. Jede Seite versucht ein für sich möglichst risikoarmes Verfahren zu verwenden, andererseits wollen Händler Kunden nicht durch unbeliebte Zahlverfahren abschrecken. Die Konsequenz daraus ist, dass die Mehrzahl der Händler zwischen drei und fünf Zahlverfahren, orientiert an den jeweiligen Zielgruppen, anbietet.

Outsourcing von Aufgaben Für jeden E-Shop-Betreiber stellt sich die Frage, welche Aufgaben er im Zuge der Abwicklung („Fulfilment") von Verkäufen selbst übernehmen will und welche er an Partnerunternehmen auslagert. Die Beantwortung dieser Frage hängt davon ab, worin ein Unternehmen seine Kernkompetenzen sieht. Die Auslagerung der Distribution, d. h. des Transports der Waren zum Kunden, ist weit verbreitet. Hinsichtlich Lagermanagement, Zahlungsabwicklung, Abwicklung von Retouren und Kundenservice zeichnet sich kein einheitliches Bild ab. Die Entscheidung hängt insbesondere von Größen- und Kostenfaktoren ab.

Als Logistikpartner für die Distribution stehen zunächst einmal als Versanddienstleister Paketdienste, in Einzelfällen auch Kurier- und Expressdienste sowie Boten zur Verfügung. Versanddienstleister bieten zum Teil Zusatzdienstleistungen wie Versicherungen, Zustellung gegen Barzahlung oder Nachnahme, Paketverfolgung, Lieferung zu Wunschterminen, Lieferung an Alternativadressen, Auswahl des gewünschten Lieferzeitpunkts, Geschenkverpackung, Aufbauservice oder Reparaturservice an. Eventuell kann auch eine Abholstation als Alternativadresse für die Belieferung angegeben werden, falls der Kunde nicht zu Hause sein sollte.

Einen Problemfall bilden sperrige Waren, da diese in der Regel nicht von Versanddienstleistern transportiert werden. Stattdessen müssen oft Speditionen beauftragt werden, wobei hohe Kosten anfallen. Mittlerweile gibt es jedoch auch Logistikdienstleister, die sperrige Güter transportieren und auch das Auspacken, Aufstellen, Anschließen und Entsorgen der Verpackung übernehmen. Selbstverständlich gibt es auch hier Obergrenzen bzgl. Gewicht und Abmessungen. In der Regel müssen zwei Personen in der Lage sein, die Ware zu tragen. Im Falle rollbarer Produkte wie Motorrollern können jedoch auch hiervon Ausnahmen gemacht werden. Somit dürften die meisten Möbel und Elektrogeräte aus dem Blickwinkel der Auslieferung über einen Logistikdienstleister für den Vertrieb per E-Shop geeignet sein. Nutznießer der Ausbreitung des E-Commerce sind somit neben den Betreibern von E-Shops insbesondere Logistikunternehmen, welche die Auslieferung der immer weiter steigenden Zahl bestellter Waren übernehmen.

E-Shops im Multi-Channel-Mix Sofern ein E-Shop ergänzend zu anderen Vertriebskanälen eingerichtet werden soll, müssen die Kannibalisierungseffekte bezüglich der bestehenden Vertriebskanäle analysiert werden. Diese Effekte unterscheiden sich gemäß einer von van Baal und Hudetz (2006) durchgeführten repräsentativen Marktstudie je nach Produktgruppe deutlich, vgl. Tabelle 5.1. Ein Lesebeispiel zur Tabelle: Bei Garderobe i. w. S. stellen 19,6% des Umsatzes in Online-Shops eine Kannibalisierung der stationären Filialen dar. Bei dieser Produktgruppe kommt der Impuls zur Wahl des Anbieters bei 9,7% des Umsatzes in den stationären Filialen in dessen Online-Shop zustande.

Produktgruppe	Informations-suche im E-Shop vor Kauf in Filiale	Kaufan-bahnung im E-Shop vor Kauf in Filiale	Kaufimpulse durch E-Shop für Kauf in Filiale	Kanniba-lisierung (Kauf im E-Shop statt in Filiale)
Garderobe i. w. S.	23%	14,8%	9,7%	19,6%
Haushaltswaren i. w. S.	47,5%	24,9%	10,9%	25,4%
Elektroartikel	52,5%	19,9%	17,0%	34,8%
Mediengüter	29,1%	10,1%	6,6%	37,4%
Sonstige Produkte	83,5%	80,3%	0,4%	19,3%
Produktgruppen-übergreifend	55%	38,9%	8,6%	31,7%

Tab. 5.1: *Wirkung des Vertriebskanals E-Shop auf stationäre Filialen*

Man kann schlussfolgern, dass die Bedeutung des Internets als Informationsmedium für die Kaufanbahnung insgesamt bereits recht hoch ist, die Bedeutung schwankt allerdings je nach Produktgruppe deutlich. Die relativ hohe Bedeutung gilt auch für Käufe, die nicht über das Internet getätigt werden, z. B. weil man das Produkt vor dem Kauf physisch in Augenschein nehmen möchte oder weil dem Medium misstraut wird. Folglich ist ein E-Shop auch ein adäquates Mittel, um Interessenten zum Besuch eines Ladengeschäfts zu motivieren. Die Möglichkeit, sich vorab im E-Shop über die Angebotspalette zu informieren, kann somit zu erhöhter Kundenzufriedenheit führen. Fehlt diese Möglichkeit, so kann dies negative Imageeffekte nach sich ziehen, insbesondere dann, wenn Konkurrenten diese Möglichkeit bieten.

5.1.3   E-Marktplatz im B2C-Sektor

Statt einen eigenen E-Shop aufzubauen, besteht die Möglichkeit, sich mit seinem Angebot auf einem E-Marktplatz (alias Shopping-Mall, Verkaufsplattform) zu präsentieren. E-Marktplätze gibt es sowohl für den B2C-Bereich, der hier betrachtet wird, als auch für den B2B-Bereich. Für die Auswahl eines E-Marktplatzes gilt laut einer aktuellen Studie die einfache Handhabung für Kunden und Mitarbeiter als das wichtigste Entscheidungskriterium, Zusatzangebote wie Schulungen oder Hotlines sind sehr positiv zu werten, werden jedoch bisher – genau wie andere zusätzliche Dienstleistungen – nur in beschränktem Umfang von den E-Marktplatzbetreibern angeboten, vgl. Hudetz und Eckstein (2009, S. 14).

Auf E-Marktplätzen wird das gleiche Prinzip wie bei Einkaufszentren und Marktplätzen der realen Welt verfolgt: Unter einem Dach bzw. auf einem Platz sind mehrere rechtlich selbständige Händler mit unterschiedlichem Warenangebot vereint anzutreffen, vgl. Ausschuss für Definitionen zu Handel und Distribution (2006, S. 80). Die Zahl der E-Marktplätze wird weltweit auf mehrere Tausend geschätzt, die teilweise miteinander konkurrieren, von denen jedoch wiederum nur einige Hundert als relevant einzustufen sind, vgl. PROZEUS (2008a, S. 7). Wie im Falle des E-Shops existieren grundsätzlich keine lokalen oder zeitlichen Begrenzungen für den Besuch eines E-Marktplatzes, so dass jeder Interessent jeden der frei zugänglichen Marktplätze der Welt besuchen kann. Ob auch der Abschluss von Handelstransaktionen auf einem E-Marktplatz global, d. h. von jedem Ort der Welt aus, möglich ist, steht jedoch auf einem anderen Blatt. Handelshemmnisse wie z. B. Zölle, Einfuhr- oder Ausfuhrbeschränkungen, Probleme bei der Abwicklung des Zahlungsverkehrs oder hohe Logistikkosten bzw. logistische Hürden können dagegen sprechen, dass Handelsgeschäfte völlig unabhängig vom Sitz des Kunden, dem Sitz des Marktplatzbetreibers und dem Sitz des Anbieters abgeschlossen werden.

Analog zu einem realen Marktplatz bündeln Betreiber von E-Marktplätzen die Angebote verschiedener Anbieter unter einer Web-Adresse, so dass die Angebotspalette für Kunden insgesamt größer und damit attraktiver sein sollte. Dieser Vorteil ist im Vergleich zum stationären Handel jedoch weniger gewichtig, da das Besuchen anderer E-Shops oder E-Marktplätze ungleich einfacher und schneller zu realisieren ist als der Besuch anderer Geschäfte, Märkte oder Einkaufszentren in der realen Welt. Vorteilhaft bei einem E-Marktplatz ist jedoch zweifellos die komfortable, händlerübergreifende Suchmöglichkeit. Durch die verbreitete Nutzung von Preisdatenbanken wie http://www.guenstiger.de, http://www.pricerunner.de etc. relativiert sich jedoch auch dieser Vorteil.

Dagegen ist der Vorteil auf Händlerseite, sich nicht um Betrieb, Wartung und Pflege eines eigenen E-Shops kümmern zu müssen, sondern sich auf das eigentliche Geschäft konzentrieren zu können, nicht von der Hand zu weisen. Auch hinsichtlich Werbung bzw. Marketing können Verbundeffekte realisiert werden. Dabei ist allerdings in Kauf zu nehmen, dass die Gestaltungsmöglichkeiten für den eigenen Auftritt auf dem E-Marktplatz begrenzt sind, da vieles vom Marktplatzbetreiber und dem eingesetzten System vorgegeben wird. Andererseits bieten einige Marktplatzbetreiber weitere Dienstleistungen zur Zahlungs- und Logistikabwicklung, Finanzierung und Nachbetreuung an, vgl. PROZEUS (2008a, S. 8). Generell fallen für die Nutzung eines E-Marktplatzes für die Händlerseite häufig Gebühren in Form von Verkaufsprovisionen oder jährlichen Mitgliedsbeiträgen an. Insgesamt ist somit nachvollziehbar, warum sich E-Marktplätze nicht in dem Maße durchgesetzt haben, wie es in der ersten Boom-Phase des E-Business erwartet worden war.

5.1.4 Trends im E-Commerce

Für die Zukunft wird eine noch höhere Preissensibilität der Kunden erwartet, gerade angesichts der Auswirkungen der Wirtschaftskrise, vgl. Hudetz. Des Weiteren wird erwartet, dass die Produktpräsentation im E-Katalog noch professioneller gestaltet werden wird, indem Videos, Zoom-Funktionen und 3D-Darstellungen immer häufiger zum Einsatz kommen. Darüber hinaus geht man davon aus, dass der Trend zum Multichannel-Vertrieb anhält und dementsprechend die Kanäle Internet, SMS (d. h. das Mobile Business), Ladengeschäfte etc. noch besser verzahnt werden. Als logische Konsequenz ergibt sich daraus, dass Unternehmen, die E-Commerce nur nebenbei ohne entsprechende Ressourcen, ohne überzeugendes Geschäftsmodell und ohne Abstimmung mit anderen Vertriebskanälen betreiben wollen, immer geringere Chancen einzuräumen sind. Ebenso gilt, dass für Neueinsteiger im Markt immer höhere Hür-

den existieren, die es zu überwinden gilt, da die Pionierphase des E-Commerce ganz
ohne Zweifel vorbei ist. Im Bereich der E-Marktplätze wird sich der in Gang befind-
liche Konzentrationsprozess aller Voraussicht nach fortsetzen, so dass die Zahl der
relevanten Marktplätze weiter abnehmen wird, vgl. PROZEUS (2008a, S. 7).

5.2 Vom E-Commerce zum Social Commerce

5.2.1 Web 2.0

E-Business ist eine relativ junge Entwicklung. Sie hängt im Wesentlichen von den Entwicklungsschritten der zugrundeliegenden Internettechnologien ab. Deren Zielsetzungen können, etwas vereinfacht formuliert, in zwei Teilziele zerlegt werden:

1. Datenaustausch und Integration von Informationssystemen;

2. Multimediale Anreicherung der Mensch-Maschine-Schnittstelle.

Das erste Ziel ist letztlich der Grund für die heute überragende Bedeutung von XML, wie in Kap. 3 dargestellt. Die zunehmende Benutzungsfreundlichkeit ist der wesentliche Aspekt des zweiten Ziels. Abbildung 5.4 zeigt schematisch die Entwicklungslinie der zunehmenden multimedialen Anreicherung von E-Business- bzw. Web-Anwendungen:

❏ *Einfache Textnachrichten*: Bis zur Entwicklung des ersten Webbrowsers war die Kommunikation im Internet ausschließlich textbasiert.

❏ *E-Mails* wurden erst Ende der 1980er Jahre populär. Sie erlaubten das Versenden von Attachments.

❏ *Statische Webseiten* waren die ersten Anwendungen des 1991 vorgestellten Webbrowser. Dynamische Inhalte waren damit noch nicht möglich. Mancher Zeitzeuge wird sich aber an die Vielzahl der animierten Grafiken im GIF-Format erinnern, welche die statischen Seiten etwas auflockern sollten.

❏ *Dynamische Webseiten* wurden ab Mitte der 1990er Jahre zunehmend entwickelt, um beispielsweise E-Shops flexibler gestalten zu können.

❏ *Benutzerkonten und -profile* waren direkt daran anschließend eine logische und konsequente Fortentwicklung.

❏ *Als Social Software* werden Softwaresysteme bezeichnet, welche die menschliche Kommunikation und Zusammenarbeit unterstützen. Der Begriff etablierte sich ca. 2002 im Zusammenhang mit neuartigen Anwendungen wie Wikis und Blogs. Den Systemen ist gemein, dass sie den Aufbau und die Pflege sozialer Netzwerke und virtueller Gemeinschaften (sog. Communitys) unterstützen und weitgehend mittels Selbstorganisation funktionieren (Bächle, 2006, S. 121ff).

❏ *Social Networking-Systeme* dienen dem Aufbau von Communitys und setzen dazu Social Software ein.

❏ *Mobile Endgeräte* kamen in den letzten Jahren für E-Business-Anwendungen immer mehr auf und zeigen deutlich eine zunehmende Konvergenz von Internet-Anwendungen mit Mobiltelefonsystemen, die zu einer multimedialen Anreicherung der Kommunikation mit mobilen Endgeräten führt. Internet-Flat-Angebote führen dabei dazu, dass die schon aus den 1990er-Jahren stammende Vision des „anytime, anywhere" sowie „always on" heute zunehmend Wirklichkeit wird.

❑ *Augmented Reality* und *Semantisches Web* sind wohl die nächsten Entwicklungs-schritte und werden manchmal auch als Web 3.0 bezeichnet. Augmented Reality meint dabei die Anreicherung unserer Umwelt mittels Informationstechnik. Ein sehr schönes Beispiel dafür sind Applikationen, die Informationen über Gegen-stände in der Umwelt des Benutzers aus Datenbanken, z. B. eines Wikis im Inter-net, abfragen und dem Benutzer auf dem Bildschirm seines mobilen Endgeräts anzeigen. Sind diese Applikationen außerdem in der Lage, Informationen über Orte, Personen und Dinge miteinander in Beziehung zu setzen, so spricht man vom semantischen Web.

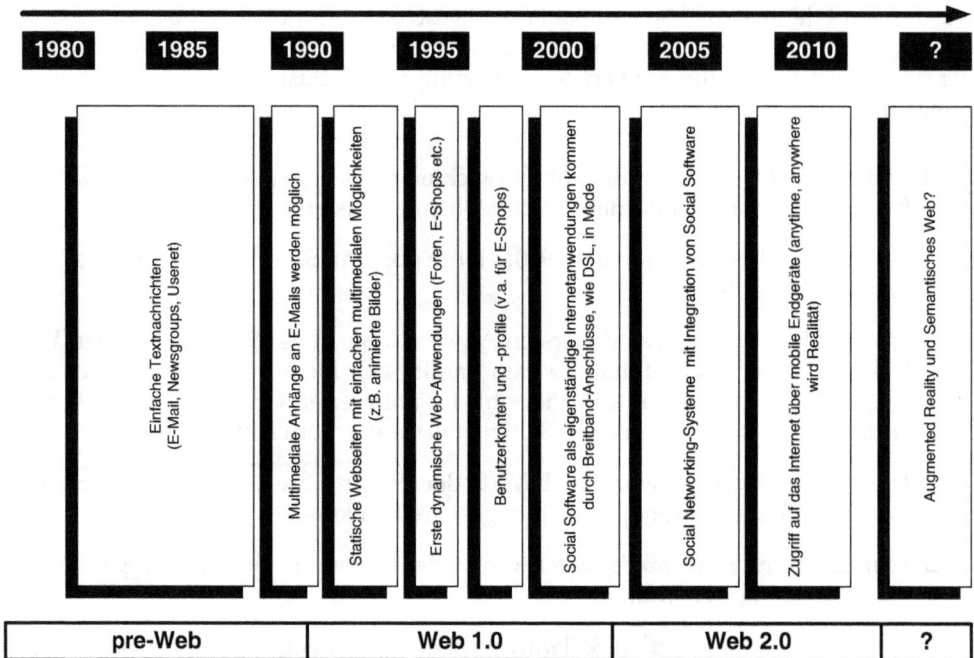

Abb. 5.4: *Vom Web 1.0 zum Web 2.0*

Im Folgenden soll insbesondere der aktuell verfügbare Entwicklungsstand des Inter-nets, namlich das Web 2.0, für E-Business-Anwendungen näher betrachtet werden. Der von Tim O'Reilly geprägte Begriff Web 2.0 hält Einzug in den Unternehmen. Mit dem Begriff sind Internettechniken und -dienste gemeint, welche die Veränderung des Webs (als Web 1.0 bezeichnet) zu desktopähnlichen Internetanwendungen (rich internet applications) unterstützen, bei denen die Interaktion der Internetnutzer ei-ne zentrale Rolle spielt. Generierung, Tausch sowie Verknüpfung von Inhalten und Wissen durch die Internetnutzer stehen hierbei im Vordergrund. Social Software stellt dabei eine der wichtigsten Komponenten dar (Hippner und Wilde, 2005; Bächle, 2006).

O'Reilly (2005) definiert in seinem Initialbeitrag zu Web 2.0 sieben konstitutive Prinzipien:

1. *The Web as Platform*: Das Web stellt die zentrale Informations- und Kommunikationsplattform dar, die das Erstellen von Anwendungen und Inhalten erlaubt, welche mittels offener Standards und Protokolle weitgehend beliebig untereinander integrier- und miteinander vernetzbar sind.

2. *Harnessing Collective Intelligence*: Hierunter wird verstanden, dass die Kumulation von Informationen in Gruppen zu Aussagen und Entscheidungen führen kann, die oft besser sind, als sie von einem Einzelnen getroffen werden könnten. Die Gruppe weiß mehr als der Einzelne und stellt dieses Wissen der Allgemeinheit zur Verfügung. Dies wird auch als „Wisdom of Crowds" bezeichnet (Gruppen- bzw. kollektive Intelligenz).

3. *Data is the next Intel Inside*: Die Kumulation von Daten bzw. Informationen ist wichtiger als die Funktionalität einer Anwendung. Aggregierte, kumulierte und vernetzte Informationen, unter anderem gesammelt nach dem Prinzip der Gruppenintelligenz, können marktbeherrschende Positionen aufgrund von Netzwerkeffekten ermöglichen.

4. *End of the Software Release Cycle*: Web 2.0-Anwendungen stehen als webbasierte Dienste zur Verfügung und werden nicht als kommerzielle Standardsoftware verstanden. Dienstleistungen, die beispielsweise über Mash Ups einfach in andere Internetanwendungen eingebunden werden können, sind deshalb wichtiger als monolitische Softwareprodukte, die festgelegten Release-Zyklen folgen.

5. *Lightweight Programming Models*: Gemäß des vierten Prinzips sind Web 2.0-Anwendungen einem laufenden Veränderungsprozess unterworfen. Viele Web 2.0-Anwendungen bezeichnen sich deshalb bewusst als „Beta". Einfache, leichtgewichtige und flexibel änderbare IT-Architekturen und Entwicklungsframeworks sind deshalb für die Softwareentwicklung von Web 2.0-Anwendungen unabdingbar (siehe dazu auch das Fallbeispiel auf S. 42ff).

6. *Software Above the Level of Single Device*: Aufgrund der zunehmenden Konvergenz der Kommunikationsmedien sollten nicht nur PCs, sondern auch andere, z. B. mobile Endgeräte, von Web 2.0-Anwendungen angesprochen werden.

7. *Rich User Experience*: Anwendungen des Web 2.0 sollten so benutzungsfreundlich wie Desktop-Anwendungen sein und über analoge ergonomische Merkmale verfügen (z. B. Drag & Drop).

Mittlerweile werden mit Web 2.0 weitere Begriffe assoziiert, die sich klassifikatorisch der anwendungs- bzw. technikbezogenen Perspektive des Begriffs zuordnen lassen. Ökonomisch von Interesse sind dabei vor allem die Begriffe der anwendungsbezogenen Perspektive. Wie sie in den Kontext von Web 2.0 einzuordnen sind und was sie inhaltlich bedeuten, wird nachfolgend genauer betrachtet. Dabei wird Abbildung 5.5 aus Bächle (2008, S. 130) als Referenzmodell verwendet:

❏ *Technikbezogene Perspektive*: Web 2.0 ist ein klassisches Beispiel für die immer größer werdende Bedeutung der IT zur Umsetzung von Geschäftsmodellen. Ohne
die technischen Potenziale von RSS, Web Services, AJAX usw. wären die ökonomischen Möglichkeiten von Web 2.0 zwar denkbar, aber kaum umsetzbar.

❏ *Anwendungsbezogene Perspektive*: Hierbei geht es um die ökonomischen Nutzungspotenziale des Web 2.0. Zwei Begriffe, die im Folgenden eingehender beleuchtet werden, sind dabei von größerer Relevanz: Die Nutzung des kreativen
Kundenpotenzials durch Open Innovation und die Aktivierung des Kunden im
Verkaufsprozess durch Social Commerce. In beiden Fällen wird versucht, den
bisherigen Konsumenten auch zum Produzenten von Informationen zu machen.
Diese Doppelrolle wird deshalb oftmals mit dem Kunstwort „Prosumer" charakterisiert. Die Erweiterung des ökonomischen Potenzials von Web 2.0 für den
unternehmensinternen Einsatz wird unter dem Schlagwort Enterprise 2.0 diskutiert.

Abb. 5.5: *Perspektiven des Web 2.0*

5.2.2 Open Innovation

Open Innovation ist kein neuer Ansatz. Tatsächlich wurde er schon durch von Hippel (1978) diskutiert, erlebte aber erst im Zuge der Open Source Software-Bewegung
seine empirische (Raymond, 2000) und institutionenökonomisch beeindruckende Be-
stätigung (Benkler, 2002). Unter Open Innovation wird die Zusammenarbeit zwischen
Unternehmen und Kunden verstanden, die sich auf Wertschöpfungsaktivitäten im Innovationsprozess bezieht und auf die Entwicklung neuer Produkte für einen größeren
Abnehmerkreis abzielt (Piller und Reichwald, 2006, S. 95). Typische Merkmale von
Open Innovation sind dabei:

❏ *Produktinnovation und -gestaltung durch/mit Kunden*: Ideenfindung und Produktentwicklung finden in Kooperation mit den Kunden statt oder gehen sogar initial
von einzelnen Kunden (sog. Lead User) aus.

❏ *Toolkits*: Für den Innovationsprozess werden den Kunden geeignete Softwarewerkzeuge zur Verfügung gestellt, die auch eine einfache Übernahme der Inno-

vationsergebnisse in den Wertschöpfungsprozess des Unternehmens sicherstellen.

❑ *Communities*: Innovation wird als Kommunikationsprozess mit und zwischen den Kunden verstanden und als solcher auch durch den Aufbau von Communitys gefördert.

Open Innovation stellt also eine Erweiterung des klassischen Ansatzes der Produktentwicklung dar. Dabei werden extern generierte Ideen nicht einfach vom Unternehmen mehr oder weniger systematisch aufgegriffen. Vielmehr werden der Kreativprozess der Ideengenerierung und die anschließende Entwicklung von Prototypen durch die Kunden systematisch mit den Möglichkeiten von Web 2.0 vom jeweiligen Unternehmen gefördert. Entscheidende Impulse hierfür kann die Berücksichtigung des zweiten Web 2.0-Prinzips der Gruppenintelligenz liefern. Wichtig ist außerdem der Einsatz von Software als Toolkit, die gemäß des siebten Prinzips nach O'Reilly (2005) einfach und intuitiv bedienbar sein muss. Strategisch entscheidend ist aber das dritte Web 2.0-Prinzip: Bei Open Innovation dominiert die wertschöpfende Information, gewonnen aus dem Innovations- und Kreativitätspotenzial der Kunden.

Für Open Innovation sind nach Gassmann und Enkel (2006, S. 132ff) drei Strategietypen anwendbar:

❑ *Outside-In* reichert das interne Wissen des Unternehmens mit externem Wissen von Kunden, Lieferanten oder Partnern an wie auch durch das aktive Transferieren von Technologien aus anderen Unternehmen und Forschungseinrichtungen.

❑ *Inside-Out* unterstützt die externe Kommerzialisierung durch Lizenzierung, um Ideen schneller auf den Markt zu bringen sowie Technologien besser zu multiplizieren.

❑ *Coupled-Process* beinhaltet eine Kopplung der Integration (Outside-In) und Externalisierung (Inside-Out) von Wissen zum Zweck der gemeinschaftlichen Entwicklung in interorganisationalen Netzwerken.

Das klassische Beispiel für Open Innovation wird von Raymond (2000) anhand der Open Source-Softwareentwicklung beschrieben. Das kreative Kundenpotenzial wird von Unternehmen aber auch erfolgreich für die Entwicklung kommerzieller Produkte genutzt, wie die folgenden Beispiele einer Outside-In-Strategie zeigen:

❑ *Lego Factory (http://factory.lego.com)*: Lego Factory ist ein gutes Beispiel dafür, wie ein altbekanntes Produkt durch die Kreativität seiner Nutzer weiterentwickelt werden kann. Hierfür stellt das Unternehmen seinen Kunden ein Toolkit unter dem Namen „Lego Digital Designer" zur Verfügung. Hat der Nutzer des Toolkits den Bau seines individuellen Modells abgeschlossen, kann er seinen Modellplan auf die Website von LEGO hochladen und für andere Nutzer freigeben. Kundenentwickelte Modelle können in den Lego-Modell-Katalog aufgenommen werden. Das Toolkit wurde mittlerweile über eine Million Mal heruntergeladen.

❏ *IBM Jam (http://www.collaborationjam.com) und SAPiens (http://www.sapiens.info)*: IBM wie SAP nutzen gezielt die Expertise ihrer Kunden zur Entwicklung innovativer Ideen. Dazu setzen die Unternehmen spezialisierte Social Software als Toolkit-Lösungen im Rahmen von Ideenwettbewerben ein.

❏ *Innocentive.com (http://www.innocentive.com)*: InnoCentive bietet als Intermediär eine Web 2.0-Plattform an, auf der Unternehmen ihre Problemstellungen für innovative Lösungen öffentlich aussschreiben können. Die Lösungen werden vom ausschreibenden Unternehmen bewertet und monetär prämiert.

5.2.3   Social Commerce

Social Commerce (auch als Social Shopping bezeichnet) ist eine relativ neue Ausprägung des elektronischen Handels (Electronic Commerce), bei der die aktive Beteiligung der Kunden und die persönliche Beziehung der Kunden untereinander im Vordergrund stehen. Die wesentlichen Leitideen dazu wurden im *Cluetrain Manifest* (http://www.cluetrain.de) formuliert. These 1 lautet dort: „Märkte sind Gespräche". Aus dieser und den restlichen 94 Thesen lassen sich zwei wichtige Merkmale ableiten, die nicht gemeinsam vorhanden sein müssen, aber typisch für Social Commerce sind:

1. *Social Navigation*: Hierunter wird die Möglichkeit verstanden, sich durch Kommentare und Bewertungen anderer Nutzer im Internet bei seinem Kaufverhalten leiten zu lassen. Kommentar- und Bewertungsfunktionen waren schon vor dem Aufkommen des Begriffs wesentliche Bestandteile der Onlineshops verschiedener Internethändler wie Amazon. Neuartig ist die gezielte Integration von Social Software-Varianten, wie Social Bookmarking-Diensten oder die Vernetzung in der Blogosphäre.

2. *Social Filtering/Collaborative Filtering*: Typischerweise werden hierunter automatisierte Verfahren der Ähnlichkeitsbestimmung zwischen Interessenprofilen einzelner Nutzer verstanden. Auch dieser Ansatz wird bei verschiedenen Internethändlern schon seit mehreren Jahren erfolgreich für Kaufempfehlungen mittels Recommendation Engines genutzt. Neu im Kontext des Social Commerce sind Websites, auf denen es ausschließlich darum geht, dass eine Gruppe von Nutzern die sie interessierenden Produkte auf einer Plattform einstellt und kommentiert. Hier werden die Kompetenz und das Wissen der Nutzer im Sinne des zweiten Web 2.0-Prinzips der Gruppenintelligenz nutzbar gemacht.

Ein oft zitiertes Beispiel ist Spreadshirt.de (http://www.spreadshirt.de): Auf dieser Social Commerce-Plattform wird Nutzern die Möglichkeit geboten, einen eigenen Onlineshop für T-Shirts mit eigenerstellten Motiven zu betreiben. Tatsächlich aber gibt es mittlerweile wesentlich mehr Onlineshops, die dem Social Commerce zurechenbar sind. Zwei davon werden nachfolgend skizziert:

❏ *Last.fm (http://www.last.fm)*: Ein interessantes Geschäftsmodell von Social Commerce stellen Social Music-Plattformen wie Last.fm dar. Hier wird der Nutzer gemäß seiner Vorlieben mit Musik versorgt. Gleichzeitig kann er mittels Social Filtering diejenigen Nutzer identifizieren, die seinem Musikgeschmack am nächsten kommen und sich mit ihnen vernetzen.

❏ *Dealjäger.de (http://www.dealjaeger.de)*: Dealjaeger.de ist eine nutzergenerierte Sammlung von Produkten und damit ein Beispiel für Social Filtering mittels Gruppenintelligenz. Alle registrierten Nutzer tragen dazu bei, die Sammlung zu erweitern und zu aktualisieren. Dabei geht es primär darum, den günstigsten Preis zu finden. Die Nutzer können außerdem die Produkte bewerten und kommentieren.

Die bislang bestehenden E-Shops, auch des Social Commerce, sind entweder dem Web 1.0 oder dem Web 2.0 in ihrer Funktionalität zuordenbar:

❏ E-Shops des Web 1.0 weisen die typischen Funktionen auf, wie Produktkatalog, Suchfunktion, Warenkorb und Bezahlfunktion.

❏ E-Shops des Web 2.0 weisen darüber hinausgehende Funktionen der Information und Kommunikation auf, wie Kaufempfehlungen, Kommentar- und Bewertungsfunktionen.

Die nächste Generation der E-Shops wird stärker die Möglichkeiten von Social Software berücksichtigen. Innovative erste E-Shop-Lösungen integrieren Social-Networking-Plattformen, um den Kunden bei der Produktwahl zu unterstützen. So wäre es beispielsweise denkbar, dass dem Kunden im E-Shop angezeigt wird, welche Freunde aus dem eigenen sozialen Netzwerk auf einer Social Networking-Plattform (z. B. Facebook) ebenfalls dieses Produkt gekauft haben oder Erfahrungen mit diesem oder ähnlichen Produkten besitzen. Diese können dann direkt aus dem E-Shop kontaktiert werden. Schnittstellen-Standards wie *OpenSocial* (http://www.opensocial.org) machen dies technisch möglich.

5.3   Customer Relationship Management

Allgemein gesprochen versteht man unter Customer Relationship Management das Management der Kundenbeziehungen. Wir wollen CRM nach Hippner und Wilde (2002, S. 5) wie folgt definieren:

> „CRM ist eine kundenorientierte Unternehmensstrategie, die mit Hilfe moderner Informations- und Kommunikationstechnologien versucht, auf lange Sicht profitable Kundenbeziehungen durch ganzheitliche und individuelle Marketing-, Vertriebs- und Service- konzepte aufzubauen und zu festigen."

Damit sind schon die wesentlichen Merkmale des CRM abgesteckt:

❏ *Managementansatz*: CRM ist ein ganzheitlicher Ansatz zur Unternehmensfüh- rung.

❏ *Kundenorientierung*: Er integriert und optimiert abteilungsübergreifend alle kun- denbezogenen Prozesse in Marketing, Vertrieb, Kundendienst, sowie Forschung & Entwicklung.

❏ *Prozessorientierung*: CRM geschieht anhand definierter kundenorientierter Ge- schäftsprozesse.

❏ *IT-Unterstützung*: Diese Geschäftsprozesse werden nachhaltig durch integrierte und verteilte Informations- und Kommunikationssysteme unterstützt bzw. er- möglicht.

❏ *Gewinnorientierung*: Zielsetzung des CRM ist dabei die Schaffung von Mehrwer- ten auf Kunden- und Lieferantenseite im Rahmen von Geschäftsbeziehungen im gesamten Kundenlebenszyklus.

In Wissenschaft und Praxis fokussiert man CRM oftmals – etwas verkürzt – ledig- lich auf die IT-Unterstützung des kundenorientierten Beziehungsmarketings durch in- formationstechnikgestützte Informationssysteme (CRM-Systeme). Aufgabe der CRM- Systeme ist dabei die Integration der bislang oftmals nur als Insellösungen verfügba- ren IT-Systeme in Marketing und Vertrieb. Dazu muss man wissen, dass die einzel- nen, historisch gewachsenen IT-Systeme der Marketing- und Vertriebsunterstützung bis weit in die 1990er-Jahre hinein zumeist Insellösungen darstellten. Die damit ver- bundenen Probleme der Inkonsistenz und Redundanz sind uns in der Wirtschafts- informatik gut bekannt und führten zur Entwicklung integrierter Informationssyste- me wie den ERP-Systemen. Eine ähnliche Bedeutung für die Integration und Kon- sistenz von Kundendaten haben CRM-Systeme: Erst der Einsatz dieser integrierten IT-Systeme mit einer zentralen Kundendatenbank ermöglicht ein ganzheitliches Ma- nagement des Kundenlebenszyklus. Zusätzlich muss ein CRM-System immer an das bestehende ERP-System über Schnittstellen angebunden werden, um die Schaffung einer neuen Insellösung zu verhindern. Es liegt somit nur noch eine (logische) Kundendatenbank vor, auf die alle Unternehmensbereiche zugreifen können. Im Ergebnis entsteht somit eine einheitliche, konsistente und stimmige Sicht auf den einzelnen Kunden.

Der Begriff CRM hat eine Vielzahl von Vorgängerbegriffen abgelöst, wie SFA (Sales Force Automation), CAS (Computer Aided Selling), TES (Technology Enabled Selling) und TERM (Technology Enabled Relationship Marketing). Diese Begriffe gelten heute als veraltet und werden unter dem Oberbegriff des Customer Relationship Management subsumiert.

5.3.1   Ziele des CRM

Die Vielschichtigkeit des CRM-Begriffs bedingt, dass damit eine Vielzahl von Zielvorstellungen verbunden ist. Diese werden in Abbildung 5.6 den Merkmalen des CRM zugeordnet. Wir wollen diese Ziele im Folgenden kurz kennzeichnen.

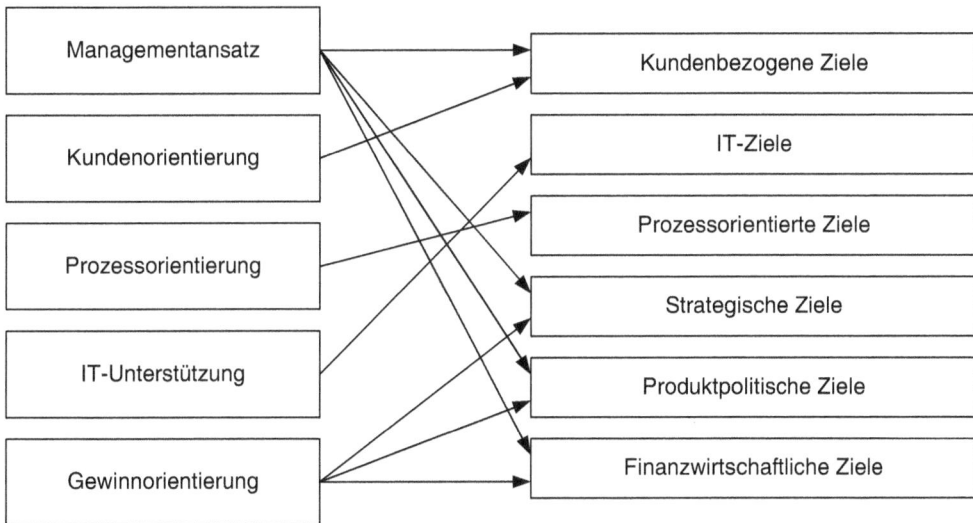

Abb. 5.6: *Merkmale und Ziele des CRM*

Kundenbezogene Ziele

❏ Steigerung der Kundenzufriedenheit.

❏ Pflege und Erhöhung der Kundenbindung.

❏ Frühe Erkennung von zukünftigem Kundenverhalten.

❏ Neukundengewinnung.

❏ Orientierung am Kundenwert.

❏ Verbesserung des Unternehmensimage.

IT-Ziele

❏ Aufbau einer umfassenden Kundendatenbank.

❏ Verbesserung der Datenqualität.

❏ Business Intelligence (Data Mining, OLAP und Data Warehouse).

❏ Verbesserung der internen und externen Kommunikation.

❏ Einfache Datenpflege.

Prozessorientierte Ziele

❏ Koordination sämtlicher Kundenschnittstellen (Customer Touch Points).

❏ Erfolgskontrolle aller Aktivitäten.

❏ Entlastung der Vertriebsmitarbeiter von Routinearbeiten.

❏ Schnelle Prozessabwicklung.

Strategische Ziele

❏ Verbesserung der Wettbewerbsfähigkeit.

❏ Abheben von der Konkurrenz (Unique Selling Propositions – USPs).

Produktpolitische Ziele

❏ Verbesserung bzw. Sicherung der Produktqualität.

Finanzwirtschaftliche Ziele

❏ Senkung der Kosten.

❏ Steigerung des Umsatzes.

❏ Erhöhung der Gewinne durch eine gezieltere Kundenbearbeitung und die Reduzierung von Streuverlusten.

5.3.2 Arten des CRM

Um diese anspruchsvollen Ziele zu erreichen, unterscheidet man typischerweise zwischen operativem und analytischem CRM (vgl. Abbildung 5.7 modifiziert nach Hippner u. a. (2006, S. 16)). Wir wollen diese beiden zentralen Begriffe im Folgenden näher betrachten.

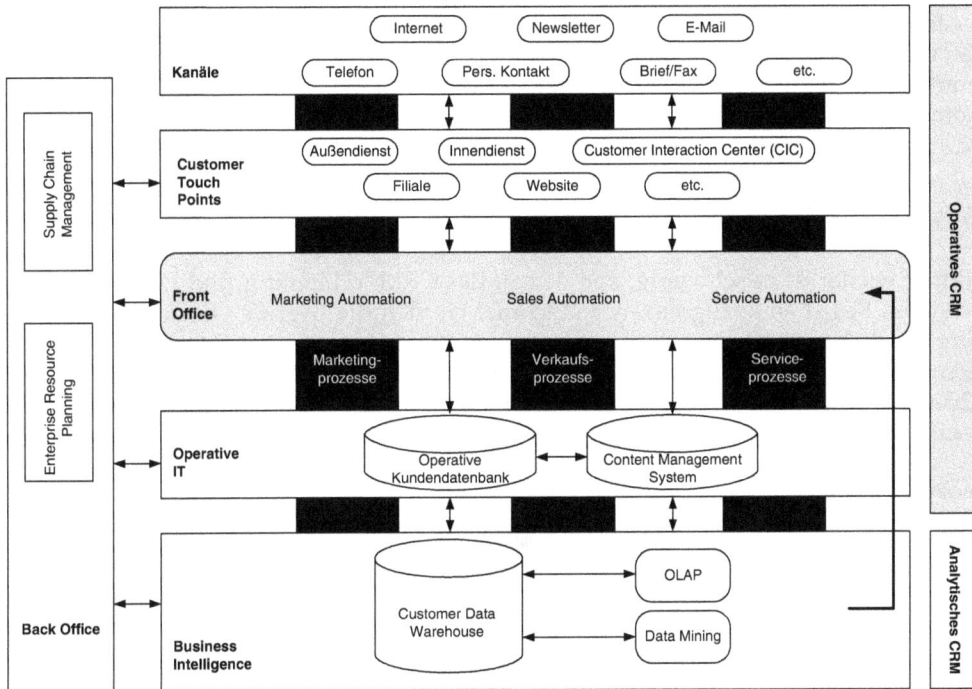

Abb. 5.7: Arten des CRM

Operatives CRM Das operative CRM umfasst alle Bereiche, die im direkten Kontakt mit dem Kunden stehen (Front Office). Hierzu zählen Marketing, Vertrieb und Kundenservice (Hippner u. a., 2006, S. 48). Das operative CRM umfasst die gesamte Steuerung und Unterstützung der Geschäftsprozesse der Customer Touch Points. Als zentrale Datenbank kommt dabei eine operative Kundendatenbank zur Speicherung und Verwaltung aller Kundendaten zum Einsatz. Content Management Systeme lassen sich ergänzend einsetzen, um unstrukturierte Informationen (Bilder, Audio, Video, Freitext) in das operative CRM-System zu integrieren und für die CRM-Prozesse verfügbar zu machen. Für Aussagen zur Verfügbarkeit von Produkten, den Bestellstatus eines Kundenauftrags etc. ist eine Anbindung an die bestehenden operativen IT-Systeme des Back Office, insbesondere dem ERP-System, notwendig.

Analytisches CRM Wirtschaftsinformatorisch formuliert stellt das analytische CRM eine Form analytischer Informationssysteme dar. Unter analytischen Informationssystemen versteht man Informationssysteme, die Business Intelligence (BI) unterstützen.

Allgemein umfasst dieser Begriff die analytischen Konzepte, Prozesse und Werkzeuge, um Unternehmens- und Wettbewerbsdaten in konkretes Wissen für strategische Entscheidungen umzuwandeln. Seine Fokussierung auf marketing- und vertriebsorientierte Entscheidungen wird als analytisches CRM bezeichnet.

Ziel des analytischen CRM ist es, aus der Fülle der gespeicherten Kundendaten relevante Informationen über die Kunden zu gewinnen. Diese Informationen werden systematisch dafür genutzt, die Abstimmung von Kundenkommunikation, Produkten und Dienstleistungen mit den differenzierten, individuellen Kundenbedürfnissen kontinuierlich zu verbessern (Hippner u. a., 2006, S. 49). Für die dazu notwendigen komplexen Berechnungen und Analysen werden die Kundendaten aus der operativen Kundendatenbank regelmäßig in ein eigenes Customer Data Warehouse überführt.

5.3.3   Abgrenzung zu verwandten Begriffen

Immer wieder ist es schwierig, den Begriff des CRM in Literatur und Praxis von verwandten Begriffen abzugrenzen. Manchmal werden die Begriffe „Beziehungsmarketing" und „Beziehungsmanagement" mit dem Begriff „Customer Relationship Management" gleichgesetzt. Das ist nicht ganz richtig. Anhand Abbildung 5.8 (aus Hippner (2006b, S. 20)) wollen wir deshalb nachfolgend eine begriffliche Abgrenzung vornehmen.

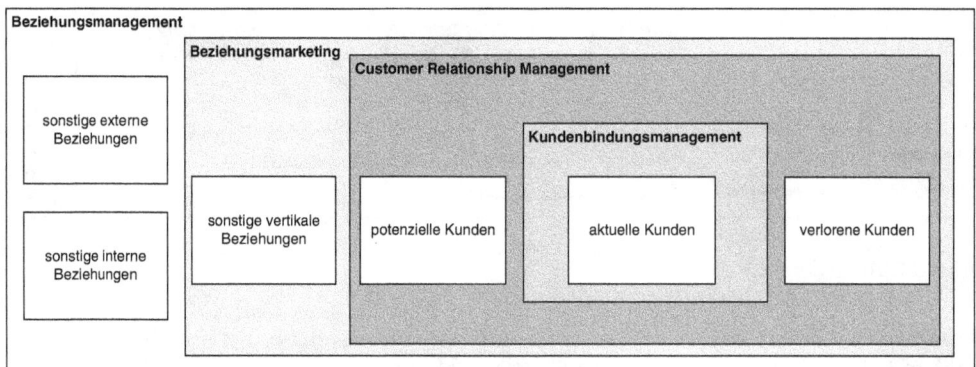

Abb. 5.8: Abgrenzung des CRM von verwandten Begriffen

Wie Abbildung 5.8 zeigt, ist Beziehungsmanagement der Oberbegriff. Er kennzeichnet die aktive Planung, Steuerung und Kontrolle von Geschäftsbeziehungen eines Unternehmens. Hierzu zählen alle relevanten Akteure in der Unternehmensumwelt: Kunden (vertikale Beziehung), Behörden (laterale Beziehung), Lieferanten (vertikale Beziehung), Wettbewerber (horizontale Beziehung) sowie die unternehmensinterne Beziehung zu den Mitarbeitern.

Das Beziehungsmarketing (Relationship Marketing) fokussiert hingegen das Beziehungsmanagement auf die Beziehungen zu Lieferanten und Kunden. Es stellt also eine Teilmenge des Beziehungsmanagement dar.

Das Customer Relationship Management wiederum ist eine Teilmenge des Beziehungsmarketings. Es fokussiert auf die Beziehung zu potenziellen, aktuellen und verlorenen Kunden. Mit Hippner (2006b, S. 20) wollen wir außerdem die Betrachtung der Beziehung zu aktuellen Kunden innerhalb des CRM als Kundenbindungsmanagement bezeichnen.

5.3.4 Wirkungskette des CRM

CRM ist, wie uns die Definition gezeigt hat, ein primär betriebswirtschaftlicher Ansatz, der durch IT unterstützt und ermöglicht wird. Dies bedeutet, dass die ausschließliche Einführung einer CRM-Software nicht zum Erfolg führen wird. Eine Vielzahl gescheiterter CRM-Einführungsprojekte warnt hiervor überdeutlich. Vielmehr ist das gesamte Unternehmen auch in seiner Strategie und seinen Prozessen auf den CRM-Ansatz auszurichten. Dabei sind vier Phasen nach Hippner (2006b, S. 21ff) zu unterscheiden, die in Abbildung 5.9 (aus Hippner (2006b, S. 22)) dargestellt sind.

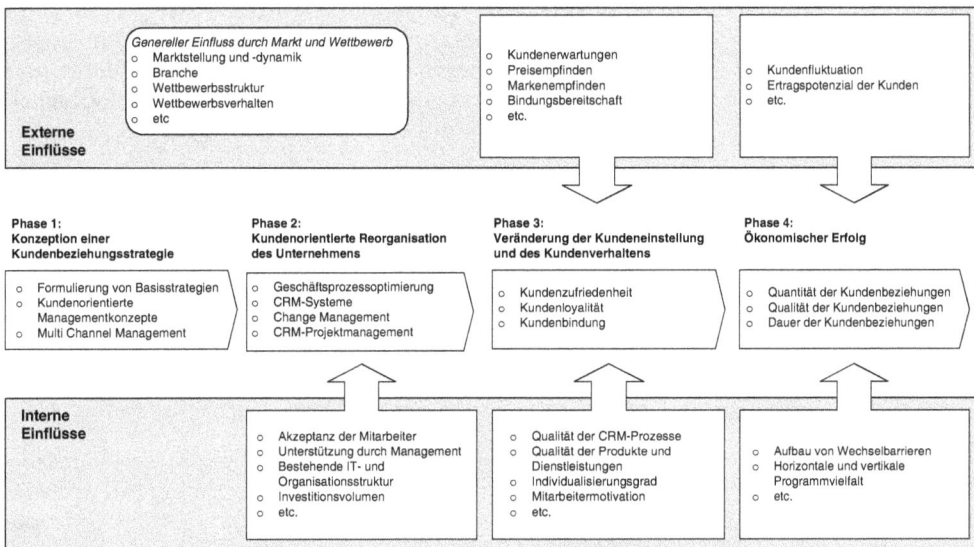

Abb. 5.9: Wirkungskette des CRM

Phase 1: Konzeption einer Kundenbeziehungsstrategie In einem ersten Schritt sollte die Unternehmensstrategie an die Grundidee der Kundenorientierung angepasst werden. Demgemäß sind Basisstrategien zu formulieren, auf welche Weise und über welche Kommunikations- und Vertriebskanäle mit den einzelnen Kunden bzw. Kundensegmenten umgegangen werden soll. Dabei müssen grundsätzlich Kundenwert und Customer Value beachtet werden. Der *Kundenwert* (Wert des Kunden) wird als Beitrag eines Kunden oder Kundensegments zur Erreichung der Ziele eines Unternehmens verstanden. Die Einschätzung der Kunden-Unternehmens-Beziehung aus Sicht des Kunden wird als *Customer Value* (Wert für den Kunden) bezeichnet. Dabei müssen wir beachten, dass der Kundenwert sehr stark vom Customer Value abhängt. Schätzt ein Kunde den Wert der Beziehung zum Unternehmen negativ ein, so wird er mit größter Wahrscheinlichkeit keine weiteren Umsätze für das Unternehmen generieren, egal wie hoch das Unternehmen den Kundenwert einschätzt.

Die Neuausrichtung der Unternehmensstrategie bedingt eine Ausrichtung des gesamten Unternehmens am Gedanken der Kundennähe. Dies kann nur gelingen, wenn auch entsprechende Managementkonzepte etabliert werden, wie Beschwerdemanagement, Interessenmanagement, Kündigungspräventionsmanagement, Rückgewinnungsmanagement und Neukundenmanagement.

Gleichzeitig sind die Kommunikations- und Vertriebskanäle zu den Kunden festzulegen. Das Multi-Channel-Management kann als Antwort auf die zunehmende Individualisierung der Gesellschaft verstanden werden (Hippner, 2006b, S. 36). Kennzeichnend dafür ist, dass sich die Kunden nicht auf eine Kanalalternative festlegen wollen, sondern die Integration der unterschiedlichen Möglichkeiten fordern. So darf ein Versandhändler nicht entweder einen Online-Shop oder einen gedruckten Katalog anbieten. Vielmehr muss er beide Vertriebskanäle anbieten und zudem synchronisieren: Dem Kunden muss es also möglich sein, in einem Vertriebskanal zu recherchieren und gegebenenfalls im anderen Vertriebskanal das gefundene Produkt problemlos bestellen zu können.

Phase 2: Kundenorientierte Reorganisation   Natürlich reicht es nicht aus, Unternehmensstrategien, Managementkonzepte und Kanäle festzulegen. Auch die Organisation und die Geschäftsprozesse müssen angepasst werden, um einen „Fit" zwischen Strategie und Organisation zu erreichen. Erst dann kann der Ansatz des CRM auch wirklich Realität werden. Hierbei kommen sehr stark interne Einflüsse zum Tragen, die für den Erfolg des CRM entscheidende Bedeutung haben und deshalb nicht vernachlässigt werden dürfen.

Ausgangspunkt der kundenorientierten Reorganisation sind dabei die Geschäftsprozesse. Diese sind kundenorientiert an den in Phase 1 formulierten strategischen Vorgaben auszurichten. Ebenso müssen die Geschäftsprozesse für die Managementkonzepte definiert werden. So ist beispielsweise unbedingt zu klären, wie das Beschwerdemanagement organisatorisch verankert wird. Dabei muss auch beachtet werden, wie der eigene CRM-Ansatz durch IT-Systeme sinnvoll unterstützt werden kann. Geeignete CRM-Systeme sind zu evaluieren und einzuführen. Das Change Management stellt dabei sicher, dass bei den Mitarbeitern neben der Akzeptanz auch das Verständnis und die notwendige Qualifikation für die CRM-Strategie vorhanden sind. Das Projektmanagement wiederum stellt sicher, dass die organisatorische und IT-orientierte Einführung des CRM kosten-, zeit- und zielgerecht stattfindet.

Phase 3: Veränderung der Kundeneinstellung und des Kundenverhaltens   Gelingt es, eine erfolgreiche CRM-Strategie im Unternehmen zu etablieren, so erwartet man natürlich positive Auswirkungen auf den Kundenwert. Dieser hängt sehr stark davon ab, wie zufrieden der Kunde mit Unternehmen ist, wie stark die aufgebaute Loyalität ist (die auch negative Erfahrungen teilweise kompensieren kann) und wie stark die Kundenbindung (z. B. durch vertragliche Rahmenbedingungen) ist. Hier sind externe und interne Einflüsse entscheidend. Unternehmensexterne Einflüsse sind beispielsweise das Preisempfinden und die Bindungsbereitschaft des Kunden. Intern beherrschbare Einflüsse im Unternehmen sind die Qualität der CRM-Prozesse sowie die Qualität der Produkte und Dienstleistungen.

Phase 4: Ökonomischer Erfolg Der ökonomische Erfolg lässt sich bei Verfolgung einer CRM-Strategie nach einiger Zeit an der Entwicklung von Qualität und Quantität der Kundenbeziehungen sowie der Dauer der Kundenbeziehungen als wichtige Kenngrößen ablesen. Diese Entwicklung ist jedoch nicht nur durch die CRM-Strategie bedingt, sondern unterliegt natürlich auch anderen internen Einflussgrößen, wie der Programmvielfalt. Ebenso sind auch hier externe Einflussgrößen wirksam, wie beispielsweise die konjunkturellen Erwartungen der Kunden, die einen direkten Einfluss auf ihr Kaufverhalten haben.

5.3.5 Gründe und Vorteile des CRM

Die Gründe für die Entwicklung des CRM liegen vor allem in der Veränderung der Marktsituation, des Konsumentenverhaltens und der IT, wie Tabelle 5.2 zeigt.

Marktsituation	Verstärkter Wettbewerbsdruck Gesättigte Märkte Globalisierung Kooperation und Konzentration Markttransparenz durch neue Kommunikationstechnologien Fehlende Alleinstellungsmerkmale
Konsumentenverhalten	Demografische Verschiebung Preis- und Qualitätsbewusstsein Gestiegener Informationsstand Individualisierung und Differenzierung Wertewandel Wachsende Informationsüberlastung Versorgungs- und Erlebniskauf
Informationstechniken	Nutzung neuer IT-Systeme Internet-Entwicklung Direktvertrieb E-Commerce

Tab. 5.2: *Gründe für die Entwicklung des CRM*

Die mit einer CRM-Strategie erreichbaren Vorteile für ein Unternehmen hängen stark von externen und internen Einflüssen ab, wie sie Abbildung 5.9 zeigt. So finden sich in der Praxis leider nicht nur eine Vielzahl erfolgreicher CRM-Projekte, sondern durchaus auch Beispiele für Unternehmen, die bezüglich ihrer Erwartungen enttäuscht wurden. Das Customer Relationship Management beruht auf komplexen, informationstechnik-gestützten CRM-Systemen, die durch Geschäftsprozesse gesteuert werden und deren Implementierung sowie Nutzung „extrem schwierig ist" (Laudon u. a., 2010, S. 544f). Dennoch lassen sich mit einer erfolgreichen CRM-Strategie und einer passenden CRM-Software wichtige Wettbewerbsvorteile erzielen, die in Tabelle 5.3 (nach Laudon u. a. (2010, S. 545)) zusammengefasst werden.

Bereitstellung eines besseren Kundendienstes
Effiziente Arbeitsweise von Call-Centern
Effektiver Verkauf von ergänzenden Produkten
Unterstützung des Verkaufspersonals, schneller Abschlüsse zu tätigen
Vereinfachung von Marketing- und Verkaufsprozessen
Anwerbung neuer, gewinnbringender Kunden
Verkauf von zusätzlichen Produkten und Dienstleistungen
Bereitstellung von Kundeninformationen für die Entwicklung neuer Produkte
Steigerung der Produktnutzung
Reduzierung von Verkaufs- und Marketingkosten
Identifizieren und Beibehalten gewinnbringender Kunden
Optimierung der Kosten für die Dienstleistungserbringung
Beibehaltung von über die Gesamtlebenszeit hinweg sehr gewinnbringenden Kunden
Verbesserung der Kundentreue
Verbesserte Antwortraten auf direkte Anschreiben
Gesteigerte Produktrentabilität
Schnellere Reaktion auf Vertriebschancen

Tab. 5.3: Vorteile des CRM

5.3.6   Funktionen und Leistungsmerkmale von CRM-Systemen

CRM-Systeme beinhalten typische Funktionen für Vertrieb, Kundendienst und Marketing. Sie weisen dafür die folgenden Leistungsmerkmale auf; vgl. Laudon u. a. (2010, S. 539ff):

Automatisierung von Aufgaben im Verkauf (SFA – Sales Force Automation)   Als Sales Force Automation (SFA) werden Vertriebsinformationssysteme bezeichnet. Das Verkaufspersonal hat Zugang zu einer Kundendatenbank und kann die Kunden somit effektiver beraten. Module zur Unterstützung des Verkaufspersonals helfen den Verkäufern, wirtschaftlicher zu arbeiten, indem sie die Verkaufsbemühungen auf die gewinnträchtigen Kunden konzentrieren, die ein hohes und erfolgversprechendes Umsatzpotenzial aufweisen. CRM-Systeme bieten hierfür den Kaufinteressenten beispielsweise Kontaktinformationen, Produktinformationen, Hinweise auf alternative Produktkonfigurationen oder spezifische Angebote an. Das CRM-System kann den

Verkäufer im Verkaufsgespräch dadurch unterstützen, dass es ihn über die letzten Käufe des Kunden informiert. Außerdem vereinfacht die Software die Datenintegration mit anderen Abteilungen, wie Marketing, Service und Auslieferung. Sie erhöht damit die Effizienz und Effektivität (sprich: die Performance) des einzelnen Verkäufers, indem sie die Kosten pro Verkauf sowie die Kosten für die Kundengewinnung und -pflege reduziert. Außerdem bietet die Software auch Funktionen für Verkaufsprognosen, das Management von Verkaufsgebieten, die Kontrolle des Inventars und das Nachverfolgen von Bestellungen.

Kundendienst   Die Kundendienstmodule in CRM-Systemen stellen Informationen und Werkzeuge bereit, um die Mitarbeiter in Call-Centern, Helpdesks und in der Kundenbetreuung zielgerichtet mit den jeweils kundenrelevanten Informationen zu versorgen. So kann beispielsweise bei Nutzung einer CTI-Anlage anhand der Telefonnummer des Kunden der Anruf durch das CRM-System direkt an den zuständigen Mitarbeiter durchgestellt werden. Außerdem werden dem Mitarbeiter bei Annahme des Anrufs automatisch alle relevanten Kundendaten durch das CRM-System zur Verfügung gestellt. Servicegrad und -qualität steigen durch die zentrale und integrierte Verfügbarkeit aller relevanten Kundeninformationen für alle Customer Touch Points. Dies erhöht die Produktivität von Call-Center und Kundendienstmitarbeitern und steigert die Servicequalität bei niedrigeren Kosten. Durch die verbesserte und zielgenauere Auskunftsfähigkeit erhöht sich die Zufriedenheit des Kunden mit dem Service des Unternehmens.

Marketing   CRM-Systeme unterstützen Marketingaufgaben, indem sie Funktionen zur Aufzeichnung von kundenrelevanten Daten über Umsätze, Kaufinteressen, Alter, Wohnort etc. speichern und für ein gezieltes Marketing sowie zur Planung und Nachverfolgung von Direktmarketingaktionen über unterschiedliche Vertriebskanäle wie Internet (Newsletter, E-Mail) verfügbar machen. Marketingmodule beinhalten auch Funktionen für die Analyse von Marketing- und Kundendaten. So lassen sich damit der Erfolg einer Marketingkampagne über die sogenannten Response Quote messen, Cross Selling- und Up Selling-Möglichkeiten sowie Möglichkeiten der Bündelung identifizieren.

Abbildung 5.10 nach Laudon u. a. (2010, S. 542) zeigt die wichtigsten Funktionen, die in CRM-Systemen für Vertriebs-, Marketing- und Kundendienstprozesse typischerweise enthalten sind.

Kundendaten

Vertrieb/Verkauf	Marketing	Kundendienst
Kundenmanagement	Kampagnenmanagement	Servicebereitstellung
Interessentenmanagement	Management der Werbung über verschiedene Kanäle	Kundenzufriedenheits-management
Auftragsmanagement	Veranstaltungsmanagement	Rücklaufmanagement
Verkaufsplanung	Marketingplanung	Dienstleistungsplanung
Außendienstverkauf	Vertriebsmaßnahmen	Call Center & Helpdesk
Verkaufsanalysen	Marketinganalysen	Dienstleistungsanalyse

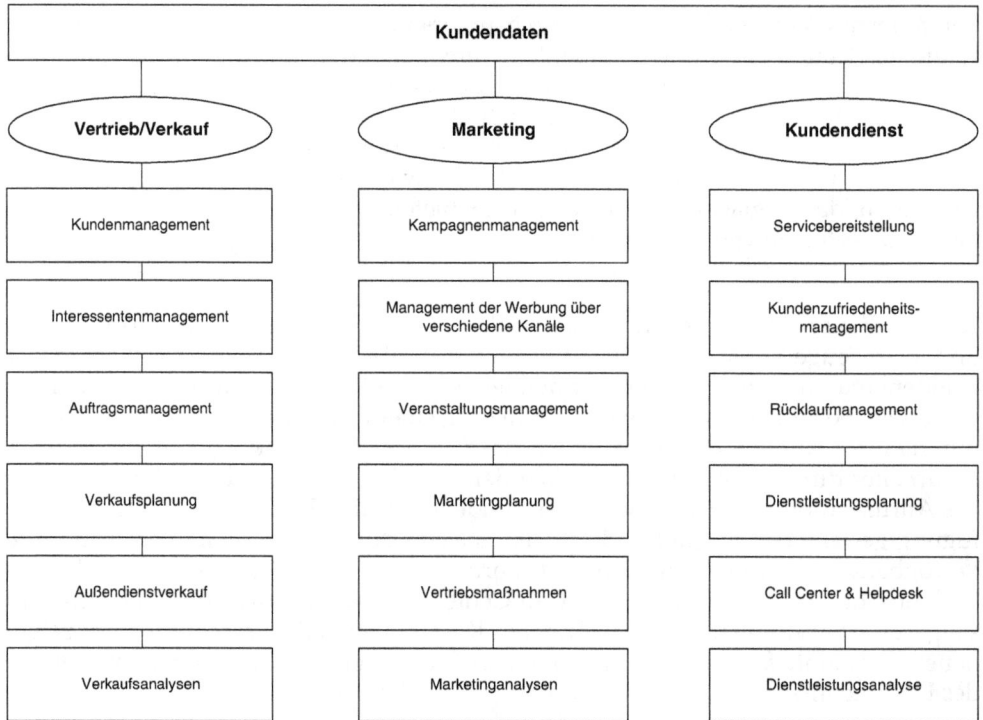

Abb. 5.10: Funktionen von CRM-Systemen

5.4   Kontrollfragen

1. Erklären Sie, was unter einem Subshop zu verstehen ist!

2. Diskutieren Sie mögliche Kannibalisierungseffekte, die durch den zusätzlichen Vertrieb per E-Shop bei einem Weinhändler eintreten können!

3. Erläutern Sie wesentliche Vorteile des E-Marketings (Online-Marketings) gegenüber „Offline-Marketing"!

4. Diskutieren Sie die Eignung folgender Produkte für den Vertrieb per E-Shop

   ❏ Kaffee (vakuumverpackt)
   ❏ Weihnachtsbaum (echter Baum)
   ❏ Digital-Spiegelreflexkamera

5. Nennen Sie zwei Bezahlverfahren, die in der Regel von Käufern im E-Shop bevorzugt werden, und zwei Bezahlverfahren, die in der Regel von Verkäufern bevorzugt werden. Gehen Sie dabei davon aus, dass sowohl Käufer als auch Verkäufer in Deutschland ansässig sind und dass es um einen Betrag von 500 Euro geht!

6. Erläutern Sie, weshalb sich E-Marktplätze nicht in dem Maße durchgesetzt haben, wie es zunächst prophezeit worden war!

7. Erläutern Sie die Prinzipien des Web 2.0 nach O'Reilly!

8. Erläutern Sie die anwendungsbezogene Perspektive des Web 2.0!

9. Definieren Sie den Begriff des CRM und grenzen Sie ihn gegen verwandte Begriffe ab!

10. Erläutern Sie, was man unter operativem und analytischem CRM versteht!

6 IT-Sicherheit

In diesem Abschnitt wollen wir uns mit der Sicherheit von Informationssystemen des E-Business beschäftigen. Dies ist aus zwei Gründen heraus zwingend notwendig: Zum einen, weil immer mehr Informationen nur noch in digitaler Form als Ursprungsdaten vorliegen und zum anderen, weil immer mehr Informationen über Rechnernetze kommuniziert werden. Entsprechend hoch ist deshalb das Bedürfnis nach Schutz vor dem Missbrauch der Daten.

6.1 Begriff der IT-Sicherheit

> „IT-Sicherheit bezieht sich auf die Strategien, Vorgehensweisen und technischen Maßnahmen, die verwendet werden, um die elektronische Kommunikation abzusichern und unerlaubte Zugriffe, ungewollte Veränderungen, Diebstahl oder physische Schäden von Informationssystemen zu verhindern." (Laudon u. a., 2010, S. 1015)

Die Definition der IT-Sicherheit verweist auf die grundlegenden Sicherheitsziele (Kersten u. a., 2008, S. 21f):

❏ *Vertraulichkeit*: Die Daten dürfen lediglich von autorisierten Benutzern gelesen bzw. modifiziert werden, dies gilt sowohl beim Zugriff auf gespeicherte Daten wie auch während der Datenübertragung.

❏ *Integrität*: Die Daten dürfen nicht unbemerkt verändert werden. Alle Änderungen müssen nachvollziehbar sein.

❏ *Verfügbarkeit*: Verhinderung von Systemausfällen; der Zugriff auf Daten muss innerhalb eines vereinbarten Zeitrahmens gewährleistet werden.

Als weitere Sicherheitsziele werden oft genannt:

❏ Datenschutz,

❏ Authentizität und

❏ Nichtabstreitbarkeit von Zugriffen.

Die Authentizität ist letztlich Teil des Sicherheitsziels der Integrität. Es geht hierbei um den sicheren Nachweis der Herkunft von Daten und ihrer Übereinstimmung mit dem „Original". Die Nichtabstreitbarkeit (engl. *Non Repudiation*) soll sicherstellen, dass der Empfang sowie das Absenden von Daten nicht geleugnet werden kann. Auch hierbei handelt es sich letztlich um einen Sonderfall der Integrität. Datenschutz befasst sich mit dem Schutz persönlicher Daten vor Missbrauch. Wir werden diesen Aspekt der IT-Sicherheit in Kap. 6.6 auf Seite 147 gesondert behandeln.

6.2   Arten von Sicherheitsrisiken

Zwei große Gruppen von Sicherheitsrisiken lassen sich unterscheiden: Angriffe und Störungen (vgl. Abb. 6.1 auf der nächsten Seite nach Hoppe und Prieß (2003, S. 33)). Angriffe führen eine Gefährdung der Sicherheit absichtlich herbei. Ein Beispiel dafür wäre das unerlaubte Eindringen in einen Onlineshop durch Ausnutzung von Schwachstellen der Shopsoftware. Störungen führen unabsichtlich zu einer Gefährdung der Sicherheit. So kann beispielsweise eine unsachgemäße Administration der Shopsoftware zu einer Nicht-Verfügbarkeit des Onlineshops führen.

Wir wollen uns im Folgenden nur mit den möglichen Schwachstellen und Bedrohungen von IT-Systemen durch Angriffe beschäftigen. Sie liefern für das E-Business einige der wichtigsten Arten von Sicherheitsrisiken.

Angriffe beruhen auf dem Prinzip der Ausnutzung von Schwachstellen einer Software. Keine Software ist fehlerfrei und gerade E-Business-Systeme sind aufgrund ihrer innovativen Art und Komplexität besonders gefährdet. Hinzu kommt, dass E-Business-Systeme oftmals nicht nur unternehmensintern zugreifbar sind. Onlineshops können beispielsweise von jedem Internetnutzer weltweit zu jeder Zeit aufgerufen werden. Entsprechend hoch ist die Wahrscheinlichkeit, dass bekannte Schwachstellen ausprobiert und unbekannte Schwachstellen gesucht werden, um das System anzugreifen. Tabelle 6.1 auf Seite 130 nach Hoppe und Prieß (2003, S. 37) zeigt die Vielfalt möglicher Angriffsformen und verdeutlicht die Dringlichkeit der Umsetzung von Sicherheitsmaßnahmen, wie sie in Abschnitt 6.4 besprochen werden.

Die in Tab. 6.1 auf Seite 130 aufgeführten Angriffsformen werden nachfolgend in alphabetischer Reihenfolge kurz erläutert:

Abstrahlung   Insbesondere alte Monitore, die auf dem Prinzip der Braun'schen Röhre basieren, strahlen elektromagnetische Wellen ab, die abgefangen und dazu benutzt werden können, die Monitordarstellung sichtbar zu machen.

Adressscanning   Durch gezieltes Versenden von Datenpaketen in ein Netzwerk lassen sich potenzielle Netzwerkadressen auf ihre Existenz hin überprüfen. Dieses Wissen kann dann dazu genutzt werden, die identifizierten Systeme anzugreifen.

Angriff
- Spionage
  - Abhören
  - Logischer Diebstahl
- Sabotage
  - Logische Manipulation
  - Physische Manipulation
  - Physischer Diebstahl

Sicherheitsrisiken

Störung
- Fahrlässigkeit
  - Unsachgemäße Bedienung
  - Nichtbeachtung von Sicherheitsvorschriften
  - Mangelhaftes Systemdesign
- Höhere Gewalt
  - Technischer Defekt
  - Stromausfall
  - Strahlung
  - Elektrostatik
  - Stoßwirkung
  - Feuchtigkeit
  - Explosion
  - Brand
  - Verschmutzung

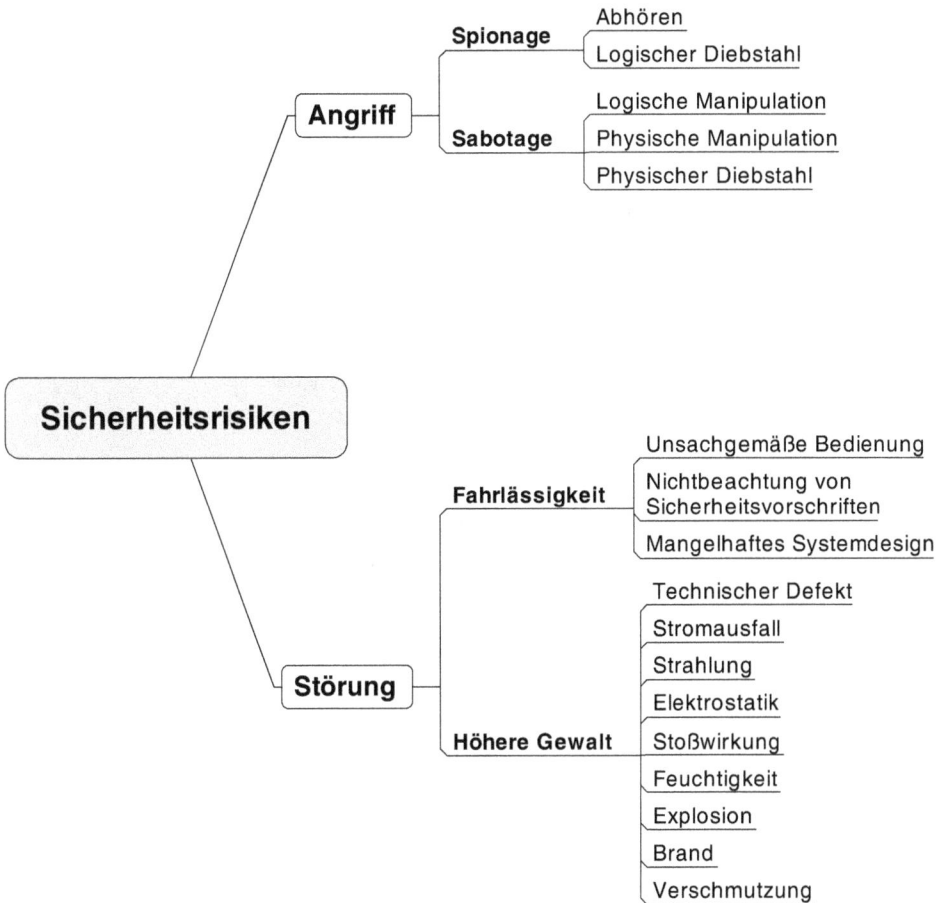

Abb. 6.1: *Arten von Sicherheitsrisiken*

Buffer Overflow   Spezifische Probleme verschiedener Programmiersprachen (wie C) können es bei unsachgemäßer Programmierung ermöglichen, dass durch gezielte Manipulation der Parameter eines Funktionsaufrufs ein Speicherüberlauf provoziert wird. Dieser kann dazu genutzt werden, um Speicherbereiche im Rechner gezielt mit eigenen Daten zu überschreiben (wie z. B. Zugangsdaten) oder Funktionen aufzurufen.

Einbruch   Ein Einbruch stellt das unberechtigte physische Eindringen in den Aufstellungsraum des Rechners dar und kann dazu genutzt werden, sich unautorisierten Zugriff auf Hardware-Komponenten zu verschaffen.

Gefahrenkategorie		Beispiele für Angriffsformen
Spionage	Abhören	Abfangen von Abstrahlung Adressscanning Einsehen/Abfotografieren Funktionsaufruf Nutzung von Server-Diensten Portscanning Sniffer Social Engineering Spoofing Unternehmensinternes Wissen/Berechtigungen
	Logischer Diebstahl	Funktionsaufruf Malware und Spyware Nutzung von Server-Diensten Phishing Sniffer Social Engineering Spoofing Unternehmensinternes Wissen/Berechtigungen
Sabotage	Logische Manipulation	Buffer Overflow Funktionsaufruf IP-Bombing Malware Spamming Spoofing SQL-Injection Unternehmensinternes Wissen/Berechtigungen
	Physische Manipulation	Einbruch Unternehmensinternes Wissen/Berechtigungen
	Physischer Diebstahl	Einbruch Unternehmensinternes Wissen/Berechtigungen

Tab. 6.1: *Beispielhafte Angriffsformen*

Einsehen/Abfotografieren   Damit wird das unberechtigte Mitlesen von Daten, z. B. von Bildschirmausgaben und Tastatureingaben, verstanden. Insbesondere durch die heute weit verbreiteten Kameras in Mobilgeräten wird auch zunehmend das Abfotografieren von Bildschirminhalten zu einer ernstzunehmenden Bedrohung (vgl. Klipper (2009, S. 10ff)).

Funktionsaufrufe   Hier gelingt es einem Angreifer interne Programmfunktionen eines Systems aufzurufen.

IP-Bombing   Wird ein Rechner mit IP-Paketen bombardiert, wird dies als IP-Bombing bezeichnet. Meistens handelt es sich um einen Denial-of-Service-Angriff, der den Server zum Absturz bringen bzw. durch Überlastung zu einer Nicht-Verfügbarkeit führen soll.

Malware und Spyware Als Malicious Software (Malware) werden schädigende Programme bezeichnet. Dazu zählen insbesondere Viren, Würmer und Trojaner. Spyware bezeichnet Programme, die das Surf-Verhalten eines Internetnutzers aufzeichnen, um Benutzerprofile zu erstellen.

Phishing Phishing ist ein Kunstwort aus „Password" und „Fishing". Es bezeichnet den Versuch (meist per E-Mail-Aufforderung), den Nutzer dazu zu bewegen, an einem System seine geheimen Zugangsdaten einzugeben. Als Grund wird beispielsweise angegeben, dass das System neu installiert und die Nutzerzugangsdaten überprüft werden müssten. Tatsächlich gibt der Nutzer seine Zugangsdaten aber an einem vorgetäuschten System ein.

Portscanning Beim Portscanning wird systematisch ein Server auf aktive Dienste und Prozesse hin untersucht. Es erfolgt zumeist nach dem Adressscanning, also der Identifikation eines Servers im Netz. Damit lassen sich mögliche Schwachstellen identifizieren, wie z. B. bei einem Mailprogramm oder einem Webserver.

Sniffer Sniffer analysieren den Datenverkehr in einem Netzwerk und ermöglichen das Mitlesen und Protokollieren der Daten. Bei unverschlüsseltem Datenverkehr lassen sich damit sehr einfach beispielsweise Zugangsdaten zu Softwaresystemen ausspähen.

Social Engineering Die vielleicht häufigste Art des Angriffs stellt die gezielte Kontaktaufnahme und Ausnutzung sozialer Kontakte dar, um beispielsweise Passwörter der Nutzer durch gezieltes Erfragen auszuspähen.

Spamming Spamming bezeichnet die Versendung von zumeist anonymen Massen-E-Mails und kann dazu genutzt werden, ein Mailsystem gezielt zu stören.

Spoofing Damit wird die Vortäuschung einer falschen Identität bezeichnet. Dem anzugreifenden System wird eine ihm bekannte Identität vorgetäuscht. Es gibt verschiedene Arten des Spoofing, z. B. IP-Spoofing (Fälschung der IP-Adresse), DNS-Spoofing (Fälschung eines DNS-Eintrags für eine IP-Adresse), Web-Spoofing (Vortäuschung bzw. Fälschung von Web-Seiten).

SQL-Injection   Hierunter wird das Ausnutzen von Sicherheitslücken mit SQL-Datenbanken verstanden. Dabei wird es einem Angreifer ermöglicht, eigene SQL-Anweisungen über die Eingabefelder der Anwendung an die Datenbank abzusetzen. Auf diese Weise können beispielsweise Benutzerzugangsbeschränkungen umgangen werden.

Unternehmensinternes Wissen und/oder Berechtigungen   Dieser Angriff erfolgt durch unternehmesinterne Angreifer. So kann beispielsweise ein Mitarbeiter seine Berechtigungen für ein System missbräuchlich einsetzen oder Wissen über Schwachstellen der Systeme gezielt ausnutzen.

6.3   Bedrohungslage der IT-Sicherheit

Das Bundesamt für Sicherheit in der Informationstechnik (BSI) veröffentlicht jährlich einen Lagebericht zur IT-Sicherheit in Deutschland. Er verdeutlicht die ernst zu nehmende Bedrohungslage. Das Bundesamt für Sicherheit in der Informationstechnik (2009, S. 69) führt hierzu aus: „Einige Angriffsmethoden werden bei Internetkriminellen immer beliebter, während andere an Bedeutung verlieren. Fakt ist, dass Tag für Tag Tausende neue Schadprogramme das Internet überschwemmen."

Der jährliche Lagebericht des BSI enthält auch eine Tabelle zur Einschätzung der Entwicklung von IT-Bedrohungen. Sie zeigt auf Basis von Recherchen und Erhebungen des BSI die zeitliche Entwicklung der Gefährungstrends auf (vgl. Abb. 6.2 auf der nächsten Seite).

Zero Day Exploits   Die Ausnutzung (*engl.* exploit) einer Sicherheitslücke vor oder am gleichen Tag oder öffentlichen Bekanntmachung wird als Zero Day Exploit bezeichnet. Eine dafür häufig verwendete Website ist http://milw0rm.com.

Drive-by-Downloads   Das automatische Herunterladen und Ausführen eines Schadprogramms beim Besuch einer Website wird als Drive-by-Download bezeichnet. Dabei wird das Schadprogramm auf den Rechner des Internetnutzers geladen, ohne dass dieser dazu eine Aktion ausführen muss oder überhaupt etwas davon bemerkt. Es reicht aus, dass der Internetnutzer die infizierte Webseite aufruft.

Trojaner   Trojaner tarnen sich als harmlose Programme, die zusätzlich aber noch eine Schadfunktion beinhalten. Laut Bundesamt für Sicherheit in der Informationstechnik (2009, S. 22) sind sie „das wichtigste Werkzeug, um Passwörter zu stehlen oder ein Opfer gezielt auszuspionieren".

Bedrohung	2007	2009	Prognose
Zero-Day-Exploits	⬆	⬆	➡
Drive-by-Downloads	—	⬆	⬆
Trojaner	⬆	⬆	⬆
Viren	⬇	⬇	➡
Würmer	⬇	⬇	➡
Spyware	⬆	⬆	➡
DDoS-Angriffe	➡	⬆	⬆
Unerwünschte E-Mails	⬆	⬆	⬆
Bot-Netze	➡	⬆	⬆
Identitätsdiebstahl	⬆	⬆	⬆
Betrügerische Web-Angebote	—	⬆	➡
Abstrahlung	—	➡	➡
Materielle Sicherheit, Irrtum, Nachlässigkeit	➡	⬆	➡

⬆ Gefährdung nimmt zu   ➡ gleichbleibende Gefährdung   ⬇ Gefährdung sinkt

Abb. 6.2: Entwicklung von IT-Bedrohungen

Viren   Ein Virus ist ein Programm, das sich selber vervielfältigt, indem es andere Programme „infiziert", so dass diese eine Kopie des Virus enthalten. Alle Viren arbeiten mehr oder weniger nach dem gleichen Prinzip: Ein Benutzer ruft ein Programm auf, das er gerne benutzen möchte. Dieses Programm ist durch ein Virus infiziert. Man nennt es deshalb auch Wirtsprogramm. Der Virencode, der ganz am Anfang des Wirtsprogrammes liegt, wird als erstes gestartet und ausgeführt. Das Virus wird beendet und übergibt die Kontrolle über den Rechner wieder an das vom Benutzer eigentlich gestartete Programm.

Würmer   Würmer sind den Computerviren sehr ähnlich. Die Abgrenzung besteht darin, dass ein Virus versucht, Dateien auf einem Computer zu infizieren, während ein Wurm versucht, eine Zahl von Computern in einem Netzwerk zu infizieren. Außerdem benötigt ein Virus ein Wirtsprogramm, welches es infiziert. Wird dieses Programm ausgeführt wird gleichzeitig auch das Virus ausgeführt. Bei einem Wurm handelt es sich dagegen um ein eigenständiges Programm, das sich selbständig von einem Computer zum nächsten Computer über Computernetze fortbewegt. Als wichtigstes Fortbewegungsmittel dient den Würmern heute natürlich das Internet.

Spyware   Spyware (vgl. S. 131) ist dann besonders gefährlich, wenn auch die Zugangsdaten eines Internetnutzers heimlich ausspioniert werden. Damit kann ein Identitätsdiebstahl (vgl. S. 134) ermöglicht werden. Laut Bundesamt für Sicherheit in der Informationstechnik (2009, S. 23) sind die Grenzen zwischen Spyware und Trojanern mittlerweile fließend geworden. Beide Arten werden vorwiegend über präparierte Webseiten und Bot-Netze (vgl. S. 134) verteilt.

DDoS-Angriffe   Denial of Service-Angriffe sollen Server über das Netz bei der Ausführung ihrer Services behindern bzw. die Ausführung des Services unmöglich machen. Dabei kann es sich beispielsweise um einen Web-Server handeln. Dazu wird der Server von mit IP-Paketen (z. B. durch Anfragen) bombardiert. Kann der Rechner diese IP-Pakete aufgrund ihrer großen Anzahl nicht mehr abarbeiten, führt dies zur Überlastung des Services und damit faktisch zur Unerreichbarkeit des Servers. Starten mehrere Rechner im Internet gleichzeitig einen solchen Angriff, gesteuert beispielsweise über ein Bot-Netz, spricht man von einem verteilten DOS-Angriff (DDoS; *engl.* distributed denial of service).

Unerwünschte E-Mails   Unerwünschte E-Mails sind Spam. Bei unzureichenden Filtermethoden (Spam-Filter) kann dies sehr schnell in einen DoS-Angriff übergehen. Mit Hilfe von Spam-Filter-Programmen wird versucht, die Flut von Spam-Mails einzudämmen. Spam-Mails können dazu benutzt werden, Malware zu transportieren, den Nutzer auf infizierte Webseiten zu leiten (Drive-by-Download) oder Phishing zu betreiben.

Bot-Netze   Ein Bot (Abkürzung für *engl.* roboter) ist ein Programm, das auf dem Rechner eines Internetnutzers heimlich installiert wird (z. B. durch einen Drive-by-Download). Der Bot kann Befehle des Angrefers über das Internet ausführen. Werden viele Bots zusammengeschlossen, spricht man von einem Bot-Netz. Bot-Netze werden z. B. für DDoS-Angriffe eingesetzt.

Identitätsdiebstahl   Identitätsdiebstahl setzt die Kenntnis der personenbezogenen Daten eines Anwenders durch den Angreifer voraus. Die Identität, insb. Zugangsdaten, kann durch verschiedene Angriffsformen in den Besitz des Angreifers gelangen. Typische Beispiele sind Phishing-E-Mails und Social Engineering (z. B. in Sozialen Netzwerken).

Betrügerische Web-Angebote   Betrügerische Web-Angebote versuchen, dem Internetanwender ein kostenpflichtiges Angebot durch Täuschung unterzuschieben, um ihn finanziell zu schädigen. Ein typisches Beispiel sind seriös erscheinende Webseiten mit einem angeblich kostenfreien Informationsangebot. Zur Nutzung dieses Angebots muss sich der Internetanwender jedoch registrieren. In den Allgemeinen Geschäftsbedingugnen wird dabei die Kostenpflichtigkeit des Angebots gezielt so angebracht, dass viele Anwender diese nicht wahrnehmen (z. B. durch kleine Schriftgrößen, schlecht unterscheidbare Farben).

Abstrahlung   Die Abstrahlung stellt nach wie vor eine Möglichkeit des Angriffs dar. Dabei muss beachtet werden, „dass auch die Signale der digitalen DVI-Schnittstelle über eine Distanz von mehreren zehn Metern hinweg empfangen und nach einer entsprechenden Aufbereitung sichtbar gemacht werden können" (Bundesamt für Sicherheit in der Informationstechnik, 2009, S. 30).

Materielle Sicherheit, Irrtum, Nachlässigkeit   Innentäter stellen nach wie vor eine der wichtigsten Angreifergruppen dar. Dabei spielt die Wirtschaftsspionage eine bedeutende Rolle. Durch finanzielle Anreize werden Mitarbeiter zur Preisgabe von Zugangs- und Nutzungsdaten bewegt. Ebenso stellen Irrtum, z. B. durch mangelhafte Schulung sowie Nachlässigkeit, z. B. durch mangelhaftes IT-Controlling, wichtige Ursachen für die Verletzung der IT-Sicherheit dar. Ebenso sollten materielle Sicherungsmaßnahmen auf organisatorischer und technischer Ebene ergriffen werden, um die IT-Sicherheit zu gewährleisten. So sollte es beispielsweise nicht ohne Zugangskontrolle möglich sein, den Serverraum zu betreten.

6.4   IT-Sicherheitsmanagement

Für die Planung, Steuerung und Kontrolle der IT-Sicherheit gibt es eine Vielzahl unterschiedlicher Standards und Normen[1]. In der Bundesrepublik Deutschland zählen zu den wichtigsten der IT-Grundschutz des Bundesamtes für Sicherheit in der Informationstechnik (kurz: BSI) und ISO 27001.

ISO 27001 stellt eine Norm für den Aufbau eines Managements der Informationssicherheit dar und ist international anerkannt. IT-Grundschutz ist ein nationaler Standard, der durch das BSI gepflegt und weiterentwickelt wird. Der Standard ist konform zur Norm ISO 27001 und erlaubt deshalb auch eine Zertifizierung nach ISO 27001.

Der Aufbau eines IT-Sicherheitsmanagement nach BSI beinhaltet die in Abb. 6.3 dargestellten Schritte. Im Ergebnis entsteht ein IT-Grundschutz-Modell, das aus fünf Schichten besteht (vgl. Bundesamt für Sicherheit in der Informationstechnik (2008a, S. 13ff)):

❏ *Schicht 1* umfasst alle übergreifenden IT-Sicherheitsaspekte, wie Organisation, Datensicherungskonzept, Virenschutzkonzept.

---

[1]Ein *Standard* ist eine industrieweit akzeptierte, aber nicht verbindliche Vorgabe. Eine *Norm* hingegen ist eine industrieweit verbindliche Vorgabe im Sinne einer Normung.

❏ *Schicht 2* befasst sich mit den baulich-physikalischen Anforderungen an die IT-Sicherheit. Dazu gehören beispielsweise Gebäude, Serverraum, Schutzschrank.

❏ *Schicht 3* betrifft die einzelnen IT-Systeme, also beispielsweise Server, Clients, Telefonanlage, Laptops.

❏ *Schicht 4* befasst sich mit der Netzwerkinfrastruktur und deren Komponenten, wie WLAN, LAN, Router.

❏ *Schicht 5* umfasst die eigentlichen IT-Anwendungen, wie E-Mail, Webserver.

Bausteine Jede Schicht beinhaltet unterschiedliche Komponenten der IT-Sicherheit, die im IT-Grundschutz in Form von Bausteinen beschrieben werden. So weist beispielsweise Schicht 5 zur Zeit insgesamt 16 Bausteine auf (B 5.1 Peer-to-Peer-Dienste bis B 5.16 Active Directory). Jeder Baustein beginnt mit einer kurzen Beschreibung der betrachteten Komponente. Daran anschließend wird die Gefährdungslage diskutiert, indem die entsprechenden Gefährdungen des Gefährdungskatalogs referenziert werden. Den wesentlichen Bestandteil eines Bausteins stellen die Maßnahmenempfehlungen aus dem Maßnahmenkatalog dar, die sich an die Gefährdungslage anschließen. Die Maßnahmen sind dabei anhand des Lebenszyklus der Komponente aufgeführt. Typische Phasen des Lebenszyklus einer Komponente sind: Planung und Konzeption, Beschaffung, Umsetzung, Betrieb, Aussonderung, Notfallvorsorge.

Beispiel: Baustein B 3.208 Internet-PC

Gefährdungskataloge Die Gefährdungslage einer Komponenten (= eines Bausteins) wird den Gefährdungskatalogen entnommen:

❏ G 1: Höhere Gewalt

❏ G 2: Organisatorische Mängel

❏ G 3: Menschliche Fehlhandlungen

❏ G 4: Technisches Versagen

❏ G 5: Vorsätzliche Handlungen

Beispiel für Baustein B 3.208 Internet-PC:

❏ Höhere Gewalt G 1.2: Ausfall des IT-Systems

❏ Organisatorischer Mangel G 2.21: Mangelhafte Organisation des Wechsels zwischen Benutzern

❏ Menschliche Fehlhandlungen G 3.3: Nicht-Beachtung von IT-Sicherheitsmaßnahmen

❏ Technisches Versagen G 4.22: Software-Schwachstellen oder -Fehler

❏ Vorsätzliche Handlungen G 5.23: Computer-Viren

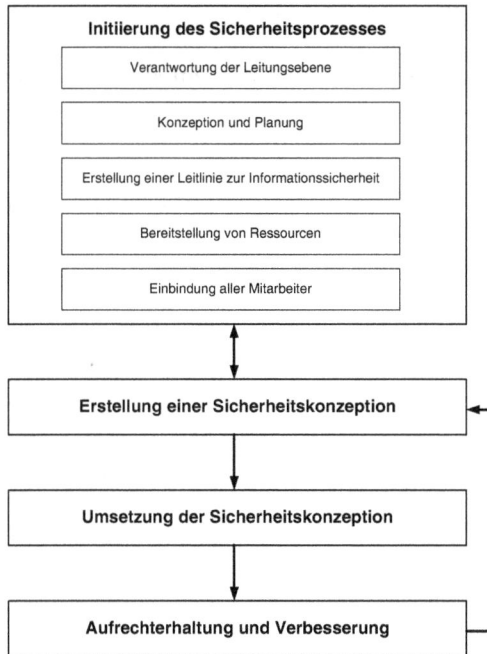

Abb. 6.3: *Phasen des Sicherheitsprozesses*

Maßnahmenkataloge Für jede Gefährdung in den einzelnen Lebensphasen einer Komponente werden im IT-Grundschutzmodell die notwendigen Maßnahmen zur Herstellung der IT-Sicherheit beschrieben. Die Maßnahmen sind in sechs Maßnahmenkataloge gruppiert:

❏ M 1: Infrastruktur

❏ M 2: Organisation

❏ M 3: Personal

❏ M 4: Hard- und Software

❏ M 5: Kommunikation

❏ M 6: Notfallvorsorge

Beispiel für eine Maßnahme zu Baustein B 3.208 Internet-PC in der Planungs- und Konzeptionsphase:

❏ M 5.92: Sichere Internet-Anbindung von Internet-PCs

Maßnahme 5.92 befasst sich inhaltlich mit

❏ der Auswahl des Internet Service Providers,

❏ der Beschaffung geeigneter Netzkomponenten für die Internet-Anbindung und

❏ der sicheren Konfiguration sowie dem Betrieb der Internet-Anbindung.

Die Durchführung und das Management der IT-Sicherheit ist aufwändig. Für das IT-Grundschutz-Modell des BSI stehen deshalb verschiedene Softwarewerkzeuge als Unterstützung zur Verfügung,

❏ so beispielsweise das lizenzierungspflichtige *GSTool* des BSI. Es erlaubt eine methodisch strukturierte Durchführung der Schritte gemäß IT-Grundschutz.

❏ Ein weiteres Tool ist die Open-Source-Software *Verinice* der SerNet GmbH (vgl. Abb. 6.4 von http://www.verinice.org). Sie erlaubt ebenfalls das IT-Sicherheitsmanagement gemäß den IT-Grundschutzkatalogen des BSI.

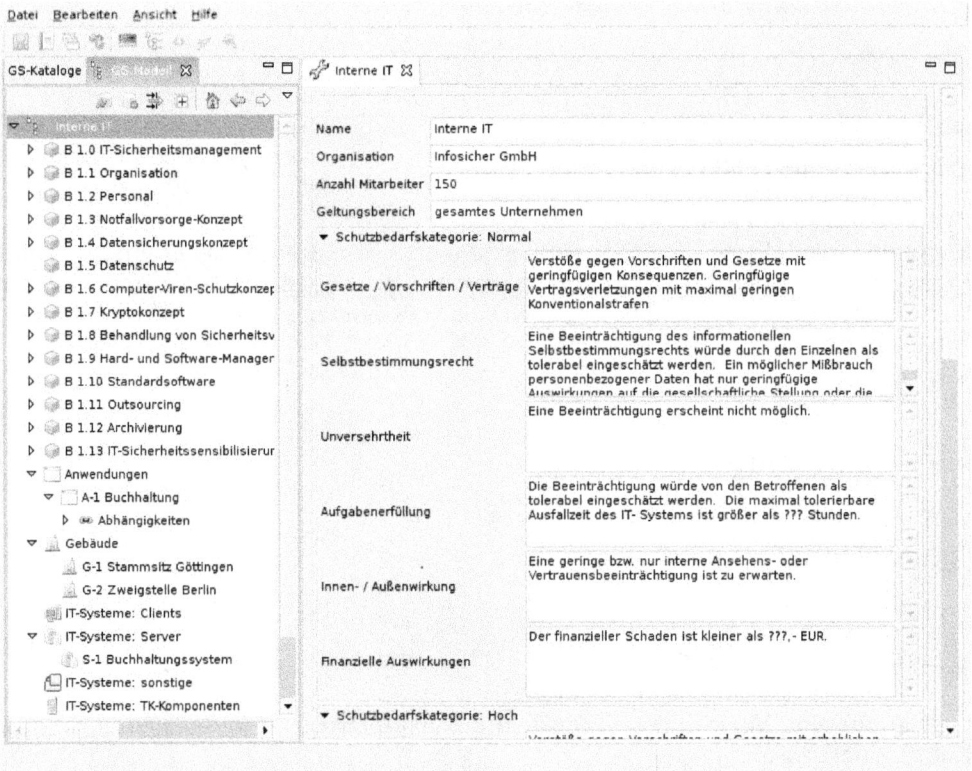

Abb. 6.4: *Definition des Schutzbedarfs mit Verinice*

6.5   Kryptografie

In diesem Abschnitt wollen wir uns eingehender mit den kryptografischen Grundlagen des E-Business beschäftigen. Dies ist aus zwei Gründen heraus zwingend notwendig: Zum einen, weil immer mehr Informationen nur noch in digitaler Form als Ursprungsdaten vorliegen und zum anderen, weil immer mehr Informationen über Rechnernetze kommuniziert werden. Entsprechend hoch ist deshalb das Bedürfnis nach Schutz vor Missbrauch der Daten.

Schneier (2006, S. 1) definiert Kryptografie wie folgt: „Kryptografie ist die Wissenschaft, die sich mit der Absicherung von Nachrichten beschäftigt." Diese Definition ist allgemein gehalten und wir wollen sie deshalb nachfolgend mit Hoppe und Prieß (2003, S. 92) wie folgt konkretisieren:

> „**Kryptografie** ist die Wissenschaft der Verschlüsselung und Entschlüsselung von Daten. Anstelle von Ver- und Entschlüsselung werden auch die Begriffe Codierung und Decodierung sowie Chiffrierung und Dechiffrierung verwendet."

Ein Chiffretext C wird mittels einer Verschlüsselungsfunktion E (engl. *encryption*) aus einer Nachricht M (engl. *message*) wie folgt erzeugt:

$$E(M) = C$$

Umgekehrt wird die Nachricht M mittels der Entschlüsselungsfunktion D aus C ermittelt:

$$D(C) = M$$

Neben der Geheimhaltung von Daten soll die Kryptografie auch noch weitere Aufgaben erfüllen; vgl. Schneier (2006, S. 2) sowie Beutelspacher u. a. (2010, S. 2ff):

❏ *Authentifizierung*: Überprüfung der Identität eines Benutzers oder Systems.

❏ *Integrität*: Überprüfbarkeit auf absichtliche oder unabsichtliche Änderungen der Daten.

❏ *Verbindlichkeit*: Ein Sender kann später nicht leugnen, dass er eine bestimmte Nachricht gesendet hat.

Die verschiedenen Algorithmen zur Kryptografie werden generell in symmetrische und asymmetrische Algorithmen unterschieden. Einen Sonderfall stellen Hash-Algorithmen dar.

6.5.1   Symmetrische Algorithmen

Die Idee symmetrischer Algorithmen (vgl. Abb. 6.5 auf Seite 140) ist die Verwendung eines gemeinsamen Schlüssels k zur Ver- und Entschlüsselung. Ver- und Entschlüsselung lassen sich damit wie folgt formulieren:

$$E_k(M) = C$$
$$D_k(C) = M$$

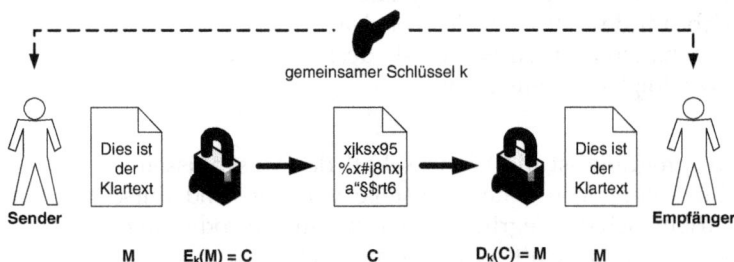

Abb. 6.5: *Prinzip der symmetrischen Verschlüsselung*

Stromchiffrierung meint dabei, dass der Klartext M bit- oder byteweise verschlüsselt wird. *Blockchiffrierung* bedeutet, dass der Klartext M in Bitgruppen, den Blöcken, verschlüsselt wird. Eine übliche Blockgröße sind oft 64 Bit.

Der Vorteil symmetrischer Algorithmen ist ihre Verarbeitungsperformance: solche Verfahren sind relativ schnell und brauchen wenig Rechenzeit. Das Problem symmetrischer Algorithmen liegt jedoch im gemeinsamen Schlüssel k für Ver- und Entschlüsselung, der beiden Kommunikationspartnern bekannt sein muss. Insbesondere der Übermittlungsweg des Schlüssels k stellt ein Problem dar: Man kann den Schlüssel zwar per Post, Telefon, E-Mail, Instant Messaging etc. vereinbaren, aber man tut es dann im Klartext und kann somit die Abhörsicherheit nicht garantieren. Ein Angreifer könnte also den Kommunikationskanal zwischen den beiden Kommunikationspartnern auf die Übermittlung des Schlüssels k hin gezielt abhören. Gelingt ihm dies, wäre das symmetrische Verfahren zur Kryptografie nutzlos: Geheimhaltung, Authentifizierung, Integrität und Verbindlichkeit wären nicht mehr gewährleistet.

Die bekanntesten symmetrischen Algorithmen sind das DES-Verfahren (Data Encryption Standard) sowie das AES-Verfahren (Advanced Encryption Standard), welches DES zunehmend ablöst.

DES   DES wurde 1975 veröffentlicht und stellt im Wesentlichen das Ergebnis einer Forschungsarbeit von IBM dar (vgl. Merz, 2002, S. 157). Das American National Standards Institute (ANSI) erkannte DES 1981 als ANSI-Standard an. DES ist eine Blockchiffrierung, die Daten in Blöcken von 64 Bit verschlüsselt. Eine ausführliche Diskussion des Algorithmus findet sich in Schneier (2006, S. 315ff). Die wichtigste Schwachstelle von DES ist die Schlüssellänge. Ein Schlüssel mit der Länge von 56 Bit gilt heute nicht mehr als sicher, da er durch herkömmliche Rechner mittels Brute-Force-Versuche in einer akzeptablen Zeit entschlüsselt werden kann. Als Brute-Force wird dabei das Erraten eines Schlüssels durch Kombination von Zeichen mit anschließender Anwendung des DES-Verfahrens bezeichnet. Als Erweiterung kommt deshalb oftmals *Triple-DES* zum Einsatz, das mit Hilfe von drei DES-Schlüsseln den Verschlüsselungsvorgang dreimal wiederholt. Dabei wird jeder Datenblock mit dem ersten Schlüssel k_1 chiffriert, dann mit dem zweiten Schlüssel k_2 *de*chiffriert und anschließend mit dem dritten Schlüssel k_3 wieder chiffriert.

AES AES ist der Nachfolger von DES als symmetrischer Algorithmus und wird seit dem Jahr 2000 als Standardverfahren in den USA eingesetzt (Merz, 2002, S. 157). Nach seinen Entwicklern Joan Daemen und Vincent Rijmen wird er auch Rijndael-Algorithmus genannt. Der Rijndael-Algorithmus besitzt eine variable Blockgröße von 128, 192 oder 256 Bit und eine variable Schlüssellänge von 128, 192 oder 256 Bit. AES schränkt die Blocklänge auf 128 Bit ein, während die Wahl der Schlüssellänge von 128, 192 oder 256 Bits unverändert übernommen worden ist. Anhand der Schlüssellänge wird zwischen den drei AES-Varianten AES-128, AES-192 und AES-256 unterschieden.

6.5.2 Asymmetrische Algorithmen

Die Idee asymmetrischer Algorithmen ist die Verwendung eines Schlüsselpaares (k_s, k_p) mit dem geheimen (engl. *secret*) Schlüssel k_s und dem öffentlichen (engl. *public*) Schlüssel k_p (vgl. Abb. 6.6 auf Seite 142). Aufgrund der Bedeutung des Schlüsselpaares werden asymmetrische Verfahren der Kryptografie auch als *Public-Key-Verfahren* bezeichnet. *Asymmetrisch* bedeutet dabei, dass zum Senden einer Nachricht der Sender den öffentlich bekannten Schlüssel k_p des Empfängers zur Verschlüsselung benutzt, während eine Entschlüsselung nur dem Empfänger mit dem zugehörigen geheimen Schlüssel k_s möglich ist. Formal gilt:

$$E_{k_p}(M) = C$$
$$D_{k_s}(C) = M$$

Bei asymmetrischen Verfahren der Kryptografie kann also mit dem öffentlichen Schlüssel eine Nachricht zwar verschlüsselt, aber nicht mehr entschlüsselt werden. Die Entschlüsselung ist nur einem Empfänger der Nachricht möglich, wenn er den geheimen Schlüssel dafür besitzt. Solange also ein Empfänger seinen geheimen Schlüssel nicht öffentlich bekannt macht, darf er davon ausgehen, dass nur er die Nachricht entschlüsseln kann.

Den öffentlichen Schlüssel hingegen darf und muss jeder kennen, der ihm eine Nachricht verschlüsselt zukommen lassen will. Das Problem der Vereinbarung und Übermittlung eines gemeinsamen Schlüssel bei den symmetrischen Verfahren ist also bei asymmetrischen Verfahren durch das Schlüsselpaar (k_s, k_p) gelöst.

Die bekanntesten asymmetrischen Algorithmen sind das RSA-Verfahren (benannt nach den Entwicklern Rivest, Shamir und Adleman) sowie das ebenfalls nach seinen Erfindern benannte Diffie-Hellman-Verfahren.

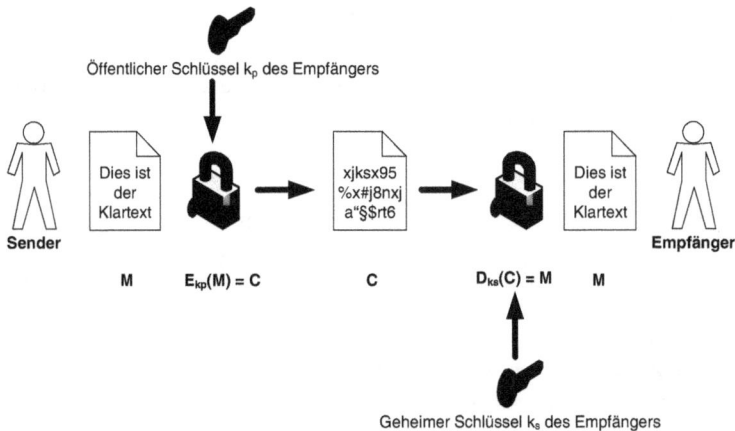

Abb. 6.6: Prinzip der asymmetrischen Verschlüsselung

RSA RSA ist eines der bekanntesten kryptografischen Verfahren und wurde 1978 veröffentlicht. Die Sicherheit von RSA basiert auf der Schwierigkeit, große Zahlen zu faktorisieren. Öffentlicher und privater Schlüssel hängen von einem Paar sehr großer Primzahlen ab (mindestens 100 bis 200 Stellen). Je nach Anwendung und Sicherheitsbedürfnis sind unterschiedliche Schlüssellängen möglich. Zur Zeit gilt eine Schlüssellänge von 2048 Bit als ausreichend sicher, um nicht mit handelsüblicher Rechnerperformance mittels Brute-Force erraten werden zu können.

Diffie-Hellman Das Diffie-Hellman-Verfahren wird häufig im Bereich des SSL (Secure Socket Layer) für die sichere Kommunikation zwischen einem Web-Server und einem Web-Browser eingesetzt: Beide Kommunikationspartner einigen sich auf zwei Werte, n und g. Diese Werte können frei im Internet vereinbart werden. Die einzige Bedingung ist, dass n eine Primzahl ist, zu der g modulo n prim ist. Daraus lassen sich dann zwei Schlüssel k_A und k_B zur Ver- und Entschlüsselung berechnen (vgl. Schneier, 2006, S. 587):

1. Partner A wählt eine beliebige, große Zahl x und sendet Partner B die Zahl X, wobei $X = g^x mod\, n$.

2. Partner B wählt eine beliebige, große Zahl y und sendet an Partner A die Zahl Y, wobei $Y = g^y mod\, n$.

3. A berechnet seinen Schlüssel: $k_A = Y^x mod\, n$.

4. B berechnet seinen Schlüssel: $k_B = X^y \bmod n$.

5. Für beide Schlüssel gilt: k_A und k_B sind gleich $g^{xy} \bmod n$.

6.5.3   Hash-Algorithmen

Hash-Algorithmen sind mathematische Funktionen, die Eingabewerte variabler Länge (z. B. eine Nachricht) in einen Ausgabewert, den sogenannten Hashwert, transformieren. Dabei besitzt der *Hashwert* folgende Eigenschaften (vgl. Merz, 2002, S. 162):

1. Der Hashwert hat eine feste Länge (eine feste Anzahl von Bits). Da diese Länge meist sehr viel kürzer ist als die Länge der Eingabewerte, kann es zu unterschiedlichen Eingabewerten den gleichen Hashwert geben. Dies wird als *Kollision* bezeichnet und ist eigentlich unerwünscht.

2. Die Hashfunktion ist nicht umkehrbar: Vom Hashwert kann also nicht auf den Eingabewert geschlossen werden.

3. Jede Änderung am Eingabewert führt zu einem neuen Hashwert, der nicht mit dem Hashwert des originalen Eingabewerts übereinstimmt (solange keine Kollision auftritt).

Da eine Kollision sehr selten vorkommt, ist es deshalb sehr unwahrscheinlich, dass ein Originaltext als Eingabewert nachträglich geändert werden kann, ohne dass dies anhand des Hashwerts erkannt werden könnte. Hashwerte werden deshalb auch als *Fingerabdruck* bzw. *Message Digest* bezeichnet und sind die Grundlage digitaler Signaturen. Verbreitete Hash-Algorithmen sind MD5 (Message Digest 5) und SHA-1 (Secure Hast Algorithm-1).

MD5   MD5 ist eine Weiterentwicklung der veralteten Hash-Funktion MD4 und produziert einen Hashwert mit Länge 128 Bit. Die Funktion ist unter bestimmten Voraussetzungen nicht sehr kollisionsresistent. Schneier (2006, S. 503) rät deshalb vom Einsatz dieses Hash-Algorithmus ab: „[...]ich hüte mich davor, MD5 einzusetzen".

SHA-1   SHA-1 ist eine Weiterentwicklung des veralteten SHA-Algorithmus und liefert einen Hashwert der Länge 160 Bit. Dadurch bietet der Algorithmus einen besseren Schutz vor Kollisionen und Brute-Force-Angriffen als MD5 (vgl. Schneier, 2006, S. 503).

6.5.4   Kryptografische Anwendungen

Wichtige Anwendungen für den Einsatz kryptografischer Verfahren sind die digitalen Signaturen und Zertifikate. Beide Anwendungen werden nachfolgend in ihrer Bedeutung für das E-Business beschrieben.

Schritt 1: Berechnung und Verschlüsselung des Hashwerts

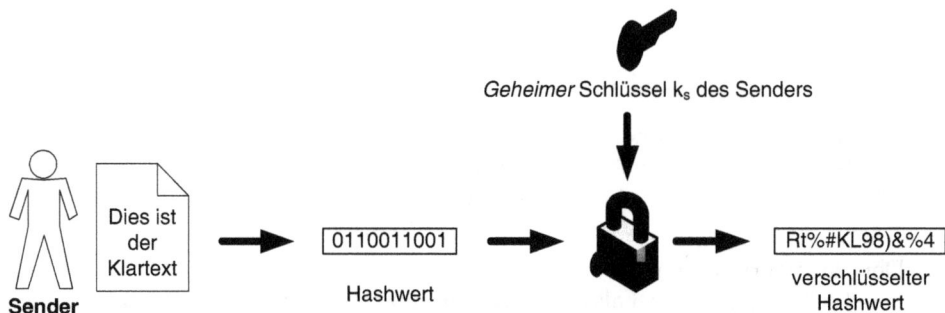

Geheimer Schlüssel k_s des Senders

Sender

Dies ist der Klartext

0110011001

Hashwert

Rt%#KL98)&%4

verschlüsselter Hashwert

Schritt 2: Versand der Nachricht + verschlüsseltem Hashwert

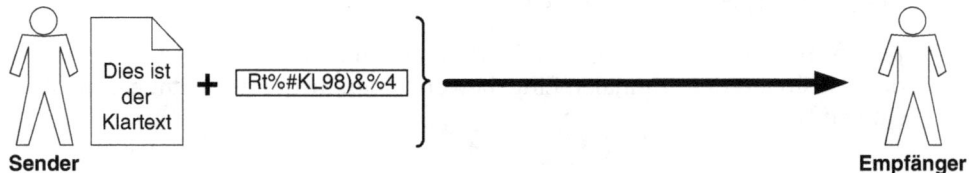

Sender

Dies ist der Klartext

$+$ Rt%#KL98)&%4

Empfänger

Schritt 3: Berechnung des Hashwerts

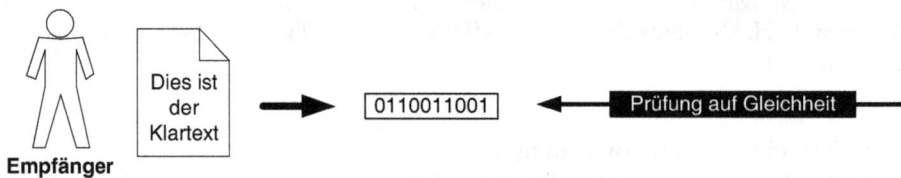

Empfänger

Dies ist der Klartext

0110011001

Prüfung auf Gleichheit

Schritt 4: Entschlüsselung des Hashwerts und Prüfung mit berechnetem Hashwert

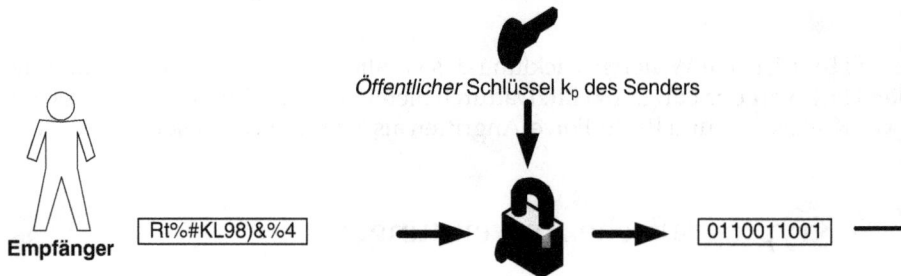

Öffentlicher Schlüssel k_p des Senders

Empfänger

Rt%#KL98)&%4

0110011001

Abb. 6.7: Ablauf der digitalen Signatur

Digitale Signaturen   Eine digitale Signatur (digitale Unterschrift) erfüllt zwei Funktionen: Zum einen soll sie bestätigen, dass eine Nachricht M vom Absender A stammt. Zum anderen soll sie die Unverfälschtheit der Nachricht M sicherstellen, so dass der Empfänger B sicher sein kann, keine Fälschung erhalten zu haben. Um diese beiden Funktionen zu erreichen, werden ein asymmetrischer und ein Hash-Algorithmus in Kombination eingesetzt:

1. Zunächst erzeugt A aus der zu sendenden Nachricht M den Hashwert h_A.

2. Der Hashwert h_A wird von A mit seinem geheimen Schlüssel k_s zu h_A^s verschlüsselt.

3. A sendet nun M und h_A^s an den Empfänger B.

4. B erzeugt aus M mittels der Hashfunktion den Hashwert h_B.

5. B entschlüsselt h_A^s mit dem öffentlichen Schlüssel k_p von A und erhält damit h_A.

6. Wenn $h_A = h_B$, dann stammt die Nachricht von A und wurde nicht verfälscht.

Die Verschlüsselung mit dem geheimen Schlüssel k_s von A und die anschließende Entschlüsselung mit dem öffentlichen Schlüssel k_p von A sind zunächst etwas verwirrend. Aber tatsächlich ist es möglich das Schlüsselpaar (k_s, k_p) so zu verwenden. In diesem Fall macht dies auch Sinn, weil B somit die Gewissheit erhält, dass die Nachricht tatsächlich von A stammt, der als Einziger seinen geheimen Schlüssel k_s kennt. Abb. 6.7 auf Seite 144 zeigt den schematischen Ablauf zur Erstellung und Prüfung einer digitalen Signatur.

Die digitale Signatur besitzt unter bestimmten Voraussetzungen die gleiche rechtliche Gültigkeit wie eine eigenhändige Unterschrift. Dies wird in der Bundesrepublik Deutschland beispielsweise durch das Signaturgesetz geregelt. Beispiele für ihren Einsatz im E-Business sind Willenserklärungen bei Bestellungen, Verträgen, Anträgen und Aufträgen. Außerdem lassen sich digitale Signaturen für Empfangsbescheinigungen, Quittungen, Protokolle etc. einsetzen.

Zertifikate   Wie kann sich der Empfänger B darauf verlassen, dass der öffentliche Schlüssel, den er von A besitzt, auch wirklich dessen Schlüssel ist und nicht der eingeschleuste Schlüssel eines Angreifers, der sich als A ausgibt? Dieses Problem kann dadurch gelöst werden, dass eine vertrauenswürdige Instanz die Echtheit des öffentlichen Schlüssels von A bestätigt. Vertrauenswürdige Instanzen werden als *Certification Authority* (CA) bezeichnet und vergeben Zertifikate, mit denen A gegenüber B nachweisen kann, dass er der echte Schlüsselinhaber ist. Der schematische Ablauf wird in Abbildung 6.8 auf Seite 146 nach Laudon u. a. (2010, S. 1066) dargestellt.

Zertifikate sind in der Regel gemäß dem ISO-Protokoll X.509 aufgebaut und beinhalten mindestens Angaben über

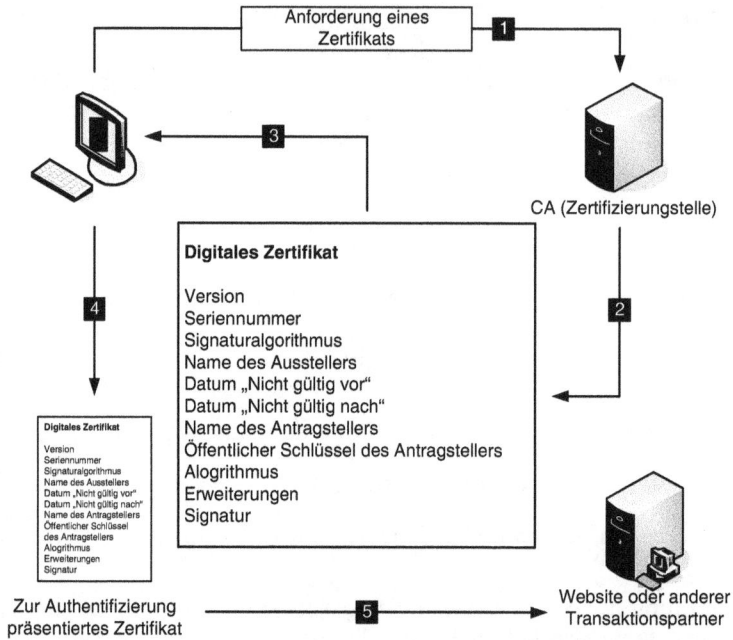

Abb. 6.8: *Zertifikat*

❏ den Aussteller des Zertifikats,

❏ den Inhaber des Zertifikats,

❏ die Seriennummer des Zertifikats,

❏ die Geltungsdauer des Zertifikats und

❏ den verwendeten Krypto-Algorithmus.

6.6   Datenschutz

In diesem Abschnitt sollen ausgewählte Aspekte des Datenschutzes im E-Business beleuchtet werden. Es kann hier jedoch aus Platzgründen keine umfassende Einführung
in das breite und wichtige Thema des Datenschutzes und seine gesetzlichen Grundlagen erfolgen.

6.6.1   Einführung

Datenschutz bezieht sich in Deutschland auf den Schutz personenbezogener Daten,
wobei ausschließlich Daten natürlicher Personen geschützt werden, jedoch keine Daten über juristische Personen wie Aktiengesellschaften oder Hochschulen. Personenbezogene Daten fallen im E-Business zwangsläufig immer dann an, wenn Endkunden
beteiligt sind, d. h. insbesondere im B2C-Bereich. Selbstverständlich sind auch Mitar-
beiterdaten personenbezogene Daten, d. h. auch der B2E-Bereich ist betroffen. Analog gilt dies für die nicht näher betrachteten Bereiche des E-Governments, namentlich
A2C und A2E. Da Unternehmen sowohl natürliche als auch juristische Personen als
Kunden haben können, gibt es eine Abgrenzungsproblematik zwischen den Kundengruppen bezüglich der Anwendung des Datenschutzes. In der Regel wird ein Quanti-
tätskriterium herangezogen, das z. B. besagt, dass in den Fällen, in denen mehr als 5%
der Kunden natürliche Personen sind, alle Kunden so behandelt werden, als wären sie
natürliche Personen. Ansonsten erfolgt die Beachtung datenschutzrechtlicher Vorgaben nur auf individuellen Antrag von Kunden, die natürliche Personen sind, vgl. Witt
(2008, S. 155). Im B2B-Bereich spielt Datenschutz eine weniger bedeutsame Rolle, da
hier der Großteil der Daten keinen direkten Personenbezug aufweist.

Zu den personenbezogenen Daten zählen Stammdaten wie Namen, Anschriften und
E-Mail-Adressen, vgl. dazu und im Folgenden Bundesamt für Sicherheit in der Informationstechnik (2005, S. 16f). Sie unterliegen in Deutschland einem besonderen gesetzlichen Schutz, der sich aus dem verfassungsmäßigen „Grundrecht auf informationelle
Selbstbestimmung" ableitet. Der E-Commerce-Bereich mit seinen E-Shops fällt unter
die sogenannten Teledienste, deren datenschutzrechtliche Aspekte im Gesetz über den
Datenschutz für Teledienste (TDDSG) geregelt sind. Dabei wird zwischen der Erhebung, Verarbeitung und Nutzung der Daten unterschieden. Die Erhebung von Daten
ist nur in beschränktem Umfang und nur im Zusammenhang mit der Durchführung
und Abrechnung der Teledienstleistung erlaubt. Bestandsdaten dürfen demnach in-
soweit erhoben werden, als sie für das Vertragsverhältnis mit dem Nutzer unbedingt
erforderlich sind. Nutzungsdaten dürfen erhoben werden, soweit sie zur Inanspruch-
nahme des Teledienstes durch den Nutzer nötig sind. Sie sind jedoch so bald wie möglich zu löschen, wenn sie nicht mehr gebraucht werden.

Grundsätzlich ist bei der Erfassung und Speicherung von Daten nach den im Bundesdatenschutzgesetz (BDSG) verankerten Prinzipien der Datensparsamkeit und der
Datenvermeidung zu verfahren. Laut §4 Abs. 2 TDDSG muss der Diensteanbieter den
Nutzer zu Beginn des Nutzungsvorgangs umfassend über die Erhebung, Verarbeitung
und Nutzung seiner Bestands-, Nutzungs- und Abrechnungsdaten unterrichten und
zwar so, dass der Nutzer sie ohne Weiteres finden kann. Bezüglich der Nutzung der
Daten für Zwecke der Werbung, Marktforschung oder zur bedarfsgerechten Gestal-

tung des Teledienstes hat der Nutzer gemäß §6 Abs. 3 TDDSG ein Widerspruchsrecht.
Auf dieses muss er hingewiesen werden, ebenso auf die Möglichkeit des Widerrufs
der Einwilligung (§4 Abs. 3 TDDSG), vgl. Bundesamt für Sicherheit in der Informationstechnik (2005, S. 16f).

Datenschutz im globalen E-Commerce ist zwangläufig nicht allein ein nationales Thema. In der Europäischen Union ist der Datenschutz durch die Europäische Datenschutzrichtlinie von 1995 und die Datenschutzrichtlinie für elektronische Kommunikation von 2002 geregelt. In Nicht-EU-Ländern – man denke z. B. an die USA, China,
Japan – existieren aus verschiedenen Gründen oft keine vergleichbaren Regelungen,
so dass man im grenzüberschreitenden E-Commerce damit rechnen muss, dass dem
Schutz personenbezogener Daten ein geringerer Stellenwert eingeräumt wird, als man
es in der EU bzw. in Deutschland gewohnt ist.

6.6.2 Information potentieller Kunden und der Datenschutz

Zunächst einmal steht ein E-Commerce-Anbieter vor der Herausforderung, potentielle
Kunden auf sich aufmerksam zu machen. Die Erhebung von Interessentendaten kann
z. B. durch den direkten Einkauf von Adressen oder die Nutzung eines sogenannten
Lettershops (Dienstleistungsunternehmen, das Werbebriefe oder andere personalisierte Sendungen versandfertig produziert) zur Versendung vom Marketingmaterialien
realisiert werden. Dabei ist aus Datenschutzgesichtspunkten heraus die Herkunft der
Quelle zu beachten, weil sich daraus u. U. spezifische Rechte der Betroffenen ergeben, vgl. Witt (2008, S. 158). Eine andere Möglichkeit besteht darin, Bestandskunden
zu Empfehlungen potentieller Interessenten aufzurufen, wobei der Erfolg davon abhängt, wie vertrauenswürdig die Empfehlenden eingestuft werden. Die Beworbenen
haben zudem generell ein Widerspruchsrecht gegen eine weitere Bewerbung, vgl. Witt
(2008, S. 160).

Die sogenannte „Kaltakquise" am Telefon in Form unverlangter Anrufe, die Zusendung unverlangter Werbung per E-Mail oder Telefax gelten in diesem Zusammenhang als unlautere Werbung. Zur Vermeidung dieser Probleme ist seitens des Werbetreibenden das Bereitstellen einer Datenschutzerklärung nötig z. B. in Form eines
Web-Formulars, mit dessen Hilfe sich Interessenten zu erkennen geben können. Dabei
muss angegeben werden, welche personenbezogenen oder personenbeziehbaren Daten im Rahmen des Aufrufs der Webseite und des Absendens des ausgefüllten Web-
Formulars anfallen. Im Sinne des datenschutzrechtlichen Gebots der Datensparsamkeit sind dabei möglichst wenige Pflichtfelder vorzusehen. Die elektronische Einwilligung zur automatisierten Verarbeitung personenbezogener Daten seitens der Interessenten muss protokolliert werden. Nicht selten wird dazu bereits das „double-opt-
in-Prinzip" eingesetzt, bei dem die Einwilligung erst durch eine Antwort-E-Mail des
Interessenten erfolgt, um sicherzugehen, dass die eingetragene E-Mail-Adresse auch
tatsächlich dem jeweiligen Benutzer gehört, vgl. Witt (2008, S. 159).

Nicht vergessen werden sollte, dass Transparenz und Durchgängigkeit des Datenschutzes seitens des E-Commerce-Anbieters gerade bei denjenigen Interessenten, die
für Datenschutzaspekte sensibilisiert sind, auch einen deutlich positiven Werbeeffekt

haben können, so dass Anstrengungen in diesem Bereich nicht nur Kosten verursachen, sondern sich auch durchaus auszahlen können, da sie das Vertrauen in den Anbieter stärken und seine Reputation erhöhen.

6.6.3   Personalisierung der Kundenansprache und der Datenschutz

Aus Sicht des E-Commerce-Anbieters ist es unbedingt erforderlich, möglichst viel über seine Kunden zu wissen, um ihnen attraktive Angebote unterbreiten zu können. Dies gilt im E-Commerce im Vergleich zum konventionellen Handel umso mehr, da ein Anbieter seine Kunden nicht kennt und ihnen auch nicht begegnet. Diesem Bedürfnis stehen die Absichten des Datenschutzes entgegen, welcher tendenziell eine höchstmögliche Anonymisierung der Kunden – wie sie etwa beim Bezahlen mit Bargeld der Fall ist – anstrebt. Eine derartige Datenvermeidung ist im E-Commerce jedoch nur begrenzt möglich, denn jede Nutzung des Internets hinterlässt Spuren und lässt sich im Falle des Einkaufens und Bezahlens mit Identifizierung des jeweiligen Käufers auch personalisieren, vgl. Roßnagel (2002, S. 9). Die Personalisierung der Benutzer lässt sich folglich auch zur Vervollständigung des entsprechenden Kundenprofils nutzen, indem E-Commerce-Anbieter bzw. Portalbetreiber die Profile ihrer Benutzer, basierend auf erfassten Stammdaten, Kaufhistorien, Navigationshistorien und weiterer Daten, um immer neue aus Datenspuren gewonnene Informationen ergänzen. Diese Benutzerprofile dienen insbesondere zur Vermeidung redundanter Eingaben von Stammdaten wie Name, Adresse etc. seitens des Kunden und bedeuten somit einen Komfortgewinn. Sie dienen jedoch auch dazu, dem Benutzer mit Hilfe einer sogenannten „Recommendation Engine" solche Informationen und Produktempfehlungen zu präsentieren, die ihn wahrscheinlich interessieren dürften, man denke z. B. an die Buchempfehlungen bei Amazon.de.

Technisch wird die Datensammlung oft über sogenannte Cookies (Profildateien) realisiert, die auf der Festplatte des Benutzers abgelegt werden und zur Identifikation von Sitzungen dienen. Sie speichern insbesondere Sitzungsdauer, Transaktionsdaten, Inhalte elektronischer Warenkörbe, Produktauswahl und -kombination etc., vgl. Merz (2002, S. 524). Sie dienen zunächst einmal der Bequemlichkeit der Benutzer, da sie dafür sorgen, dass Benutzereinstellungen nicht bei jeder Sitzung erneut eingegeben werden müssen, denn E-Shops können virtuelle Warenkörbe speichern und dem Benutzer beim nächsten Besuch zur Verfügung stellen etc. Auf der anderen Seite lassen sich über Cookies im Laufe der Zeit umfassende Benutzerprofile aufbauen und das Surfverhalten der Benutzer kann für personalisierte Marketingmaßnahmen verwendet werden. Allerdings dürfen Nutzungsdaten, die z. B. über Cookies erhoben werden, d. h. Daten zur Identifikation des Nutzers, Daten über Zeitintervalle der Nutzung sowie Daten zu Art und Umfang der Nutzung gemäß §6 TDDSG grundsätzlich nur zur Ermöglichung und Abrechnung der Dienste verwendet werden, nicht zur Analyse des Nutzerverhaltens. Nutzungsdaten müssen demnach so bald wie möglich wieder gelöscht werden. Da diese gesetzlichen Vorgaben nicht global gelten und ihre Einhaltung sich schwer überwachen lässt, besteht auch die Möglichkeit per Browsereinstellung das dauerhafte Ablegen von Cookies zu verhindern oder zumindest nur nach Rückfrage zuzulassen. Alternativ können Cookies auch regelmäßig, z. B. am Ende jeder Sitzung, gelöscht werden.

Die Kundendatenverwaltung erfolgt heute auf Seite der Anbieter, z. B. E-Shops, nicht selten in komplexen Systemlandschaften mit einem ERP-System zur Finanzbuchhaltung und zur Steuerung der Datenströme, einem Data Warehouse zur Datensammlung und -aufbereitung sowie einem Business Intelligence-System (BI-System) für das Reporting. Ergänzend kann ein CRM-System hinzukommen, vgl. Kapitel 5.3. In einem CRM-System wird die Beziehung zu einem Kunden umfassend abgebildet. Neben Transaktionsdaten können auch Gesprächsnotizen zu Themen wie Hobbys, bevorzugten Urlaubsorten, Charaktereigenschaften und familiärem Hintergrund erfasst sein, die zusammengenommen ein sehr umfassendes Profil eines Kunden ergeben können. Gerade aus Datenschutzgesichtspunkten heraus ist das ergänzende Festhalten von mit der eigentlichen Geschäftsbeziehung nicht ursächlich in Zusammenhang stehenden Informationen, die weit in die Privatsphäre des Einzelnen reichen können, sehr kritisch zu sehen.

Datenschutzrechtliche Brisanz erhält die Profilbildung insbesondere dadurch, dass die gesammelten Daten eine für Marktforscher, Vertriebsabteilungen und Adresshändler sehr wertvolle Quelle darstellen, da sie weitreichende Schlussfolgerungen über Verhalten und Präferenzen der Betreffenden erlauben, ohne dass diesen dies unbedingt bewusst sein muss. Denkbar ist die Nutzung der gesammelten Informationen zur Personalisierung auf verschiedenen Kanälen und zu sehr unterschiedlichen Zwecken. Die Palette möglicher negativer Konsequenzen kann von unaufgeforderter Werbung bis hin zu möglichen Diskriminierungen bei der Stellensuche oder beim Abschluss von Versicherungsverträgen reichen. Im Sinne des Datenschutzes ist eine Datensammlung auf Vorrat und eine Profilbildung dementsprechend auch grundsätzlich nicht erlaubt. Auf der anderen Seite greifen viele Anwendungssysteme ineinander, übernehmen Daten aus anderen Anwendungssystemen und sind zumindest partiell kontextsensitiv ausgelegt, so dass Datenspeicherung auf Vorrat zwingend erforderlich ist, vgl. Roßnagel (2005, S. 466). Auch profitieren Nutzer von – z. B. mit Hilfe eines CRM-Systems – individuell auf sie zugeschnittenen Angeboten, die nur durch Vorratshaltung der Daten und Profilbildung möglich sind.

Neben den allgemeinen zu schützenden personenbezogen Daten wie Name, Adresse, Kommunikationsdaten, Geburtstag etc. gibt es eine Kategorie personenbezogener Daten, mit denen extrem sensibel umzugehen ist, falls sie denn überhaupt erhoben werden dürfen. Das BDSG spricht hierbei von besonders schutzwürdigen Daten. Gemäß BDSG betrifft dies die rassische und ethnische Herkunft, die politische Meinung, eine mögliche Gewerkschaftszugehörigkeit, die religiöse und philosophische Überzeugung, die Gesundheit und das Sexualleben. Einige dieser Daten unterliegen außerdem speziellen Amtsgeheimnissen, wie etwa die Gesundheitsdaten dem Arztgeheimnis. Eine Erhebung dieser Kategorie von Daten für Zwecke des E-Business sollte dementsprechend grundsätzlich unterbleiben.

Witt (2008, S. 102) betont, dass der Einsatz neuer Techniken zur Verwaltung personenbezogener Daten, deren Tragweite bzw. Technikfolgenabschätzung noch nicht abgeschlossen ist, datenschutzrechtlich ebenfalls besonders kritisch begleitet werden muss. Beispiele sind die Videoüberwachung, die Chipkarteneinführung oder die Umstellung der konventionellen Personalakte auf die E-Akte. Gleiches gilt für die Nutzung von RFID-Transpondern (Funketiketten) zur Warenkennzeichnung, die bei Ausschöpfung der technischen Möglichkeiten sehr umfassende Persönlichkeits- und Bewegungsprofile erlauben. Allen diesen Verfahren ist gemeinsam, dass sie sehr viele personenbezogene Daten generieren, die vielfältig ausgewertet und dementsprechend auch missbraucht werden können.

6.6.4 Geschäftsabwicklung und der Datenschutz

Im Rahmen der eigentlichen Geschäftsabwicklung fallen im Zusammenhang mit Kontaktaufnahme, Bestellung, Bezahlung und Lieferung zahlreiche Daten über den Kunden an und es ist deshalb sehr wichtig, dass der Schutz der Transaktionsdaten gewährleistet ist. Dies gilt grundsätzlich für alle Daten, d. h. der E-Commerce-Anbieter muss dafür Sorge tragen, dass die gebotenen Maßnahmen der IT-Sicherheit ergriffen werden, etwa die Nutzung einer verschlüsselten Internetverbindung bei der Übermittlung von sensiblen Daten z. B. der Übermittlung von Kreditkarten- oder Bankverbindungsdaten beim E-Payment.

Der Datenschutz im Zusammenhang mit einer E-Commerce-Transaktion wird in Deutschland durch verschiedene Gesetze geregelt. Den allgemeinen Rahmen bildet das Bundesdatenschutzgesetz, dessen Vorgaben stets dann gelten, wenn es keine Spezialvorschriften gibt, wie es für E-Commerce durch das Gesetz über den Datenschutz für Teledienste (TDDSG) der Fall ist. Die Vorschriften des TDDSG gelten für den Schutz personenbezogener Daten im Sinne des Teledienstegesetzes (TDG), da das Angebot von Waren und Dienstleistungen über das Internet für eine individuelle Nutzung bestimmt ist und da auf das Angebot unmittelbar (d. h. medienbruchfrei) aus dem Web-Browser heraus zugegriffen werden kann, vgl. dazu und zum anwendbaren Recht bei ausländischen Internet-Angeboten Scholz (2002, S. 41ff).

§5 TDDSG erlaubt das Erheben, Verarbeiten und Speichern von Nutzerdaten, soweit diese für das Vertragsverhältnis unbedingt erforderlich sind, vgl. Scholz (2002, S. 48). Diese Daten unterliegen der Zweckbindung und dürfen nicht ohne Weiteres für andere Zwecke wie etwa Beratung, Werbung oder Marktforschung verwendet werden. Eine solche Einwilligung zur umfassenden Nutzung und Weitergabe der Daten kann seitens des Nutzers erteilt oder verweigert werden, dazu müssen die vorgesehenen Verwendungszwecke offengelegt werden. Die Einwilligung muss auf der freien Entscheidung des Nutzers beruhen und darf nicht an den Vertragsabschluss an sich gekoppelt sein (§3 Abs. 4 TDDSG). Außerdem muss auf die Widerrufsmöglichkeit der Einwilligung hingewiesen werden. Falls ein Call-Center zum Einsatz kommt, so ist zu beachten, dass die Aufzeichnung geführter Gespräche die Einwilligung seitens des Kunden erfordert, sonst stellt sie einen Verstoß gegen das Recht am gesprochenen Wort gemäß §201 StGB dar.

Datenschutztechnisch unverfänglicher und mit der Novellierung zum 01.09.2009 auch als Grundsatz in TDDSG §3a festgeschrieben ist die Anonymisierung oder Pseudonymisierung personenbezogener Daten. Dieser Grundsatz gilt, sofern dies nach dem Verwendungszweck möglich ist und keinen unverhältnismäßigen Aufwand erfordert. Zumindest der Einkauf mittels eines Pseudonyms ist dabei im E-Commerce vorstellbar. Pseudonyme lassen sich einer bestimmten Person zuordnen und nur unter der Voraussetzung, dass dies im Falle einer geschäftlichen Transaktion auch möglich ist, wird sich ein E-Commerce-Anbieter darauf einlassen. Einzelne Bezahlverfahren greifen dieses Prinzip auf. Nicht akzeptabel für E-Shop-Betreiber sind dagegen vollkommen anonyme Geschäftspartner, welche mit Bargeldkäufern im stationären Handel vergleichbar wären, die dort jedoch durch den unmittelbaren Leistungstausch („Geld gegen Ware") im Gegensatz zum E-Commerce unproblematisch sind.

Das TDSSG räumt Kunden umfassende Rechte zur Sicherung ihres individuellen Rechts auf informationelle Selbstbestimmung ein: Rechte bezüglich Unterrichtung, Auskunft und Datenkorrektur (Scholz, 2002, S. 61ff). Zunächst ist der Nutzer zu Beginn der Nutzung über Art, Umfang und Zweck der Erhebung, Verarbeitung und Nutzung personenbezogener Daten sowie über die Verarbeitung seiner Daten im Ausland zu unterrichten (§4 Abs. 1 TDDSG). Auf dieser Basis kann der Nutzer entscheiden, ob er die Nutzung fortsetzen oder abbrechen möchte. Falls er sich für eine weitere Nutzung entscheidet, muss er die Möglichkeit geboten bekommen, die Verarbeitung seiner Daten laufend zu kontrollieren. Ihm wird dazu ein Auskunftsrecht zugestanden (§4 Abs. 7 TDDSG), das alle personenbezogenen Daten umfasst, die der E-Commerce-Anbieter über ihn gespeichert hat. Es müssen alle Auskunftsbegehren beantwortet werden, ggf. sind Negativauskünfte zu erteilen. Der Auskunftsanspruch bezieht sich auch auf lokal gespeicherte Komponenten wie Cookies, vgl. Scholz (2002, S. 66). Es müssen – sofern möglich – Auskünfte über die Herkunft von Daten erteilt werden. Das Auskunftsrecht erstreckt sich auch auf Daten, die zu Pseudonymen gespeichert wurden, wobei eine Aufdeckung des Pseudonyms nicht erforderlich ist.

Nutzern stehen gemäß §6 Abs. 1 BDSG Rechte zur Berichtigung, Sperrung oder Löschung von Daten zu. Unrichtige personenbezogene Daten müssen korrigiert werden, sobald davon z. B. durch ein Berichtigungsverlangen des Benutzers Kenntnis genommen wurde. Das Löschen von Daten (§35 Abs. 2 BDSG) ist grundsätzlich immer möglich, außer es bestehen Aufbewahrungsfristen oder eine Löschung würde zu Nachteilen für den Kunden führen, vgl. Scholz (2002, S. 69). Eine Löschung ist geboten, wenn das die Datenspeicherung begründende Vertragsverhältnis aufgelöst wurde. Falls der Kunde jedoch der Verwendung seiner Daten zu Werbezwecken zugestimmt hat, entfällt die Löschverpflichtung. In bestimmten Fällen kann statt einer Löschung eine Sperrung von Daten ausreichen, z. B. wenn technische Gründe gegen eine Löschung sprechen.

6.7   Kontrollfragen

1. Definieren Sie den Begriff der IT-Sicherheit!

2. Erläutern Sie mögliche Sicherheitsrisiken!

3. Erläutern Sie den Aufbau eines IT-Sicherheitsmanagements nach BSI!

4. Erläutern Sie den Ablauf einer digitalen Signatur!

5. Erläutern Sie, wie ein Unternehmen verhindern kann, dass seine Marketingaktion per E-Mail als unlautere Werbung eingestuft wird!

6. Erläutern Sie Möglichkeiten der Datenvermeidung im E-Commerce seitens der Benutzer!

7. Erläutern Sie die Zusammenhänge zwischen Datenschutz und IT-Sicherheit!

7   Enterprise 2.0

7.1   Einführung in Enterprise 2.0

7.1.1   Idee und Begriff

Informationssysteme dienen im Unternehmen grundsätzlich dem Zweck der Bereitstellung eines Informationsangebots, das von den Aufgabenträgern dazu genutzt
wird, um die für ihre Tätigkeit notwendigen Informationen zu erhalten. In diesem
Sinne stellt Information also eine betriebliche Ressource dar, von deren Qualität der
Unternehmenserfolg entscheidend beeinflußt wird. Dabei müssen verschiedene Parameter zu einer möglichst hohen Übereinstimmung gebracht werden (vgl. Abb. 7.1
sowie Picot u. a. (2001, S. 81f)):

❏ Der *objektive Informationsbedarf* stellt die zur Erfüllung einer Aufgabe tatsächlich
  notwendige Informationsmenge dar.

❏ Der *subjektive Informationsbedarf* stellt die Informationsmenge dar, die der jeweilige Aufgabenträger als zur Erfüllung seiner Aufgabe relevant erachtet.

❏ Das *Informationsangebot* stellt die von den Informationssystemen zur Verfügung
  gestellte Informationsmenge dar.

❏ Die *Informationsnachfrage* stellt die vom Aufgabenträger tatsächlich nachgefragte
  Informationsmenge dar.

Ideal wäre es, wenn sich die Informationsmengen vollständig überschneiden würden.
In diesem Falle hätte der Aufgabenträger einen vollkommenen *Informationsstand* (im
Sinne der vollkommenen Information). Die betriebliche Realität jedoch lehrt, dass ein
solches Optimum nur angestrebt, aber niemals erreicht werden kann. Die im linken
Kasten von Abb. 7.1 dargestellte Situation stellt sicherlich ein etwas extremes Beispiel einer schlechten Informationsabdeckung dar, zeigt aber anschaulich die Opti-
mierungsaufgabe der Schnittmengenbildung. Gelingt es, das Informationsangebot in
Relevanz, Qualität und Umfang zu erhöhen, so läßt sich dadurch bereits eine deutliche Verbesserung erzielen. Letztlich bringt dies aber nur etwas, wenn die Informa-
tionsnachfrager damit auch etwas anfangen können. Ob diese mit dem verbesserten
Informationsangebot etwas anfangen können, hängt stark von ihrer Qualifikation ab –
man muss schon die richtigen Fragen stellen können, um die richtigen Antworten zu
erhalten. Um eine signifikante Erhöhung der Schnittmenge zu erreichen, müssen also auch die Aufgabenträger auf einen „höheren" Informationsstand gebracht werden.
Dies kann durch Weiterbildungsmaßnahmen geschehen. Eine weitere Möglichkeit, um

den Informationsstand zu verbessern, ist die gezielte Motivation der Mitarbeiter zum Informationsaustausch. Dadurch kann die im rechten Kasten von Abb. 7.1 dargestellte Situation erreicht werden. Dies ist die Kernidee von Enterprise 2.0.

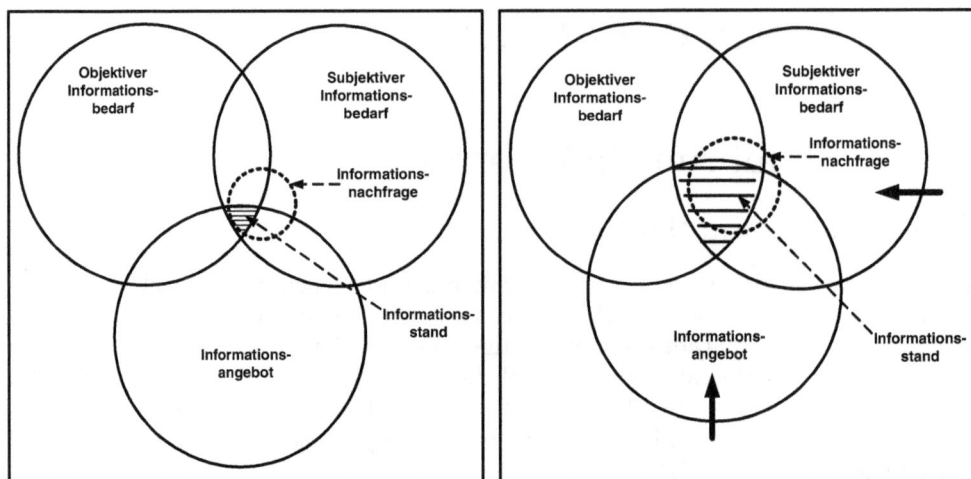

Abb. 7.1: *Verbesserung des Informationsstands durch Enterprise 2.0*

Aus der Überlegung heraus, die Werkzeuge und Technologien des Web 2.0 (siehe hierzu Kapitel 5.2.1) im Unternehmen einzusetzen, entstand der Begriff „Enterprise 2.0". Der Begriff wurde erstmals von McAfee (2006) geprägt und anschließend fachlich eingehender in McAfee (2009) erläutert.

In seinem Artikel *Enterprise 2.0 – The Dawn of Emergent Collaboration* prägte McAfee (2006) den Ansatz unter der folgenden Definition:[1]

> „Enterprise 2.0 is the use of emergent social software platforms within companies, or between companies and their partners or customers."

Das Emergenzprinzip, das McAfee hier anspricht, beschreibt eine Form von Zusammenarbeit, die nicht auf dem einzelnen Anwender, sondern auf einer besonderen Prozessdynamik in der Interaktion basiert (Garcia, 2007, S. 106).

Enterprise 2.0 nutzt das Potential von emergenter Social Software um auf die Problemstellungen des Wissensmanagements, der unternehmensinternen Kommunikation und der virtuellen Zusammenarbeit gezielt mit kostengünstigen und einfach zu verwendenden, webbasierten Werkzeugen einzugehen. Dazu kombiniert Enterprise

---

[1]In McAfee (2009, S. 73) wurde diese unternehmensbezogene Definition wie folgt verallgemeinert: „Enterprise 2.0 is the use of emergent social software platforms by organizations in pursuit of their goals". Diese Formulierung fokussiert zwar auf den Zweck des Einsatzes von Social Software, passt aber nicht mehr zum Begriff, denn jetzt müsste man stringent von *Organization 2.0* sprechen.

2.0 das Potential von Social Software-Werkzeugen mit den aktuellen wissenschaftlichen Erkenntnissen über das Verhalten von Internetnutzern und schafft durch den Erfolg und die Popularität von Social Software im privaten Bereich neue Organisationsformen mit Fokus auf der Qualität der Arbeit und der Fähigkeit der Mitarbeiter zur Selbstorganisation in Verbindung mit einem hohen Eigenantrieb (intrinsischer Motivation). Dies mündet nach Cavazza (2007) auch in einer neuen Form der Unternehmenskultur, geschaffen durch Enterprise 2.0. Es ist Ziel von Enterprise 2.0 sicherzustellen, dass Mitarbeiter die richtigen Informationen zur richtigen Zeit bekommen. Dafür sorgt ein Netzwerk von miteinander verbundenen Anwendungen und Diensten.

Dadurch, dass die kollektive Intelligenz der Mitarbeiter eines Unternehmens erschlossen wird, entsteht ein gewaltiger Wettbewerbsvorteil in Form von steigender Innovation, Produktivität und Agilität (vgl. Enterprise2Conf Advisory Board (2007)). Ein wichtiges Element ist hier die Ablösung des De-facto-Standards E-Mail in der Zusammenarbeit (ungeachtet der unverändert wichtigen Rolle in der Kommunikation) durch das sogenannte „Writable Intranet" (vgl. Khaitan (2006)). Wikis und Blogs beispielsweise schaffen im Sinne dieses „beschreibbaren Intranets" eine neue, einfache Form, um es Mitarbeitern zu ermöglichen ihr Wissen zu teilen und Ideen zu diskutieren.

Eine weitere Dimensionen von Enterprise 2.0 ist die Kombination von Web 2.0 und Unified Communications zu Instant Communication-Software, die durch Text-, Audio- und Video-Conferencing-Lösungen, Mobilität, ständige Erreichbarkeit und Interoperabilität zwischen verschiedenen Medien die steigenden Ansprüche der internationalen Zusammenarbeit adressiert (Bilderbeek und Bieler, 2007, S. 9).

7.1.2 Komponenten: SLATES

McAfee (2009, S. 70ff) versucht, Enterprise 2.0 als Technologie zum besseren Verständnis in sechs Komponenten einzuteilen. Diese fasst er mit dem Akronym SLATES zusammen:

- ❏ **Search** – Für jede Informationsplattform ist es entscheidend, dass ein Benutzer die Informationen findet, die er sucht.

- ❏ **Links** – McAfee postuliert, dass relevante Informationen an der Stelle zu finden sind, auf die am häufigsten verlinkt wird. Diese Idee liegt auch Suchmaschinen wie Goggle in ihrem Page Ranking-Algorithmus zugrunde und kann als empirisch zutreffend gelten. Mitarbeiter eines Unternehmens müssen deshalb im Intranet ebenfalls die Möglichkeit erhalten, die für sie wichtigen Informationen zu verlinken.

- ❏ **Authoring** – Enterprise 2.0 unterstützt das Verlangen von Mitarbeitern selbst Artikel zu verfassen und die eigene Meinung zu veröffentlichen.

- ❏ **Tags** – Informationen werden durch vom Benutzer bestimmte Schlüsselwörter kategorisiert.

- ❏ **Extensions** – Die Aktivitäten des Benutzers werden analysiert, um Angebote an das Verhalten und die Vorlieben des Benutzers anzupassen.

❏ **Signals** – Der Benutzer wird automatisch benachrichtigt, wenn für ihn interessante neue Inhalte verfügbar sind.

Warum Unternehmen sich für Social Software und damit für den Beginn einer Enterprise 2.0-Architektur entscheiden sollten, stellt Rangaswami (2006) zusammenfassend in den folgenden fünf Punkten dar:

1. **leichtgewichtig** – Social Software benötigt minimale Ressourcen an Hardware und Wartung

2. **einfach** – eine einfach zu bedienende Oberfläche schrumpft den Schulungsbedarf auf das Minimum

3. **schnell** – die unternehmensweite Einführung lässt sich in kurzer Zeit bewerkstelligen, da die Software entweder über zentrale Server, direkt über das Web oder über schnelle Downloads zur Verfügung gestellt werden kann

4. **integrierbar** – Web Services und offene Schnittstellen vereinfachen die Integration

5. **risikoarm** – durch On Demand-Angebote und Open Source-Software bleiben die Kosten der Anschaffung gering und die Anbieter stehen in der ständigen Verantwortung für Updates und Weiterentwicklung

Das Potenzial von Enterprise 2.0 erstreckt sich nicht nur über die Mitarbeiter eines Unternehmens, sondern auch auf Partner, Zulieferer und Kunden. Die Entwicklung im Bereich Enterprise 2.0 erscheint auf den ersten Blick als Hype, Social Software im Unternehmen als „Spielzeug für Start-Ups". Große Hersteller haben den Trend allerdings bereits erkannt, unterstützen Enterprise 2.0 und treiben den Ansatz voran (Miller, 2007, S. 1). Dies lässt sich daran erkennen, dass viele Unternehmen das Portfolio ihrer Groupware-Lösungen um Social Software-Elemente erweitert haben bzw. eigene Enterprise 2.0-Pakete anbieten (Richter und Koch, 2007, S. 38). Beispiele sind die folgenden Produkte:

❏ **Intel** Suite Two
(http://spikesource.com/suitetwo)

❏ **Oracle** Webcenter-Suite
(http://www.oracle.com/products/middleware/webcenter.html)

❏ **IBM** Lotus Connections
(http://www-306.ibm.com/software/lotus/products/connections)

❏ **Microsoft** Sharepoint
(http://www.microsoft.com/sharepoint/default.mspx)

Nach einer Studie des Marktforschungsinstituts Forrester präferieren 74% der befragten IT-Leiter solche vollständigen Enterprise 2.0-Pakete, 71% besonders, wenn sie von großen, namhaften Herstellern stammen (vgl. Young u. a. (2007a)).

Um das Potential von Social Software im Unternehmen zu analysieren, werden im Folgenden wichtige Social Software-Systeme betrachtet.

7.2   Wikis

7.2.1   Begriff und Merkmale

Ein Wiki ist eine webbasierte Software, die es allen Betrachtern einer Webseite erlaubt, den Inhalt online im Browser zu ändern und neue Seiten zu erstellen (vgl. Tabelle 7.1). Es sind weder HTML- noch andere Webdesignkenntnisse erforderlich, Wikis kommen mit einer sehr einfachen Syntax aus. Damit ist das Wiki eine leicht zu bedienende Plattform für kooperatives Arbeiten an Texten und Hypertexten (Ebersbach u. a., 2005, S. 10). Inhalte können iterativ editiert und weiterentwickelt werden.

Wikis folgen drei grundlegenden Prinzipien:

1. **KISS**: Getreu dem KISS-Prinzip („Keep It Short and Simple") sind Wikis einfach zu installieren, einfach zu administrieren und und einfach zu benutzen. Jeder Berechtigte kann Wiki-Seiten im Browserfenster ändern. Die verwendete Syntax[2] ist sehr einfach zu verstehen. Mittlerweile können Wikis auch mit WYSIWYG-Editoren bearbeitet werden und sind noch einfacher zu bedienen – genauso wie jedes beliebige Textverarbeitungsprogramm.

2. **Verlinkung**: Alle Wiki-Inhalte lassen sich miteinander verlinken. Schlüsselbegriffe können sehr einfach mit bereits bestehenden Artikeln oder mit einer neu angelegten Seite verknüpft werden.

3. **Versionierung**: Änderungen im Wiki werden protokolliert. Dadurch entsteht eine Versionierung, die sogenannte „History" eines Dokuments. Autor bzw. Editor, Änderungsdatum und Differenzen werden so gespeichert. Die Bearbeitung der Dokumente ist transparent und der aktuelle Stand lässt sich jederzeit auf einen Früheren zurücksetzen.

Einen wesentlichen Beitrag zur Bekanntheit und zum Erfolg von Wikis hat sicherlich die freie Enzyklopädie *Wikipedia* (http://www.wikipedia.org) geleistet, die für ein regelrechtes Phänomen steht: Der Entstehung einer funktionierenden Community, die freiwillig und regelkonform an der Schaffung von Sozialem Kapital beiträgt (Frost, 2006, S. 52).

---

[2]Siehe z. B. http://de.wikipedia.org/wiki/Hilfe:Textgestaltung.

Für den Unternehmenseinsatz geeignete Wikisoftware

TWiki
Teamorientierte Wiki-Software für Unternehmen
http://www.twiki.org

MediaWiki
Wikisoftware der Wikipedia
http://www.mediawiki.org

DekiWiki
Innovative Weiterentwicklung von MediaWiki
http://wiki.opengarden.org/Deki_Wiki

SocialText
Wikisoftware für Unternehmen, freie und kostenpflichtige Version
http://www.eu.socialtext.net

Wikimatrix
Eine Übersichtsmatrix zum Vergleich der bekanntesten Wikisoftware
http://www.wikimatrix.org

Tab. 7.1: Für den Unternehmenseinsatz geeignete Wikisoftware

7.2.2   Betriebliche Einsatzmöglichkeiten

Wikis treffen den Kern des Wissensmanagementsansatzes (vgl. Müller und Dibbern (2006)): Die Dokumentation von Wissen und die gemeinsame Nutzung der abgelegten Informationen. Im Gegensatz zu Wissensmanagementsystemen, in denen nur bestimmte Experten (Knowledge Experts) Inhalte einpflegen, fördern Wikis die aktive Teilnahme am Wissensmanagement durch die Prinzipien der Einfachheit, Offenheit und Transparenz. Jeder Mitarbeiter kann und darf Inhalte einpflegen und bearbeiten.

Sehr viele Softwareentwicklungsprojekte, vor allem im Open Source-Bereich, bedienen sich Wikis zur Planung von Features, kollaborativ verfasster Dokumentation und Interaktion mit den Benutzern und Entwicklern (siehe z. B. http://wiki.rubyonrails.org oder http://docs.limesurvey.org). Durch ihre Flexibilität lassen sich Wikis aber auch in vielen anderen Bereichen im Unternehmen einsetzen. An dieser Stelle sollen einige interessante Beispiele genannt werden:

❏ **Knowledge Base**
  Im Wissensmanagement lassen sich Wikis eigentlich zu fast allen Fragestellungen einsetzen, die auf explizier- und strukturierbarem Wissen aufsetzen. Ein Beispiel wäre ein Wiki als Plattform, in der Probleme eingestellt werden, zu denen der darauf folgende Workaround bzw. die Problemlösung evtl. mit Dateianhängen (Screenshots, Patches,..) dokumentiert werden.

❏ **Verfahrensanweisungen und Handbücher**
  Umfassende Dokumente dieser Art eignen sich hervorragend für die kollabora-

tive Bearbeitung. Jeder Leser, der schwer verständliche oder unvollständige Passagen entdeckt, kann diese selbst editieren und verbessern. Auch Errata werden vom Leser korrigiert.

❏ **Projektkoordination**
In der Projektkoordination lassen sich Wikis vor allem dort einsetzen, wo schnell eine gemeinsame Wissensbasis geschaffen werden soll (Groß und Hülsbusch, 2007, S. 51). Typische Dokumente wie Teamprofile, Todo-Listen und Protokolle genauso wie Diskussionen und Empfehlungen können in Projektwikis stattfinden, da die Beteiligten gezwungen sind zeit- und ortsunabhängig mit denselben Dokumenten zu arbeiten. Durch die Wikiform können alle Teilnehmer immer die aktuellste Version nutzen.

❏ **Ideen- und Vorschlagsmanagement**
Das Sammeln und Diskutieren von Verbesserungsvorschlägen und Ideen mit Versionierung und Authentifikation dient einer Unternehmenskultur, die für die Vorschläge kreativer Mitarbeiter offen ist. Das Konzept des Online-Brainstormings, welches sich in der Web 2.0-Plattform „Brainr" (http://www.brainr.de) als sehr erfolgreich erweist, wird durch Wikitechnologie in Unternehmen übertragen.

❏ **E-Learning**
Wikis fördern kollaborative Lernprozesse (Erpenbeck und Sauter, 2007, S. 244). Werden Wikis begleitend zu Bildungs- und Weiterbildungsveranstaltungen eingesetzt, können die Mitarbeiter Schulungsunterlagen und Materialien oder auch Niederschriften von Seminaren oder Workshops selbst zusammenstellen. Indem die Dokumente gemeinsam formuliert, weiterbearbeitet und diskutiert werden können, erhöht sich die Qualität der Unterlagen.

❏ **Technische Dokumentation**
Auch in der Technischen Dokumentation von Geräten und Produkten finden Wikis Anwendung (vgl. Ebenhoch (2007)), stoßen dort aber vor allem beim Export und der Einhaltung von Standards an ihre Grenzen.

❏ **Intranet**
Um die Einsatzmöglichkeiten von Wikis zu aggregieren, bauen manche Unternehmen ihr komplettes Intranet wikibasiert auf; vgl. Müller und Dibbern (2006, S. 49ff). Dadurch bleiben die Inhalte aktuell, da zum Beispiel standortbezogene Informationen oder häufig gestellte Fragen aus der Organisation und der IT einfach und schnell gepflegt werden können.

7.3 Blogs

7.3.1 Begriff und Merkmale

Ein Blog (auch: „Weblog") ist eine regelmäßig aktualisierte Website, deren Beiträge chronologisch sortiert angezeigt werden (vgl. Tabelle 7.2). Hierbei wird mit dem aktuellsten Beitrag auf der Startseite begonnen (Alby, 2006, S. 21). Ein Blog ähnelt einem Tagebuch oder einem Journal – nur wird er im Internet geführt. Jeder Beitrag kann unmittelbar von Besuchern kommentiert werden. Blogs werden – im Regelfall – von einem einzelnen Autor, dem sogenannten „Blogger" erstellt und gepflegt (Bächle, 2006, S. 46).

Weitere wichtige Merkmale von Blogs sind:

❑ **Subjektivität und persönlicher Bezug**
Blogartikel spiegeln authentisch und unmittelbar die Meinung des Autors wider. Die Kommunikation sowohl über die Artikel als auch die Kommentare erfolgt direkt und ungefiltert.

❑ **Archivcharakter**
Jeder Blog-Eintrag erhält eine fest vergebene, unveränderbare URL (Permalink), um dauerhaft aufgerufen werden zu können. Verbunden mit einer leistungsfähigen Suchfunktion entsteht ein komfortables Artikelarchiv (Wright, 2006).

❑ **Aktualität und Frequenz**
Blogs werden gewöhnlich regelmäßig gepflegt und bieten durch das Beitragsdatum einen direkten zeitlichen Bezug.

❑ **Newsfeeds**
Blogs können per RSS (Really Simple Syndication) abonniert werden.
Sogenannte Newsfeeds oder RSS-Feeds können abonniert oder in andere Websites integriert werden. Im Unterschied zur E-Mail oder Website wird ein Abonnent ohne Verwaltungsaufwand über dessen Newsfeed-Software automatisch über Neuigkeiten, hier Blog-Einträge, informiert.

7.3.2   Betriebliche Einsatzmöglichkeiten

Blogs sind dazu geeignet, die Authentizität und Glaubwürdigkeit von Unternehmen zu stärken und werden dabei Sinnbild für eine offene Kommunikationspolitik (Pschera, 2007). Die folgenden Beispiele zeigen das Potential von Blogs in den verschiedensten Einsatzmöglichkeiten:

❑ **Mitarbeiterblogs**
Mitarbeiterblogs bzw. Knowledge Blogs sind persönliche Blogs von Mitarbeitern, um Informationen (Artikel aus dem WWW, Dokumente aus dem Intranet oder E-Mails) festzuhalten, zu annotieren und durchsuchbar abzulegen. Der Blog fungiert so als elektronischer Notizblock oder „Zettelkasten" (Roell, 2006b, S. 98). Diese Form des Bloggens macht sonst unsichtbare Prozesse in der Wissensarbeit sichtbar und baut als Informationsablage, Reflexions- und Kommunikationsmedium einen wertvollen Erfahrungsspeicher auf (Roell, 2005b, S. 130).

❑ **Themenblogs**
Themenblogs setzen sich mit einem bestimmten inhaltlichen Fachgebiet auseinander. Sie sind primär nach außen gerichtet um die Kompetenz des Unternehmens in einem bestimmten Gebiet zu beweisen (vgl. Zerfaß und Boelter (2005,

S. 144ff) sowie Raabe (2007, S. 56)). Im internen Einsatz dienen Themenblogs als Plattform für Diskussionen zu fachbereichsübergreifenden Themen und fördern die interdisziplinäre Kommunikation (Lehmann, 2007).

❏ **Kollaborations- und Projektblogs**
Blogs sind ein effektives Hilfsmittel um die Kommunikation in der virtuellen Zusammenarbeit zu unterstützen. Neben Wikis als Plattformen zur Dokumentation und Diskussion können in der Team- und Projektkoordination über Blogs aktuelle Fragestellungen und Entwicklungen kommuniziert werden. Die Entscheidungen und der aktuelle Projektstatus stehen zentral zur Diskussion. Sie werden archiviert und stehen damit für Rückfragen oder Analysen zur Verfügung (vgl. Zerfaß und Boelter (2005, S. 150ff) sowie Alby (2006, S. 43)). Die schlanke Form und einfache Einrichtung machen Projektblogs gerade für kleine Teams als Alternative zur E-Mail-Kommunikation attraktiv (Raabe, 2007, S. 55).

❏ **Ideen- und Vorschlagsmanagement**
Verbesserungsvorschläge und Ideen lassen sich über Blogs optimal sammeln und diskutieren. Ob neue Produktideen oder Werbekampagnen, viele Ideen können über einen entsprechenden Blog im Gegensatz zu einer E-Mail-Aktion sehr einfach, offen und strukturiert entwickelt werden. Hier kann jeder teilnehmen, Entscheidungen sind transparent und die offene Form erhöht die Qualität der Vorschläge.

❏ **Krisenblogs**
Unternehmensblogs werden in Umbruch- und Krisensituationen eingesetzt, da sie durch ihre offene und argumentative Kommunikation die Entschärfung fördern. Neben der Information der Öffentlichkeit ist die schnelle und umfassende Information der eigenen Mitarbeiter von strategischer Bedeutung, vor allem um Gerüchte gar nicht erst entstehen zu lassen (Schick, 2005, S. 1). Das Unternehmen selbst tritt hier als primäre „Source of Information" über die Krise auf und sichert sich selbst die Deutungshoheit zu (Zerfaß und Boelter, 2005, S. 156). Somit kann der Konflikt im direkten Dialog mit den Mitarbeitern über eine zentrale Plattform diskutiert und überstanden werden. Beispielsituationen sind sprunghafter Personalabbau, Fusionen oder der Kauf- und Verkauf von Unternehmen (Garcia, 2007, S. 94).

❏ **Geschäftsführerblogs**
Der Geschäftsführerblog bzw. CEO-Blog oder Executive-Blog gilt als die „Königsdisziplin des Einsatzes von Blogs im Unternehmen" (Roell, 2006a, S. 59). Immer mehr Geschäftsführer und Manager nutzen diese Kommunikationsform als Ergänzung und direkten Weg nach außen. Im unternehmensinternen Einsatz sind Geschäftsführerblogs eine Chance, die Mitarbeiter regelmäßig und kontinuierlich über aktuelle Branchenthemen, Wirtschaftspolitik, aktuelle Projekte und Pläne, aber auch Persönliches zu informieren und sie am Geschäftsgeschehen teilnehmen zu lassen. Das Führen eines CEO-Blogs bringt sehr große Chancen, aber auch Herausforderungen und Risiken mit sich und ist deshalb nur mit einer durchdachten Strategie anzugehen (Roell, 2006a, S. 62).

❏ **Lerntagebücher**
  In der Kompetenzentwicklung eignen sich Blogs als webbasierte Lerntagebücher
  (Erpenbeck und Sauter, 2007, S. 91). Lerner können ihre eigenen Erfahrungen
  und Erkenntnisse reflektieren und gleichzeitig mit ihren Lernpartnern über die
  Kommentarfunktion diskutieren. Dies ermöglicht eine langfristige Dokumentation des Lernprozesses (vgl. Roell (2005a, S. 14ff) sowie Erpenbeck und Sauter
  (2007, S. 251)).

Für den Unternehmenseinsatz geeignete Blogsoftware

WORDPRESS
Weit verbreitete, einfach aufzusetzende, freie Software auch als
Multi-User-Version
http://www.wordpress.org
http://mu.wordpress.org

BLOGMATRIX
Direktvergleich quelloffener Blogsoftware
http://www.weblogmatrix.org

TOP 100 BUSINESS BLOGS
http://www.top100-business-blogs.de

Tab. 7.2: Für den Unternehmenseinsatz geeignete Blogsoftware

7.4   Social Networking-Systeme

7.4.1   Begriff und Merkmale

Ein Social Networking-System (SNS) ist eine Website, die den zielgerichteten Aufbau
und die regelmäßige Pflege von persönlichen und geschäftlichen Beziehungen im Internet unterstützt (vgl. Tabelle 7.3). In den vergangenen Jahren entstand eine Vielzahl
von Websites, die alle den Anspruch erheben, das soziale Netzwerk einer Person abzu-
bilden. Inzwischen wachsen Plattformen mit Millionen von Mitgliedern zu Projekten
heran, deren Wert in Ausbau und Analyse durch milliardenschwere Übernahmeange-
bote seitens namhafter Großunternehmen und Investoren bestätigt wird (The Ecomonist, 2007).

Die im Web verbreiteten Systeme können in drei Kategorien, private Netzwerke, ge-
schäftsorientierte und Nischen-Netzwerke unterteilt werden. Für private Netzwerke
stehen zum Beispiel MySpace (http://www.myspace.com), mit über 180 Millionen
Mitgliedern, oder Facebook (http://www.facebook.com). Die bekanntesten geschäfts-
orientierten Netzwerke zur Verwaltung und Erweiterung von Businesskontakten sind
XING (http://www.xing.com) und LinkedIn (http://www.linkedin.com). Nischen-
netzwerke konzentrieren sich auf bestimmte Themengebiete und Zielgruppen wie z.

B. Fotos (Flickr, http://www.flickr.com), Videos (Youtube, http://www.youtube.com) oder Orte (43places, http://www.43places.com).

Zu den wichtigsten Merkmalen von Social Networking-Plattformen gehören (vgl. Renz (2006) sowie Churchill und Halverson (2005)):

❏ **Mitgliedsprofil**
  In einem Mitgliedsprofil können Angaben zur Person gespeichert und anderen Benutzern zugänglich gemacht werden. Abhängig von der privaten oder geschäftlichen Ausrichtung werden zusätzlich Informationen zu Interessen, Freizeitbeschäftigung und persönlicher Einstellung oder dem akademischen und beruflichen Werdegang und besonderen Fähigkeiten gesammelt.

❏ **Kontakte**
  Auf Basis der Daten, die im Mitgliedsprofil angegeben wurden, können bekannte Mitglieder oder Personen mit übereinstimmenden Merkmalen (wie Umkreis, ähnliche Interessen) gefunden und zum persönlichen Netzwerk hinzugefügt werden.

❏ **Bekanntheitsgrade**
  Besucht man das Profil eines Mitglieds, das bisher nicht in der eigenen Kontaktliste steht, zeigen viele SNS einen Bekanntheitspfad an, der die Kontakte anzeigt, über die man das Mitglied kennt. Milgram (1967) stieß in einem Experiment auf die „Six Degrees of Separation" und schloss daraus auf die Theorie, dass sich zwei beliebige Menschen weltweit über durchschnittlich sechs Grade kennen.

❏ **Gruppenbildung**
  Es können thematische Gruppen gebildet werden, deren Mitgliedschaft auf der Profilseite angezeigt wird.

7.4.2   Betriebliche Einsatzmöglichkeiten

Neben der Möglichkeit, als Mitarbeiter an externen SNS teilzunehmen um damit den Kontakt zu Kunden und Geschäftspartnern zu intensivieren und persönlicher zu gestalten, bieten sich für den internen Einsatz im Unternehmen folgende Herangehensweisen an:

❏ **Analyse externer SNS**
  Gerade für Personalabteilungen sind Informationen aus SNS entscheidende Quellen. Für Recruiting und Personalentscheidungen können gefragte Fachkräfte über die komfortablen Suchfunktionen gefunden werden. Dadurch eröffnet sich die Möglichkeit, Kontakte sowie die persönlichen Angaben, Interessen, Vorlieben und privaten Inhalte von Bewerbern zu überprüfen, um sich ein besseres Bild zu verschaffen.

❏ **Teilnahme an externen SNS**
  Mitarbeiter können sich an externen Social Networking-Systemen anmelden, um Kundenkontakte aufzubauen, zu halten oder zu intensivieren. Das Auftreten in externen SNS vermittelt ein Bild des Unternehmens nach außen.

❏ **Aufbau eines eigenen internen SNS**
Der Großteil des Wissens einer Organisation steckt in den Köpfen ihrer Mitarbeiter. Um die Zeit zu reduzieren, die benötigt wird um Probleme zu lösen, kann ein internes Kompetenznetzwerk eine schnelle Verbindung zwischen einem Fragenden und einem Experten (Kompetenzträger) herstellen, der das Wissen und die Erfahrung hat, um Rat und Best Practices zur Verfügung zu stellen (Bilderbeek und Bieler, 2007, S. 9). So entsteht ein effizienterer Wissensaustausch, vor allem über Abteilungsgrenzen hinweg. Neue Mitarbeiter können sich mit Hilfe der explizit verfügbaren Kompetenzprofile schneller einarbeiten (vgl. Smolnik und Riempp (2006, S. 21); Carfi (2006)).

❏ **Alumni-Netzwerke**
Für die dauerhafte Bindung von Mitarbeitern an das Unternehmen, auch nach Freisetzungen und Kündigungen, bieten Social Networking-Systeme als Alumni-Netzwerke den Vorteil, den Kontakt halten zu können und das Know-How des Mitarbeiters nicht ganz zu verlieren – vielleicht später sogar von seinem Wissen profitieren zu können und die Zusammenarbeit wieder zu suchen (wie es z. B. IBM praktiziert; vgl. hierzu Fisher und Callaghan (2005)).

Externe Business Social Networks

XING
http://www.xing.com

LINKEDIN
http://www.linkedin.com

VISIBLE PATH
http://www.visiblepath.com

Open Source Social Networking-Software

ELGG
Open Source Social Networking-Plattform
http://www.elgg.org

PHPIZABI
Open Source Dating-Plattform
http://ww2.phpizabi.net

ALUMNI ON RAILS
Open Source Alumni Networking-Plattform
http://www.alumnionrails.net

Tab. 7.3: Für den Unternehmenseinsatz geeignete Social Networking-Software

7.5 Social Tagging und Social Bookmarking

7.5.1 Social Tagging

Social Tagging folgt dem Prinzip des gemeinschaftlichen Indizierens. Die Benutzer klassifizieren Objekte selbst („anything with a URL" nach Vander Wal (2007)), indem sie diese mit kurzen Schlagworten, sogenannten „Tags", versehen. Durch eine Vielzahl „taggender" Benutzer entsteht eine Sammlung von Tags, welche als Folksomony [3] bezeichnet wird (Alby, 2006, S. 117). Der Wert dieser Methode besteht darin, dass keine fest vorgegebene Kategorisierung verwendet wird, sondern Objekte mit den vom Benutzer selbst nach seinem eigenen Verständnis abgeleiteten Schlagwörtern hinterlegt werden. Auf demselben Weg suchen und finden andere Benutzer diese Daten schließlich.

Betriebliche Einsatzmöglichkeiten   Das Potential von Social Tagging kann genutzt werden, indem die Technik in bestehende Software integriert bzw. ergänzend zu anderen Systemen eingesetzt wird. Es bietet sich z. B. an, die eingesetzte Groupware wie Microsoft Outlook (Taglocity; http://taglocity.com) oder Lotus Notes um eine Tagging-Funktionalität zu erweitern. Genauso lassen sich Tags zur intuitiveren Kategorisierung und Suche in Dokumentenmanagementsystemen (KnowledgeTree; vgl. Abrahams (2007)) oder in der Verbindung mit Social Networking-Systemen sowie Blogs und Wikis einsetzen. Ein Beispiel dafür ist IBM Fringe Contacts (vgl. Farrell und Lau (2006)). Mit dem System haben Mitarbeiter die Möglichkeit, sich untereinander durch Tags zu charakterisieren. Dies gibt Hinweise zum Sozialen Netzwerk der Person und deckt deren Expertise auf.

7.5.2 Social Bookmarking

Social Bookmarking ist eine spezielle Form des Social Tagging (vgl. Tabelle 7.4). Unter dem Begriff versteht man das gemeinschaftliche Verwalten von Internetadressen in Form von Lesezeichen (engl. bookmark). Der Benutzer kann seine eigenen Lesezeichen speichern, löschen und kommentieren sowie mit Schlagwörtern (Tags) kategorisieren (Wolf, 2006, S. 18).

Betriebliche Einsatzmöglichkeiten   Social Bookmarking eignet sich als einfach zu bedienender Informationsspeicher während der Online-Recherche. Durch das Ablegen und Kategorisieren mit Tags wächst der Wert der Informationen allerdings ähnlich dem Fringe Contacts-Beispiel zu einer Möglichkeit, Informationen zu teilen und Wissensträger im Unternehmen zu identifizieren.

---

[3]Folksonomy = Kunstwort aus den englischen Begriffen „folk" (Leute) und „taxonomy" (Taxonomie).

Für den Unternehmenseinsatz geeignete Social Bookmarking-Software

DEL.ICIO.US
Bekannteste Social Bookmarking-Plattform
http://del.icio.us

CONNECTBEAM
Integriertes Social Bookmarking und Social Networking
http://www.connectbeam.com

SCUTTLE
Open Source Social Bookmarking-Software
http://sourceforge.net/projects/scuttle

DOGEAR
Social Bookmarking Software von IBM
http://www.dogear.com

Tab. 7.4: Für den Unternehmenseinsatz geeignete Social Bookmarking-Software

7.6 Foren

7.6.1 Begriff und Merkmale

Ein Forum (oder Board) ist eine Diskussionsplattform im Internet, in der nach Themen sortiert Gedanken und Erfahrungen ausgetauscht werden können (vgl. Tabelle 7.5). Hierzu lassen sich in der Literatur Regelwerke finden, die die Grundsätze einer erfolgreichen Foren-Community definieren (Bächle, 2005, S. 77f).

7.6.2 Betriebliche Einsatzmöglichkeiten

Internetforen sind nicht neu und wurden deshalb „rückwirkend" als Social Software klassifiziert. Sie passen dennoch gut in den Kontext von Social Software und eignen sich vor allem dann, wenn im Unternehmen die Erfahrung mit Online-Communities fehlt. Ein Forum funktioniert als Startpunkt einer Community (Bächle, S. 7).

7.7 Instant Communication

7.7.1 Begriff und Merkmale

Instant Communication (IC) ist ein Oberbegriff für Software (vgl. Tabelle 7.6), die es ermöglicht mittels einer Client-Software in Echtzeit (synchron) mit anderen Gesprächsteilnehmern zu kommunizieren (Richter und Koch, 2007, S. 30).

Instant Messaging (IM) als Teilgebiet der IC erfolgt textuell über Tastatureingaben

---

Für den Unternehmenseinsatz geeignete Forensoftware

PHPBB
Bekannteste, kostenlose und sehr mächtige Forensoftware
http://www.phpbb.com

VBULLETIN
Kostenpflichtige Forensoftware
http://www.vbulletin.com

FORUM-SOFTWARE
Informationen über verschiedene Forensoftware
http://www.forum-software.org

FORUMMATRIX
Direktvergleich quelloffener Forensoftware
http://www.forummatrix.org

Tab. 7.5: *Für den Unternehmenseinsatz geeignete Forensoftware*

und entspricht dem Prinzip von Chatsystemen[4]. Der Chat ist eine textuelle Kommunikation in Echtzeit mit einem oder mehreren Gesprächspartnern (vgl. Bächle (2006)).

Der Benutzer wird durch einen eindeutigen Namen oder eine Kennzahl identifiziert. Somit kann weltweit kommuniziert werden. Außerdem lassen sich Bekannte durch Kontaktsuchfunktionen finden und in Kontaktlisten verwalten.

Der Vorteil gegenüber Chatsystemen: Es muss keine Verabredung zwischen den Gesprächspartnern erfolgen. Die Client-Software (Instant Messenger) zeigt einen „Online-Status" an, der dem Benutzer erlaubt mitzuteilen, ob er gerade verfügbar bzw. ansprechbar, beschäftigt oder nicht am Arbeitsplatz ist. Somit kann ein Gespräch sofort *(instant = augenblicklich, sofort)* aufgebaut werden, der Gesprächspartner kann im selben Augenblick reagieren.

7.7.2 Betriebliche Einsatzmöglichkeiten

IC-Werkzeuge eignen sich im unternehmensinternen Einsatz, um mit Mitarbeitern an anderen Standorten schnell, einfach und spontan zu kommunizieren. Nicht umsonst sehen IT-Entscheider Instant Communication nach einer Studie von Forrester als wertvollste Web 2.0-Technologie an (vgl. Young u. a. (2007b)).

Die aktuellen Trends für IC erweitern dieses Potential:

❑ **Unified Messaging**
   Die folgenden beiden Ansätze des Unified Messaging schaffen für die Nutzung von Instant Communication im Unternehmen erheblichen Mehrwert:

---

[4]Chatten (engl. plaudern).

– **Kommunikationskonvergenz**
Erweitert man die textuelle Kommunikation über Instant Messaging mit Audiokommunikation auf Basis von Voice over IP (VoIP)[5] und Videokommunikation, entsteht ein Werkzeug, das im Sinne des Unified Messaging Kommunikationskanäle intelligent verknüpft. Eine solche Software vereinfacht den Aufbau eines Gesprächs oder einer Konferenz und schafft eine Plattform über die jeder Mitarbeiter zu jeder Zeit mit Kollegen virtuell zusammenarbeiten kann (Bilderbeek und Bieler, 2007, S. 6f).

– **Integration von IC-Software in bestehende Informationssysteme**
Der Wert von IC für Unternehmen steigert sich, je mehr die verwendete Clientsoftware in bestehende Informationssysteme integriert wird. Hierzu gehört einfacher Import und Synchronisation von Kontaktdaten und die Integration in Groupware wie Microsoft Outlook oder Lotus Notes sowie ein in alle Produktivsysteme eingebetteter Online-Status und die damit verbundene Möglichkeit zur Kontaktaufnahme.

❏ **Ubiquität**
Der Trend zur Mobile Social Software (MoSoSo) und Ubiquitious Computing ermöglicht, dass IC-Software mittlerweile auf tragbaren Geräten wie Mobiltelefonen, Smartphones und Handhelds betrieben werden kann. Dies schafft geografisch und zeitlich unabhängig eine fast permanente Erreichbarkeit der Mitarbeiter über eine zentrale Software – sei es im Unternehmensnetzwerk oder unterwegs (Bächle und Daurer, 2006, S. 80).

❏ **Integration neuer Collaboration-Tools in IC-Software**
Viele Instant Communication-Werkzeuge wie z. B. Skype bieten die Möglichkeit, eine Vielzahl von Funktionalitäten aus dem Bereich der virtuellen Zusammenarbeit in die Kommunikationsfunktionalitäten zu integrieren. Hier verläuft die Grenze fließend zum Bereich der Collaboration Tools, die im Folgenden Abschnitt betrachtet werden.

7.8   Collaboration Tools

7.8.1   Begriff und Merkmale

Werkzeuge zur Online-Zusammenarbeit zählen im weiten Sinne zu Social Software, werden in der Literatur aber teilweise ausgeklammert (Hippner, 2006b, S. 8). Mit Bezug auf die virtuelle Zusammenarbeit im Unternehmen lohnt sich der Blick auf diese Werkzeuge allerdings, denn so sehr aktuelle Office-Pakete bemüht sind, die Möglichkeiten der Zusammenarbeit zu verbessern, werden dennoch immer noch viel zu häufig Dokumente hin- und hergeschickt. Dies macht es sehr kompliziert, Änderungen nachzuvollziehen, zuzuordnen und zu kommunizieren (Kleske, 2006, S. 62). Deshalb werden immer mehr Office-Anwendungen mit Hilfe von Web 2.0-Technologien wie AJAX

---

[5]Sprachtelefonie über Netze, die auf dem Internetprotokoll (IP) basieren. Vgl. hierzu auch Adelsbach u. a. (2005, S. 11).

Für den Unternehmenseinsatz geeignete IC-Software

Zu den bekanntesten Netzwerken bzw. Clients gehören:

- ❏ AOL INSTANT MESSENGER – http://www.aol.de/AIM

- ❏ GOOGLETALK – http://www.Google.de/Talk

- ❏ ICQ – http://www.icq.com

- ❏ SKYPE – http://www.skype.com

- ❏ WINDOWS LIVE MESSENGER – http://get.live.com/messenger

- ❏ YAHOO! MESSENGER – http://messenger.yahoo.com

Die folgenden Systeme bieten die Möglichkeit an, sich mit einem Client gleichzeitig an mehreren der oben genannten Netzwerken anzumelden:

- ❏ MEEBO – http://www.meebo.com

- ❏ PIDGIN – http://www.pidgin.com

- ❏ TRILLIAN – http://www.trillian.cc

Tab. 7.6: Für den Unternehmenseinsatz geeignete IC-Software

zu Webanwendungen umgeformt und mit Kollaborationsfunktionalitäten versehen. Sie lassen sich ähnlich wie Desktopanwendungen bedienen, bieten aber den Vorteil den Zusammenarbeitsprozess erheblich zu vereinfachen. Dadurch dass sie webbasiert sind, ist es möglich, von überall und gleichzeitig auf Inhalte zuzugreifen.

7.8.2   Betriebliche Einsatzmöglichkeiten

- ❏ **Webbasierte Gruppeneditoren** Verschiedene Internetplattformen bieten mittels Web 2.0-Technik die Möglichkeit, dass mehrere Benutzer gleichzeitig von verteilten Orten aus am selben Dokument arbeiten können (Kollaboratives Schreiben (Lowry u. a., 2004, S. 70ff)). Es gibt einige immer besser werdende Lösungen im Bereich von Textdokumenten, Tabellen und Präsentationen. Hierzu gehören beispielsweise Google Docs (http://docs.google.com), Writeboard (http://www.-writeboard.com) und ThinkFree (http://www.thinkfree.com). Alle drei Lösungen sind kostenlos und können binnen wenigen Minuten produktiv eingesetzt werden, sobald Bedarf besteht. Selbst die Arbeit mit Mindmaps funktioniert mit dem Tool Mindmeister (http://www.mindmeister.com) über jegliche Distanz.

- ❏ **Online-Projektkoordination** Projektmanagement-Tools wie 37 Signals' Basecamp (http://www.basecamphq.com), Projectstat.us (http://projectstat.us) oder ActiveCollab (http://www.activecollab.com) sind auf besonders einfache

Bedienbarkeit getrimmt. Wiederum mittels Web 2.0-Technik gelingt es, die wichtigsten Anforderungen des Projektmanagements in sehr intuitive Benutzeroberflächen zu verpacken und gleichzeitig sehr flexibel und anpassbar zu sein. Die Einfachheit schafft eine hohe Akzeptanz unter den Anwendern und wird somit im Vergleich zu umfangreicher Projektmanagement-Software wie Microsoft Project (http://office.microsoft.com/de-de/project/default.aspx) viel häufiger von Mitarbeitern genutzt – meist kollaborativ vom gesamten Projektteam.

❏ **Conferencing und Desktop Sharing** Sie gehören nicht zu Social Software, erweitern Instant Communication-Systeme aber um die Kollaborationsfunktionalität: Softwaretools zum gleichzeitigen Arbeiten an einem Bildschirm ermöglichen Meetings auf Distanz (Pesch, 2007, S. 28ff), sei es bei der Erstellung einer Präsentation oder bei der Besprechung einer komplexen Konstruktionszeichnung. Software wie Unyte (http://www.unyte.net), NetViewer (http://www.netviewer.de) und CITRIX GotoMeeting (http://www.gotomeeting.com) integriert sich sogar komplett in Instant Messenger und vereinfacht die Verwendung damit immens.

✏ 7.9   Kontrollfragen

1. Welche Vorteile verspricht Enterprise 2.0?

2. Erläutern Sie, was McAfee unter dem Akronym SLATES versteht!

3. Welche betrieblichen Einsatzmöglichkeiten gibt es für die unterschiedlichen Arten von Social Software?

8 Ausblick

Das Management eines Unternehmens steht regelmäßig vor der Herausforderung zu entscheiden, wie mit sich abzeichnenden Entwicklungen im IT-Bereich umzugehen ist. Es geht dabei insbesondere um die Frage, ob, wann und in welcher Form eine Entwicklung aufgegriffen werden soll. Wichtig ist dabei vor allem, zwischen kurzfristigen Modeerscheinungen einerseits und die Entwicklung einer Branche nachhaltig beeinflussenden Trends andererseits zu unterscheiden. Zum Umgang mit Moden und Trends vgl. insbesondere die konstruktiv-kritischen Anmerkungen in Mertens (2006). Interpretiert man E-Business umfassend, so handelt es sich ganz eindeutig um einen Trend, den es für die überwiegende Mehrzahl der Unternehmen aufzugreifen gilt. Eine Strategie des reinen Beobachtens und gar des Ignorierens, wie sie bei kurzlebigen Modeerscheinungen durchaus angemessen ist, kommt daher nicht in Frage. Nach Lektüre dieses Buches sollte klar geworden sein, dass sich Nutzenpotenziale aus dem E-Business in jedem Fall zumindest unternehmensintern, oft jedoch auch im Kontakt mit Kunden und Lieferanten realisieren lassen, selbst wenn die eigenen Produkte oder Dienstleistungen für den Vertrieb über einen E-Shop nicht geeignet sein sollten. Im Mittelpunkt stehen somit für die meisten Unternehmen eher unspektakuläre, mittlerweile in ihren Potenzialen anerkannte, wirtschaftlich jedoch umso lohnendere Einsatzmöglichkeiten. Damit ist auch zu erklären, warum „E-Business" als Schlagwort in einschlägigen Fachzeitschriften nach der Boomphase um die Jahrtausendwende heute vergleichsweise selten auftritt, vgl. dazu Steininger u. a. (2009b, S. 485).

Abzuwarten bleibt, welche Auswirkungen die Erscheinungsformen des sogenannten „Web 2.0" für das E-Business haben werden. Interessante Potenziale zeigen sich möglicherweise für das Wissensmanagement sowie die Unterstützung von Projektgruppen durch den Einsatz von Social Software, wie sie die Idee des „Enterprise 2.0" beschreibt. Wikis, das läßt sich mit Sicherheit jetzt schon sagen, haben ihren Platz in der betrieblichen Praxis gefunden und werden als Handbücher, Wissensdatenbanken und Dokumentationen für vielfältige Zwecke eingesetzt; vgl. Ritscher und Bächle (2008).

Vielversprechend erscheint auch das Social Commerce, wenn es um die Integration sozialer Netzwerkplattformen geht. Hier ließen sich Synergieeffekte aus Sicht von Kunden und Plattformbetreibern (E-Shop, Social Networking) herstellen. Offen ist allerdings, welche datenschutzrechtlichen Konsequenzen dabei auftreten und beachtet werden müssen.

In jedem Falle wird der Begriff des E-Business zunehmend eine Erscheinungsform des IT-Einsatzes kennzeichnen, die diesen Begriff eigentlich nicht mehr braucht. Die Vernetzung von Geschäftspartnern innerhalb der Wertschöpfungskette mittels IT stellt heute den „State-of-the-Art" dar. Dass dafür eigentlich kein vorangestelltes „E-" mehr nötig ist, zeigt das Glossar B auf Seite 189.

A   Musterlösungen zu den Kontrollfragen

A.1   Musterlösungen zu Kapitel 2

1. **Definieren Sie bitte den Unterschied zwischen E-Business und E-Commerce!**
E-Commerce bedeutet Handel zwischen Wirtschaftssubjekten mittels elektronischer Netze und stellt eine spezielle Form des E-Business dar. Zwischen E-Business und E-Commerce besteht somit eine Oberbegriff-Unterbegriff-Beziehung. Weitere Unterbegriffe des E-Business sind beispielsweise E-Banking und E-Administration.

2. **Nennen Sie Besonderheiten des Mobile Business!**
Mobile-Business ermöglicht es von überall aus jederzeit E-Business-Transaktionen tätigen zu können. Dazu werden Endgeräte wie etwa Mobiltelefone eingesetzt, die aufgrund ihrer geringen Baugröße zwangsläufig umständlicher zu bedienen sind. Dementsprechend wichtig ist es, dass der Tippaufwand im Rahmen einer E-Business-Transaktion beim Kunden insbesondere im B2C-Bereich so weit wie möglich reduziert wird. Mobil veranlasste E-Business-Transaktionen verursachen in der Regel höhere Kosten (z. B. Verbindungskosten) und sind mit höheren Sicherheitsrisiken (z. B. des Abhörens) verbunden als E-Business-Transaktionen, die von stationären Endgeräten per Kabelverbindung angestoßen werden.

3. **Skizzieren und erläutern Sie eine BCA-Akteursmatrix mit den Akteursgruppen Business, Consumer und Administration!**
Eine BCA-Akteursmatrix beschränkt sich auf die Akteursgruppen Business, Consumer und Administration. Die Reihenfolge der Akteursgruppen orientiert sich an ihrer ökonomischen Bedeutung für das E-Business, deshalb steht die Akteursgruppe Administration am Ende. Diese Form einer Akteursmatrix für das E-Business ist recht weit verbreitet, klammert jedoch die Akteursgruppe Mitarbeiter und damit das Intra-E-Business aus. Siehe auch Abbildung 2.1 auf Seite 7.

4. **Erläutern Sie bitte die Idee des Geschäftsmodells im E-Business!**
Ein Geschäftsmodell hat einen komprimierten Überblick bereits existierender oder aber geplanter Geschäftsaktivitäten in Modellform zum Ziel. Gerade im E-Business ist es nach dem Platzen der so genannten Dotcom-Blase nach der Jahrtausendwende, bei der zahlreiche E-Business-Unternehmen und mit ihnen viel Kapital hoffnungsvoller Investoren aufgrund unzureichender Geschäftsmodelle untergegangen sind, wichtig, dass Geschäftsmodelle im Vorfeld von Unternehmensgründungen („Start-ups"), Ausgründungen („Spin-offs") und Markteintrit-

ten in neue Geschäftsfelder sorgsam erarbeitet und analysiert werden. Geschäftsmodelle setzen sich in der Regel aus Teilmodellen für Markt, Beschaffung, Leistungserstellung, Leistungsangebot, Distribution und Kapital.

5. **Nennen und beschreiben Sie kurz die vier Basis-Geschäftsmodelle nach Wirtz!**

❏ **Content** steht für Inhalte, die im Internet angeboten werden, d. h. insbesondere Textdokumente, Bild-, Audio- und Videodateien.

❏ **Commerce** steht für den internetbasierten Handel und umfasst in der
  Regel die Anbahnung, die Aushandlung und die Abwicklung von Geschäftstransaktionen.

❏ **Context-Angebote** sind zu einen Navigationshilfen wie etwa Suchmaschinen oder aber Aggregatoren, die Inhalte sammeln, aufbereiten und sie für
  eine Zielgruppe neu zusammenstellen, z. B. Web-Kataloge.

❏ **Connection** bedeutet den Aufbau von Verbindungen im weiteren Sinne.
  Zu denken ist somit an technologische Verbindungen, kommerzielle Verbindungen oder auch ausschließlich der Kommunikation dienende Verbindungen.

A.2   Musterlösungen zu Kapitel 3

1. **Stellen Sie graphisch die Basisarchitektur von webbasierten E-Business-Anwendungen dar!**
   Die Basisarchitektur typischer E-Business-Systeme basiert auf dem in Abbildung 3.1 auf S. 18 vorgestellten Grundmodell des World Wide Web.

2. **Erläutern Sie, was man unter Gültigkeit und Wohlgeformtheit bei XML-Dokumenten versteht!**
   Wenn ein XML-Dokument syntaktisch richtig aufgebaut ist, so spricht man von einem wohlgeformten Dokument (*well-formed*). Hat es darüber hinaus eine Schemadefinition, welche die definierten Regeln erfüllt, so spricht man von einem gültigen Dokument (*valid*). Diese Eigenschaften der Gültigkeit und Wohlgeformtheit werden durch XML-Prozessoren überprüft.

3. **Erläutern Sie die beiden Begriffe DTD und XML-Schema in ihrer Bedeutung für XML-Dokumente!**
   XML-Dokumente werden im E-Business vorrangig für den Datenaustausch genutzt. Die Einhaltung von klar definierten Strukturen für die korrekte Verarbeitung ist somit essentiell. Die Strukturen werden durch Datenmodellierung festgelegt. Für XML-Dokumente stehen hierzu die Document Type Definition sowie das XML-Schema zur Verfügung. Eine solche Schema- bzw. Strukturdefinition dient dazu, Vorgaben und Regeln beispielsweise über erwünschte Elemente und Attribute sowie deren Anordnung bezüglich der Dokumentinstanz zu beschreiben. Es wird explizit verwendet, um die Struktur des Dokumentes auch externen Anwendungen kenntlich zu machen. Darüber hinaus dient es dazu, Fehler im erstellten Dokument zu erkennen und aufzuspüren. Allgemein gibt es dazu zwei Möglichkeiten eine solche Schemabeschreibung zu modellieren, die Dokumenttyp-Definition (DTDs, Document Type Definitions) und XML-Schema (Extensible Schema Definition Language, XSD). Ein solches Schema kann sowohl innerhalb des Dokuments wie auch extern definiert werden.

4. **Erläutern Sie, worin der Vorteil von AJAX liegt!**
   Moderne E-Business-Anwendungen folgen heute zunehmend der Leitidee des Web 2.0. Aus technischer Sicht weisen derartige Anwendungen ein hohes Maß an Benutzungsfreundlichkeit und Interaktivität auf, das mit einfachen HTML-Seiten alleine nicht realisiert werden kann. Vielmehr müssen hierfür mehrere Technologien sinnvoll kombiniert werden. Eine derartige Kombination stellt AJAX dar. Dahinter verbirgt sich keine neue Programmiersprache oder ein neues Programmierkonzept, sondern ein Akronym für „Asynchrones JavaScript And XML". AJAX führt verschiedene, schon seit längerer Zeit vorhandene Technologien sinnvoll zusammen.

5. **Stellen Sie graphisch den Ablauf eines Web Services-Aufrufs dar!**
   Der Ablauf eines Web Service-Aufrufs erfolgt gemäß Abbildung 3.6 auf Seite 35.

A.3   Musterlösungen zu Kapitel 4

1. **Erläutern Sie den Begriff des E-Invoicings. Gehen Sie dabei auch auf die Vorteile dieses Konzepts ein!**
   E-Invoicing bedeutet elektronische Rechnungsstellung und stellt ein Teilthema des E-Procurements dar. Es ist gegenüber der papierbasierten Rechnungsstellung mit hohen Einsparpotentialen verbunden. Firmen, die ihre Rechnungen statt auf Papier elektronisch versenden, sparen sowohl Zeit als auch Geld. Doch auch für den Rechnungsempfänger bedeutet E-Invoicing weniger Aufwand, da die aus dem ERP-System des Rechnungsstellers erzeugten Rechnungen auf Empfängerseite im eigenen ERP-System weiterverarbeitet werden können.

2. **Begründen Sie, weshalb Beschaffungen per EDIFACT nur für bestimmte Unternehmen in Frage kommen und erläutern Sie Alternativen!**
   Der Einsatz von EDIFACT ist an aufwändige technische Voraussetzungen geknüpft, die hohe Investitionskosten v. a. wegen spezieller Software, dem Aufbau eines Mehrwertnetzwerks (VAN) zu den Lieferanten und der Anpassung von Unternehmensabläufen mit sich bringen, so dass es vor allem größere Unternehmen sind, die EDIFACT benutzen. Eine Alternative dazu stellt Web-EDI als eine einfacher nutzbare Weiterentwicklung von EDIFACT dar. Es ist insgesamt flexibler, offener, kostengünstiger und damit auch für kleinere und mittlere Unternehmen nutzbar, da die Einstiegsbarrieren deutlich niedriger sind. Insbesondere fallen keine zusätzlichen Kosten für Implementierung und Betrieb von Hardware und Software an. Die Transaktionsdaten werden dabei in der Regel als XML-Dokumente über ein Web-Portal eingegeben, z. B. mittels des Transaktionsstandards RosettaNet in der Elektronikbranche oder mittels UBL als einem Standard, der um Branchenspezifika erweiterbar ist und sich somit gerade auch für den Datenaustausch zwischen Unternehmen unterschiedlicher Branchen eignet, die auf keinen gemeinsamen Branchenstandard zurückgreifen können.

3. **Legen Sie dar, inwieweit die alte kaufmännische Weisheit „im Einkauf liegt der Gewinn" im E-Business gilt!**
   Gerade durch das E-Business unterliegen viele Märkte einem erhöhten Preis- und Konkurrenzdruck, so dass sich ein höherer Gewinn immer seltener durch höhere Verkaufspreise und/oder höhere Umsätze realisieren lässt. Da es auf der anderen Seite einen Trend gibt, sich als Unternehmen auf seine Kernkompetenzen zu konzentrieren, ist der Materialkostenanteil an den gesamten Herstellkosten in vielen Branchen deutlich angestiegen. Dementsprechend können Gewinnsteigerungen am ehesten durch eine Absenkung der Beschaffungskosten erreicht werden, wofür E-Procurement schon wegen der damit verbundenen Einsparung an Personalkosten prädestiniert ist. Selbstverständlich darf es nicht eine Senkung der Einkaufspreise um jeden Preis und damit in der Regel zu Lasten des Qualitätsniveaus geben. Nicht zuletzt aufgrund der Komplexität der zu beschaffenden Teile hat der Einkauf in vielen Unternehmen zunehmend strategischen Charakter und arbeitet eng mit Entwicklung, Produktion und Logistik zusammen.

4. **Nehmen Sie Stellung zu der These, dass sich E-Procurement ausschließlich zur Beschaffung von C-Gütern eignet!**
   E-Procurement eignet sich zwar besonders für C-Güter, kann jedoch auch für A- und B-Güter eingesetzt werden. Letztere werden allerdings i. d. R. nicht per Desktop Purchasing System, sondern mit Hilfe von Ausschreibungen, Auktionen und E-Marktplätzen beschafft.

5. **Erläutern Sie das Prinzip einer Ausschreibung (reversed auction) im Rahmen des E-Procurements.**
   Bei einer Reversed Auction wird kein Höchstgebot wie bei klassischen Versteigerungen angestrebt, sondern ein möglichst tiefes Angebot gesucht. Dazu muss das gesuchte Angebot in allen Facetten detailliert und ohne Interpretationsspielräume beschrieben werden, damit eingehende Angebote auch vergleichbar sind. Sofern vorhanden kann dabei auf Klassifikationsstandards zurückgegriffen werden. Falls nicht andere Gründe dagegen sprechen, wird sich das beschaffende Unternehmen für den Anbieter mit dem tiefsten Angebot entscheiden.

6. **Erläutern Sie den Peitschenschlageffekt und erläutern Sie Maßnahmen des Supply Chain Managements, die der Vermeidung dieses Effekts dienen sollen!**
   Der Peitschenschlag- oder Bullwhip-Effekt steht für die negativen Auswirkungen von Nachfrage-Schwankungen, die aus der Ungewissheit bezüglich des zukünftigen Nachfrageverlaufs der Abnehmer heraus für ein Unternehmen entstehen. Die Problematik dabei besteht darin, dass die Absatz- und Terminplanung der liefernden Stufe grundsätzlich keine Informationen über Bestände in der Kette hat, während die abnehmende Stufe keine Informationen über Ressourcen der liefernden Stufe besitzt. Zur Abfederung der Planungsungenauigkeiten werden auf jeder Stufe Sicherheitsbestände vorgehalten, um kostspielige Fehlbestände zu vermeiden. Leichte Nachfrageschwankungen im Handel schaukeln sich dabei wie ein Peitschenschlag bei vorgelagerten Stufen auf, und zwar umso höher, desto mehr Stufen (Kundenkäufe, Handelsbestellungen, Herstellerbestellungen, Lieferantenbestellungen) beteiligt sind. Einige wichtige generelle Maßnahmen zur Verhinderung des Peitschenschlageffekts sind im Rahmen des Supply-Chain-Konzepts die Planungskoordination und der Einsatz integrierter Informationssysteme als Basis für die koordinierte Beschaffungs-, Produktions- und Vertriebsplanung der beteiligten Unternehmen in der Wertschöpfungskette, so dass die Ungewissheit über das Verhalten der anderen Unternehmen mittels umfassender Informations- und Kommunikationsmöglichkeiten auf ein Minimum reduziert wird.

7. **Beschreiben Sie das Konzept des Vendor Managed Inventory (VMI) und seine Vorteile für die beteiligten Unternehmen!**
   Beim VMI ist der Lieferant für die Verwaltung des Lagerbestands beim Kunden verantwortlich. Auf der Basis entsprechender Lagerbestandsberichte sowie definierter Ober-und Untergrenzen als Auslöser löst der Zulieferer selbsttätig Bestellungen für den Kunden aus. Dies verringert den Administrationsaufwand des Kunden und bedeutet geringere Kapitalbindung durch niedrigere Bestände. Es ermöglicht dem Zulieferer, einen für ihn produktionstechnisch oder logis-

tisch günstigen Zeitpunkt und Umfang der Bestellung festzulegen und gleichzeitig den Kunden stärker an sich zu binden. Selbstverständlich sollten dem Kunden Lieferungen dennoch angekündigt werden, damit dessen Warenannahme auf die ankommenden Sendungen vorbereitet ist.

8. **Erläutern Sie die Charakteristika von Enterprise Portalen!**
   Charakteristisch ist die Integration einer heterogenen IT-Landschaft in eine für den Anwender homogen wirkende Plattform. Von zentraler Bedeutung ist auch die Personalisierung, d. h. die benutzerspezifische bedarfsgerechte Anpassung von Inhalten und Darstellungsformen, um den Bedienkomfort und die Effizienz für den Anwender zu steigern.

9. **Klassifizieren Sie Enterprise Portale nach ihren Zielgruppen!**

   ❏ Mitarbeiterportale

   ❏ Geschäftskundenportale

   ❏ Lieferantenportale

   ❏ Endkundenportale

A.4   Musterlösungen zu Kapitel 5

1. **Erklären Sie, was unter einem Subshop zu verstehen ist!**
Ein Subshop ist kein eigenständiger E-Shop. Stattdessen wird die eigene Shop-Plattform in die Web-Site eines Dritten integriert, um Produkte über dessen Web-Seite (oftmals selbst ein E-Shop) verkaufen zu können, dabei sind Provisionen an den jeweiligen Web-Seiten-Betreiber zu bezahlen.

2. **Diskutieren Sie mögliche Kannibalisierungseffekte, die durch den zusätzlichen Vertrieb per E-Shop bei einem Weinhändler eintreten können!**
Umsätze im E-Shop können zu Lasten der Umsätze im Ladengeschäft gehen. Insbesondere Bestandskunden, die wenig Zeit haben, die dem E-Commerce aufgeschlossen gegenüberstehen und die wissen, welche Weine sie beziehen wollen, dürften tendenziell zukünftig im E-Shop einkaufen. Andererseits werden neue Käuferkreise erschlossen, da Bestellungen zumindest im nationalen Rahmen unproblematisch abzuwickeln sind. Eventuell werden auch Neukunden in das Ladengeschäft gelockt. Dort können sie die Weine probieren und auch versandkostenfrei gleich mitnehmen. Die Kannibalisierungseffekte sind somit insgesamt als eher überschaubar einzustufen. Vergleiche dazu auch die Rubrik „sonstige Produkte" in Tab. 5.1 auf Seite 104.

3. **Erläutern Sie wesentliche Vorteile des E-Marketings (Online-Marketings) gegenüber „Offline-Marketing"!**
Ein wesentlicher Vorteil besteht darin, dass die meisten E-Marketing-Formen es ermöglichen, zielgruppenorientiert zu werben und damit die Streuverluste zu senken. Häufig besteht zusätzlich die Möglichkeit der direkten Interaktion, mitunter können auch Bestellungen direkt aufgegeben werden. Desweiteren fallen durch den Einsatz elektronischer statt physischer Werbemittel (gedruckte Werbebroschüren, Plakate etc.) in der Regel geringere Kosten gerade bei einer großen Adressatenzahl an.

4. **Diskutieren Sie die Eignung folgender Produkte für den Vertrieb per E-Shop**

   ❏ **Kaffee (vakuumverpackt)**

   ❏ **Weihnachtsbaum (echter Baum)**

   ❏ **Digital-Spiegelreflexkamera**

Kaffee ist längere Zeit haltbar und stellt keine besonderen Anforderungen an den Transport. Verbraucher sind bei vakuumverpackten Standardprodukten mit Sicherheit preissensibel, zumal diese quasi überall zu erwerben sind. Im Falle von Premiumprodukten bzw. besonderen Kaffeesorten gilt dies nicht. Allerdings bleibt dann das Problem, dass gerade diese hochpreisigen Sorten gerne probiert werden, bevor sie gekauft werden. Nichtsdestotrotz ist Kaffee grundsätzlich für den Vertrieb per E-Shop geeignet.

Weihnachtsbäume sind offensichtlich Saisonartikel und können somit nur eine sehr begrenzte Zeit angeboten werden, nach Weihnachten noch vorhandene Bestände geschlagener Christbäume sind wertlos. Für den Anbieter besteht jedoch die Möglichkeit, Bäume erst dann zu schlagen, wenn sie verkauft sind. Nicht verkaufte Bäume können in der Regel im nächsten Jahr erneut angeboten werden. Ein Anbieter wie www.weihnachtsbaum.de wirbt damit, dass seine Bäume besonders frisch (d. h. ohne lange Transport- und Liegezeiten) zum Kunden gelangen. Transporttechnisch stellen geschlagene Bäume in Zimmergröße für Logistikunternehmen in entsprechender Verpackung keine besondere Herausforderung dar. Es genügt eine Person, um den Baum zu transportieren, so dass sich die Versandkosten in Grenzen halten. Jedoch stehen die Versandkosten nur im Falle hochpreisiger Baumarten in einem angemessenen Verhältnis zum Baumpreis. Gegen den Kauf per E-Shop spricht aus Kundensicht, dass der Baum nicht persönlich in Augenschein genommen werden kann, z. B. um abschätzen zu können, ob er an den vorgesehenen Platz in der Wohnung passt oder ob er Schönheitsfehler, wie sie bei Naturprodukten zu erwarten sind, aufweist. Als Fazit kann festgehalten werden, dass Weihnachtsbäume bedingt für den Vertrieb über einen E-Shop geeignet sind.

Digitale Spiegelreflexkameras sind hochpreisige Standardprodukte, die sich leicht verpacken und transportieren lassen. Die Versandkosten fallen gegenüber dem Preis der Kamera kaum ins Gewicht. Interessenten können sich auf verschiedenen Wegen über Vor- und Nachteile einzelner Kameratypen informieren, z. B. mittels Erfahrungsberichten von Käufern im Internet, mittels Testberichten oder aber in einem klassischen Fotofachgeschäft. Digitale Spiegelreflexkameras sind somit sehr gut für den Vertrieb per E-Shop geeignet.

5. **Nennen Sie zwei Bezahlverfahren, die in der Regel von Käufern im E-Shop bevorzugt werden, und zwei Bezahlverfahren, die in der Regel von Verkäufern bevorzugt werden. Gehen Sie dabei davon aus, dass sowohl Käufer als auch Verkäufer in Deutschland ansässig sind und dass es um einen Betrag von 500 Euro geht!**
   Käufer bevorzugen in der Regel: Kauf auf Rechnung, Lastschriftverfahren; Zahlung per Kreditkarte. Verkäufer bevorzugen in der Regel: Vorkasse, Giropay, Lastschriftverfahren. Das Nachnahme-Verfahren ist für beide Seiten umständlich, E-Mail-basierte Verfahren sind eher für Transaktionen zwischen Endkunden – z. B. einer Versteigerung per Ebay – oder bei internationalen Transaktionen gefragt, kartenbasierte Verfahren sind vor allem auf kleinere Beträge ausgerichtet. Mobile Payment kann je nach Käufergruppe ebenfalls attraktiv sein, wird bisher jedoch noch vergleichsweise selten und wenn, dann tendenziell für kleinere Beträge genutzt.

6. **Erläutern Sie, weshalb sich E-Marktplätze nicht in dem Maße durchgesetzt haben, wie es zunächst prophezeit worden war!**
   Sie haben sich deshalb nicht so stark durchgesetzt, da das Besuchen anderer E-Shops oder E-Marktplätze für Kaufinteressenten ungleich einfacher und schneller zu realisieren ist als der Besuch anderer Geschäfte, Märkte oder Einkaufszentren in der realen Welt. Für Händler sind die Gestaltungsmöglichkeiten für den eigenen Auftritt auf dem E-Marktplatz begrenzt, da vieles vom Marktplatzbetreiber und dem eingesetzten System vorgegeben wird. Zudem fallen für die Nutzung eines E-Marktplatzes für die Händlerseite häufig Gebühren in Form

von Verkaufsprovisionen oder jährlichen Mitgliedsbeiträgen an, die gerade um-
satzschwache Onlinehändler abschrecken können.

7. Erläutern Sie die Prinzipien des Web 2.0 nach O'Reilly!

❏ *The Web as Platform*: Das Web stellt die zentrale Informations- und Kommunikationsplattform dar, die das Erstellen von Anwendungen und Inhalten
erlaubt, welche mittels offener Standards und Protokolle weitgehend beliebig untereinander integrier- und miteinander vernetzbar sind.

❏ *Harnessing Collective Intelligence*: Hierunter wird verstanden, dass die Kumulation von Informationen in Gruppen zu Aussagen und Entscheidungen führen kann, die oft besser sind, als sie von einem Einzelnen getroffen
werden könnten. Die Gruppe weiß mehr als der Einzelne und stellt dieses
Wissen der Allgemeinheit zur Verfügung. Dies wird auch als „Wisdom of
Crowds" bezeichnet (Gruppen- bzw. kollektive Intelligenz).

❏ *Data is the next Intel Inside*: Die Kumulation von Daten bzw. Informationen
ist wichtiger als die Funktionalität einer Anwendung. Aggregierte, kumulierte und vernetzte Informationen, unter anderem gesammelt nach dem
Prinzip der Gruppenintelligenz, können marktbeherrschende Positionen
aufgrund von Netzwerkeffekten ermöglichen.

❏ *End of the Software Release Cycle*: Web 2.0-Anwendungen stehen als webbasierte Dienste zur Verfügung und werden nicht als kommerzielle Standardsoftware verstanden. Dienstleistungen, die beispielsweise über Mash
Ups einfach in andere Internetanwendungen eingebunden werden können,
sind deshalb wichtiger als monolitische Softwareprodukte, die festgelegten
Release-Zyklen folgen.

❏ *Lightweight Programming Models*: Gemäß des vierten Prinzips sind Web 2.0-
Anwendungen einem laufenden Veränderungsprozess unterworfen. Viele
Web 2.0-Anwendungen bezeichnen sich deshalb bewusst als „Beta". Einfache, leichtgewichtige und flexibel änderbare IT-Architekturen und Entwicklungsframeworks sind deshalb für die Softwareentwicklung von Web
2.0-Anwendungen unabdingbar.

❏ *Software Above the Level of Single Device*: Aufgrund der zunehmenden Konvergenz der Kommunikationsmedien sollten nicht nur PCs, sondern auch
andere, z. B. mobile Endgeräte von Web 2.0-Anwendungen angesprochen
werden.

❏ *Rich User Experience*: Anwendungen des Web 2.0 sollten so benutzungsfreundlich wie Desktop-Anwendungen sein und über analoge ergonomische Merkmale verfügen.

8. Erläutern Sie die anwendungsbezogene Perspektive des Web 2.0!
Hierbei geht es um die ökonomischen Nutzungspotenziale des Web 2.0: Die Nutzung des kreativen Kundenpotenzials durch Open Innovation und die Aktivierung des Kunden im Verkaufsprozess durch Social Commerce. In beiden Fällen

wird versucht, den bisherigen Konsumenten auch zum Produzenten von Informationen zu machen. Diese Doppelrolle wird deshalb oftmals mit dem Kunstwort „Prosumer" charakterisiert. Die Erweiterung des ökonomischen Potenzials von Web 2.0 für den unternehmensinternen Einsatz wird unter dem Schlagwort Enterprise 2.0 diskutiert.

9. **Definieren Sie den Begriff des CRM und grenzen Sie ihn gegen verwandte Begriffe ab!**
CRM ist eine kundenorientierte Unternehmensstrategie, die mit Hilfe moderner Informations- und Kommunikationstechnologien versucht, auf lange Sicht profitable Kundenbeziehungen durch ganzheitliche und individuelle Marketing-, Vertriebs- und Servicekonzepte aufzubauen und zu festigen. Sie kann in operatives und analytisches CRM unterschieden werden; vgl. dazu Abb. 5.7 auf Seite 117. Die Abgrenzung zu verwandten Begriffen erfolgt gemäß Abb. 5.8 auf Seite 118: Beziehungsmanagement ist der Oberbegriff. Er kennzeichnet die aktive Planung, Steuerung und Kontrolle von Geschäftsbeziehungen eines Unternehmens. Hierzu zählen alle relevanten Akteure in der Unternehmensumwelt. Das Beziehungsmarketing (Relationship Marketing) fokussiert hingegen das Beziehungsmanagement auf die Beziehungen zu Lieferanten und Kunden. Es stellt also eine Teilmenge des Beziehungsmanagement dar. Das Customer Relationship Management wiederum ist eine Teilmenge des Beziehungsmarketings. Es fokussiert auf die Beziehung zu potenziellen, aktuellen und verlorenen Kunden. Gemäß Hippner (2006b, S. 20) wird außerdem die Betrachtung der Beziehung zu aktuellen Kunden innerhalb des CRM als Kundenbindungsmanagement bezeichnet.

10. **Erläutern Sie, was man unter operativem und analytischem CRM versteht!**
Das operative CRM umfasst alle Bereiche, die im direkten Kontakt mit dem Kunden stehen (Front Office). Hierzu zählen Marketing, Vertrieb und Kundenservice. Das operative CRM umfasst die gesamte Steuerung und Unterstützung der Geschäftsprozesse der Customer Touch Points. Als zentrale Datenbank kommt dabei eine operative Kundendatenbank zur Speicherung und Verwaltung aller Kundendaten zum Einsatz. Content Management Systeme lassen sich ergänzend einsetzen, um unstrukturierte Informationen (Bilder, Audio, Video, Freitext) in das operative CRM-System zu integrieren und für die CRM-Prozesse verfügbar zu machen. Für Aussagen zur Verfügbarkeit von Produkten, den Bestellstatus eines Kundenauftrags etc. ist eine Anbindung an die bestehenden operativen IT-Systeme des Back Office, insbesondere dem ERP-System, notwendig.

Ziel des analytischen CRM ist es, aus der Fülle der gespeicherten Kundendaten relevante Informationen über die Kunden zu gewinnen. Diese Informationen werden systematisch dafür genutzt, die Abstimmung von Kundenkommunikation, Produkten und Dienstleistungen mit den differenzierten, individuellen Kundenbedürfnissen kontinuierlich zu verbessern. Für die dazu notwendigen komplexen Berechnungen und Analysen werden die Kundendaten aus der operativen Kundendatenbank regelmäßig in ein eigenes Customer Data Warehouse überführt.

A.5 Musterlösungen zu Kapitel 6

1. **Definieren Sie den Begriff der IT-Sicherheit!**
   IT-Sicherheit bezieht sich auf die Strategien, Vorgehensweisen und technischen Maßnahmen, die verwendet werden, um die Kommunikation zurechenbar zu gestalten, sowie unerlaubte Zugriffe, ungewollte Veränderungen, Diebstahl oder physische Schäden von Informationssystemen zu verhindern.

2. **Erläutern Sie mögliche Sicherheitsrisiken!**
   Zwei große Gruppen von Sicherheitsrisiken lassen sich unterscheiden: Angriffe und Störungen (vgl. Abb. 6.1 auf Seite 129). Angriffe führen eine Gefährdung der Sicherheit absichtlich herbei. Ein Beispiel dafür wäre das unerlaubte Eindringen in einen Onlineshop durch Ausnutzung von Schwachstellen der Shopsoftware. Störungen führen unabsichtlich zu einer Gefährdung der Sicherheit. So kann beispielsweise eine unsachgemäße Administration der Shopsoftware zu einer Nicht-Verfügbarkeit des Onlineshops führen.

3. **Erläutern Sie den Aufbau eines IT-Sicherheitsmanagements nach BSI!**
   Der Aufbau eines IT-Sicherheitsmanagement nach BSI beinhaltet die in Abb. 6.3 auf Seite 137 dargestellten Schritte:

   ❑ *Schicht 1* umfasst alle übergreifenden IT-Sicherheitsaspekte, wie Organisation, Datensicherungskonzept, Virenschutzkonzept.

   ❑ *Schicht 2* befasst sich mit den baulich-physikalischen Anforderungen an die IT-Sicherheit. Dazu gehören beispielsweise Gebäude, Serverraum, Schutzschrank.

   ❑ *Schicht 3* betrifft die einzelnen IT-Systeme, also beispielsweise Server, Clients, Telefonanlage, Laptops.

   ❑ *Schicht 4* befasst sich mit der Netzwerkinfrastruktur und deren Komponenten, wie WLAN, LAN, Router.

   ❑ *Schicht 5* umfasst die eigentlichen IT-Anwendungen, wie E-Mail, Webserver.

4. **Erläutern Sie den Ablauf einer digitalen Signatur!**
   Eine digitale Signatur (digitale Unterschrift) erfüllt zwei Funktionen: Zum einen soll sie bestätigen, dass eine Nachricht M vom Absender A stammt. Zum anderen soll sie die Unverfälschtheit der Nachricht M sicherstellen, so dass der Empfänger B sicher sein kann, keine Fälschung erhalten zu haben. Der Ablauf erfolgt gemäß Abbildung 6.7 auf Seite 144.

5. **Erläutern Sie, wie ein Unternehmen verhindern kann, dass seine Marketingaktion per E-Mail als unlautere Werbung eingestuft wird!**
   Es muss eine Datenschutzerklärung z. B. in Form eines Web-Formulars bereitgestellt werden, mit deren Hilfe sich Interessenten zu erkennen geben können. Dabei muss angegeben werden, welche personenbezogenen oder personenbeziehbaren Daten im Rahmen des Aufrufs der Webseite und des Absendens des ausgefüllten Web-Formulars anfallen.

6. **Erläutern Sie Möglichkeiten der Datenvermeidung im E-Commerce seitens der Benutzer!**
   Man sollte z. B. wann immer möglich ein Pseudonym verwenden. Cookies (Profildateien) sollten abgelehnt oder zumindest regelmäßig gelöscht werden, da über sie im Laufe der Zeit umfassende Benutzerprofile aufgebaut und das Surfverhalten der Benutzer für personalisierte Marketingmaßnahmen verwendet werden kann.

7. **Erläutern Sie die Zusammenhänge zwischen Datenschutz und IT-Sicherheit!**
   Der E-Commerce-Anbieter muss dafür Sorge tragen, dass die gebotenen Maßnahmen der IT-Sicherheit ergriffen werden, damit der Datenschutz gewährleistet ist. Dazu gehört etwa die Nutzung einer verschlüsselten Internetverbindung bei der Übermittlung von sensiblen Daten z. B. der Übermittlung von Kreditkarten- oder Bankverbindungsdaten beim E-Payment. Datenschutz erfordert somit Maßnahmen der IT-Sicherheit wie z. B. die Verschlüsselung. Umgekehrt ist bei Maßnahmen der IT-Sicherheit – z. B. dem redundanten Speichern – der Datenschutz zu beachten, d. h. auch die Sicherungskopien personenbezogener Daten dürfen z. B. nicht Unbefugten zugänglich sein.

A.6   Musterlösungen zu Kapitel 7

1. Welche Vorteile verspricht Enterprise 2.0?
Enterprise 2.0 kann die Informationsqualität verbessern, indem es die Schnittmenge des subjektiven und objektiven Informationsbedarfs mit dem Informationsangebot erhöht. Dadurch kann die im rechten Kasten von Abb. 7.1 auf Seite 156 dargestellte Situation erreicht werden. Dies ist die Kernidee von Enterprise 2.0. Enterprise 2.0 nutzt dazu das Potential von emergenter Social Software.

2. Erläutern Sie, was McAfee unter dem Akronym SLATES versteht!
SLATES ist eine Abkürzung für folgende Komponenten bzw. Anforderungen an Enterprise 2.0:

- ❏ **Search** – Für jede Informationsplattform ist es entscheidend, dass ein Benutzer die Informationen findet, die er sucht.

- ❏ **Links** – McAfee postuliert, dass relevante Informationen an der Stelle zu finden sind, auf die am häufigsten verlinkt wird. Diese Idee liegt auch Suchmaschinen wie Goggle in ihrem Page Ranking-Algorithmus zugrunde und kann als empirisch zutreffend gelten. Mitarbeiter eines Unternehmens müssen deshalb im Intranet ebenfalls die Möglichkeit erhalten, die für sie wichtigen Informationen zu verlinken.

- ❏ **Authoring** – Enterprise 2.0 unterstützt das Verlangen von Mitarbeitern selbst Artikel zu verfassen und die eigene Meinung zu veröffentlichen.

- ❏ **Tags** – Informationen werden durch vom Benutzer bestimmte Schlüsselwörter kategorisiert.

- ❏ **Extensions** – Die Aktivitäten des Benutzers werden analysiert, um Angebote an das Verhalten und die Vorlieben des Benutzers anzupassen.

- ❏ **Signals** – Der Benutzer wird automatisch benachrichtigt, wenn für ihn interessante neue Inhalte verfügbar sind.

3. Welche betrieblichen Einsatzmöglichkeiten gibt es für die unterschiedlichen Arten von Social Software?
Social Software kann für die Zusammenarbeit, Kommunikation und Koordination genutzt werden. Beispiele: Für Wissensmanagement sehr gut geeignet sind Wikis. Blogs eignen sich v. a. für die Kommunikation, wie z. B. als Mitarbeiterblogs oder Themenblogs.

B   Glossar

Alphabetische Auflistung von „E-Wörtern" aus diversen Quellen ohne Anspruch auf Vollständigkeit.

E-Accessability
barrierefreier Zugang zum Internet

E-Advertising
internetbasierte Werbung

E-Advising
Beratung über elektronische Medien

E-Administration
internetbasierter Geschäftsverkehr mit und zwischen Behörden

E-Appointment
Online-Terminvereinbarung bzw. Online-Terminvergabe

E-Arztbrief
internetbasierter Briefverkehr zwischen Ärzten

E-Assessment
internetbasierte Potenzialanalyse der (beruflichen) Eignung

E-Assistance
internetbasierte Unterstützung der alltäglichen Lebensgestaltung, z. B. Öffnungszeiten und Zuständigkeiten von Behörden

E-Attraction
internetbasierte Aktivitäten zur Anbahnung von Transaktionen

E-Auction/E-Auktion
internetbasierte Auktion

E-Banking
Bankgeschäfte per Internet

E-Benefit
internetbasierter Nutzenaspekt

E-Blogger/E-Blogging
aktiver Nutzer bzw. aktive Nutzung von Internettagebüchern

E-Börse
internetbasierte Börse, z. B. für Gebrauchtwaren

E-Bonding
internetbasierte Kundenbindung

E-Book
elektronisches Buch

E-Branding
Markenführung im Internet

E-Brokering
Börsengeschäfte, insbesondere mit Wertpapieren, per Internet

E-Bürgerdienst
internetbasierte Dienstleistung einer Verwaltungsbehörde für ihre Bürger, z. B. die Möglichkeit, eine Lohnsteuerkarte online zu beantragen

E-Business
internetbasierter Geschäftsverkehr

E-Card
elektronische Postkarte

E-Care
Kundenbindung und Pflege der Kundenbeziehung per Internet

E-Cash
elektronisches Geld

E-Catalog
elektronischer Katalog

E-Census
internetbasierte Volkszählung

E-Cl@ss
Produktklassifikationsstandard

E-Clearing
elektronisches Einlesen der Bankbelege

E-Collaboration
netzwerkbasierte Zusammenarbeit von Kooperations-Partnern, z. B. per Videokonferenz, Foren etc.

E-Commerce
internetbasierter Handel

E-Communication
multimediale Kommunikation

E-Community
organisierte Kommunikation innerhalb eines elektronischen Kontaktnetzwerkes

E-Consultation
Meinungsäußerung auf Webseiten der Regierung o. ä.

E-Consulting
elektronische Beratungsdienstleistung

E-Content
digitales Material

E-Contracting
internetgestützter Vertragsabschluss

E-Controlling
Analyse und Auswertung von Besucheraktivitäten der eigenen Website im Internet oder im Intranet

E-Culture
auf das E-Business ausgerichtete Unternehmensphilosophie

E-Currency
virtuelle Währung

E-Customer Relationship Management
internetbasiertes CRM

E-Customer Profiling
internetgestützte Erstellung eines Kundenprofils

E-Democracy
internetunterstützte demokratische Prozesse

E-Discovery
Beweissammlung elektronisch gespeicherter Informationen durch US-Gerichte

E-Discussion
internetgestützte Diskussion, z. B. Webkonferenz

E-Distribution
Verteilung und Verfolgung von Waren und Gütern, z. B. Sendungsverfolgung

E-Economic
Unternehmensname

E-Education
internetgestützte Aus- und Weiterbildungsleistungen

E-Edutainment
Kunstwort aus Education und Entertainment: Lernen wird mit Unterhaltung kombiniert

E-Election
Wahlen per Internet

E-Energy
IT-basierte Optimierung der Energietechnologie

E-Enterprise
Unternehmen mit umfassender Anpassung des Geschäftsmodells und der Prozesse auf die e-Business-Technologien

E-Entertainment
internetbasierte Unterhaltungsangebote

E-Entrepreneurship
Schaffung einer selbständigen und originären rechtlichen Wirtschaftseinheit (E-Venture) in der Net Economy

E-Finance
elektronische Finanzdienstleistungen

E-Forms
per Internet abrufbare Formulare

E-Fulfillment
vollständige Auftragsabwicklung von der Bestellung per Internet über Bezahlung, Lagerung, Transport und Auslieferung bis hin zu After Sales Service und Entsorgung durch einen Logistikdienstleister

E-Games
Computerspiele

E-Geld
elektronisches Geld, gespeichert auf einem Datenträger

E-Gesundheitskarte
elektronische Gesundheitskarte (eGK)

E-Government
IT-unterstütztes Regieren und Verwalten

E-Health
u. a. Vernetzungsbestrebungen im Gesundheitswesen, Telemedizin

E-Incentive
Prämien bzw. Anreize im Internet, z. B. Gutscheine für Neukunden

E-Infotainment
Hybridform von informierenden und Unterhaltungsmedien, z. B. Sportberichterstattung

E-Information
Informationssysteme auf Internettechnologiebasis

E-Intermediary
Zwischenhandel oder Vermittlung mit elektronischen Mitteln

E-Invoice/E-Invoiving
Elektronische Rechnung bzw. Rechnungsstellung

E-Justice
elektronisch abgewickelte Abläufe des Gerichtswesens

E-Kanban
IT-gestütztes Kanban

E-Kommunikation
IT-gestützte Kommunikation

E-Kooperation
IT-gestützte Kooperation

E-Laden
elektronischer Laden, auch: E-Shop, Onlineshop

E-Lancer
Freiberufler (Freelancer), die ihre Dienste im Internet anbieten

E-Learning
Elektronisches Lernen, z. B. per Web Based Training

E-Legislative
IT-unterstützte Gesetzgebung

E-Logistik
Internetnutzung für logistische Aufgaben, Teilgebiet der E-Distribution

E-Mail
elektronische Post

E-Maintenance
automatische Information über den Zustand eines Systems bzw. Geräts zur Serviceoptimierung

E-Mall
elektronischer Marktplatz bzw. Einkaufszentrum

E-Markt/E-Market
elektronischer Markt

E-Marketing
elektronisches, meist internetgestütztes Marketing, auch als Online-Marketing bezeichnet

E-Marktforschung
internetgestützte Marktforschung

E-Marktplatz
elektronischer Marktplatz

E-Mass Customization
Produktion auf Kundenwunsch

E-Media
elektronische Medien

E-Mediation
Mediation per Internet

E-Music
Musiktitel in Form von Audiodateien

E-News
elektronische Nachrichten, z. B. per Email-Newsletter

E-Non-Profit
Interneteinsatz in Non-Profit-Organisationen

E-Order
internetgestützte Bestellung

E-Ordering
internetgestütztes Bestellen

E-Offer
internetgestütztes Angebot

E-Operations
Umwandlung der Inputfaktoren in die endgültige Produktform

E-Organization
Interneteinsatz innerhalb einer Organisation, auch: Intra-E-Business

E-Packaging
Anforderungen an Verpackungen von online bestellten Artikeln, z. B. Medikamenten-transport

E-Paper
a) elektronisches Papier, b) elektronische Zeitung

E-Patientenakte
elektronische Patientenakte

E-Payment
elektronisches Bezahlen

E-Performance-Scorecard
Instrument zur Bewertung von E-Business-Aktivitäten

E-Permission
Erlaubnis, Werbung oder Marketing-Botschaften zu empfangen

E-Personalausweis (ePA)
elektronischer Personalausweis mit Speicherchip

E-Petition
internetbasierte Eingaben

E-Plate
Kfz-Kennzeichen mit RFID-Chip

E-Policy
staatliche Rahmenbedingungen für den IT-Einsatz

E-Portal
Web-Portal, Portalseite

E-Posting
Mitteilung an mehrere Benutzer per Internet

E-Pricing
Preisfestlegung im Internet

E-Print
in digitaler Form vorliegender wissenschaftlicher Artikel in einer Fachzeitschrift

E-Procurement
elektronische Beschaffung

E-Production
Produktion nach Kundenwunsch

E-Produktidentifikation
elektronische Produktidentfikation, z. B. per RFID-Chip

E-Produktkatalog
elektronischer Produktkatalog

E-Publishing
internetgestütztes Veröffentlichen von Inhalten

E-Purchasing
elektronischer Einkauf

E-Ranking
elektronische Rangliste, Rangordnung

E-Recommendation
Empfehlung per Internet, z. B. auf Basis der Klickhistorie eines Nutzers

E-Recruiting
internetbasierte Personalrekrutierung

E-Registration
Registrierung per Internet

E-Reporting
elektronisches Reporting

E-Retailing
internetgestützter Einzelhandel, E-Commerce

E-Rumor
im Internet verbreitetes Gerücht

E-Sales
elektronischer Vertrieb von Waren und Dienstleistungen

E-Search
Suche per Internet

E-Security
Datensicherheit und Datenschutz im E-Business

E-Service(s)
Serviceleistungen über das Internet

E-Share
Anteil elektronischer Komponenten an einem Produkt

E-Shop
Ladengeschäft im Internet, Online-Shop, Webshop

E-Shopping
Einkauf von Endverbrauchern im Internet

E-Society
Informations- und Wissensgesellschaft

E-Solution
internettechnologiebasierte Softwarelösung zur Unterstützung von Geschäftsaktivitäten

E-Sourcing
Lieferantensuche per Internet

E-Storehousing
elektronisches Lagerhaus

E-Submission
Ausschreibung im Internet

E-Supplier-Relationship-Management
internetgestütztes SRM

E-Supply Chain Management
internetgestütztes SCM

E-Supply Management
internetgestütztes SCM

E-Syndication
internetgestützte Zusammenarbeit der Mitglieder eines Syndikats, eines Konsortiums

E-Tagging
freie Verschlagwortung (Indexierung), auch: Social Tagging

E-Tailer
Internethändler

E-Tailing (retailing)
Verkaufsvorgang

E-Taxes
Steuererklärung per Internet

E-Ticketing
elektronisches Ticket, z. B. Fahrschein (Online-Ticket)

E-Tourismus
Anwendung von Informations- und Kommunikationstechnologien im touristischen Umfeld

E-Tracking
elektronische Verfolgung, z. B. von Waren

E-Trading
Synonym zu E-Commerce

E-Transaction
Online-Transaktion

E-Transfer
internetgestützter Transfer

E-Travel
Online-Reisebüro

E-Venture
selbständige Wirtschaftseinheit in der Net Economy

E-Vergabe
internetgestützter Vergabeprozess

E-Voting/E-Vote
internetgestütztes Abstimmen/internetgestützte Abstimmung

E-Wahlen
Wahlen per Internet

E-Waste
Elektronikschrott

E-Workflow
internettechnologiebasierte Abbildung von Verwaltungsabläufen

E-Zeitalter
Zeitalter des Internets

E-Zine
Kurzform für „electronic magazine", elektronische Zeitschrift

Literaturverzeichnis

[Abrahams 2007] ABRAHAMS, Jalaoedien: Tag Cloud for KnowledgeTree. (2007). – URL http://people.knowledgetree.com/jalal/2007/02/21/12.html. – Zugriffsdatum: 09.08.2007

[Adelsbach u.a. 2005] ADELSBACH, André ; ALKASSAR, Ammar ; GARBE, Karl-Heinz ; LUZAIC, Mirko ; MANULIS, Mark ; SCHERER, Edgar ; SCHWENK, Jörg ; SIE-MENS, Eduard: VoIPSEC - Studie zur Sicherheit von Voice over Internet Protocol / Bundesamt für Sicherheit in der Informationstechnik (BSI). 2005. – Forschungsbericht

[Alby 2006] ALBY, Tom: *Web 2.0. Konzepte, Anwendungen, Technologien.* München/Wien, 2006

[Arnold und Schnabel 2007] ARNOLD, Ulli ; SCHNABEL, Martin: Electronic Reverse Auctions - Nutzung von IT-Unterstützung bei der Beschaffung direkter Güter. In: BRENNER, Walter (Hrsg.) ; WENGER, Roland (Hrsg.): *Elektronische Beschaffung - Stand und Entwicklungstendenzen.* 2007, S. 83–103

[Ausschuss für Definitionen zu Handel und Distribution 2006] AUSSCHUSS FÜR DE-FINITIONEN ZU HANDEL UND DISTRIBUTION: *Katalog E: Definitionen zu Handel und Distribution.* 5. Aufl. Köln : Institut für Handelsforschung an der Universität zu Köln, 2006

[van Baal und Hudetz 2006] BAAL, Sebastian van ; HUDETZ, Kai: Wechselwirkungen im Multi-Channel-Vertrieb / Institut für Handelsforschung an der Universität zu Köln. 2006 (Nr. 11). – Marktstudie

[Bagusat und Hermanns 2008] BAGUSAT, Ariane ; HERMANNS, Arnold: *E-Marketing-Management. Grundlagen und Prozesse für Business-to-Consumer-Märkte.* München, 2008

[Bächle] BÄCHLE, Michael: *Social Software - Wieder eine IT-Mode?* Vortrag auf der Telekom Management Konferenz, Berlin, 21. November 2006. – URL http://www.dhbw-ravensburg.de/fileadmin/Inhalte/050_Wirtschaftsinformatik/01Dokumente/2006Telekom.pdf. – Zugriffsdatum: 18.11.2006

[Bächle 2005] BÄCHLE, Michael: Virtuelle Communities als Basis für ein erfolgreiches Wissensmanagement. In: *HMD - Praxis der Wirtschaftsinformatik* 246 (2005), Dezember, Nr. 246, S. 76–83

[Bächle 2006] BÄCHLE, Michael: Social Software. In: *Informatik-Spektrum* 29. Ausgabe (2006), S. 121–124

[Bächle 2008]   BÄCHLE, Michael: Ökonomische Perspektiven des Web 2.0. Open Innovation, Social Commerce und Enterprise 2.0. In: *WIRTSCHAFTSINFORMATIK* 50 (2008), Nr. 2, S. 129–132

[Bächle und Daurer 2006]   BÄCHLE, Michael ; DAURER, Stephan: Potenziale integrierter Social Software - Das Beispiel Skype. In: *HMD - Praxis der Wirtschaftsinformatik* (2006), Nr. 252, S. 75–81

[Bächle und Kirchberg 2007a]   BÄCHLE, Michael ; KIRCHBERG, Paul: Frameworks für das Web2.0. In: *Informatik-Spektrum* 30 (2007), Nr. 2, S. 79–83

[Bächle und Kirchberg 2007b]   BÄCHLE, Michael ; KIRCHBERG, Paul: Ruby on Rails. In: *IEEE Software* 24 (2007), Nr. 6, S. 105–108

[Bächle und Ritscher 2006]   BÄCHLE, Michael ; RITSCHER, Jochen: Ruby on Rails. In: *Softwaretechnik-Trends* 26 (2006), Nr. 4, S. 44–47

[Beckmann 2004]   BECKMANN, Holger: Supply Chain Management: Grundlagen, Konzept und Strategien. In: BECKMANN, Holger (Hrsg.): *Supply Chain Management: Strategien und Entwicklungstendenzen in Spitzenunternehmen.* Berlin et al., 2004, S. 1–97.

[Benkler 2002]   BENKLER, Yokai: Coase's Penguin, or, Linux and the Nature of Firm. (2002). – URL http://www.benkler.org/CoasesPenguin.html. – Zugriffsdatum: 18.10.2007

[Beutelspacher u. a. 2010]   BEUTELSPACHER, Albrecht ; NEUMANN, Heike B. ; SCHWARZPAUL, Thomas: *Kryptografie in Theorie und Praxis. Mathematische Grundlagen für Internetsicherheit, Mobilfunk und elektronisches Geld.* 2., überarb. Aufl. Wiesbaden, 2010

[Bilderbeek und Bieler 2007]   BILDERBEEK, Pim ; BIELER, Dan: Die Schaffung von Wettbewerbsvorteil durch Kommunikationskonvergenz / IDC. 2007. – Forschungsbericht

[Bocij u. a. 2003]   BOCIJ, Paul ; CHAFFEY, Dave ; GREASLEY, Andrew ; HICKIE, Simon: *Business Information Systems. Technology, Development and Management for the e-business.* Harlow, 2003

[Brenner und Wenger 2007]   BRENNER, Walter ; WENGER, Roland: Anforderungen an Electronic Sourcing Systeme. In: BRENNER, Walter (Hrsg.) ; WENGER, Roland (Hrsg.): *Elektronische Beschaffung ? Stand und Entwicklungstendenzen.* Berlin et al., 2007, S. 1–21

[Bundesamt für Sicherheit in der Informationstechnik 2005]   BUNDESAMT FÜR SICHERHEIT IN DER INFORMATIONSTECHNIK: Leitfaden für die Einrichtung einer Internetvertriebsplattform (E-Shop)   / BSI.   URL https://www.bsi.bund.de/cae/servlet/contentblob/476856/publicationFile/31179/5_EShop_pdf.pdf. – Zugriffsdatum: 21.12.2009, 2005. – Leitfaden

[Bundesamt für Sicherheit in der Informationstechnik 2008a]   BUNDESAMT FÜR SICHERHEIT IN DER INFORMATIONSTECHNIK: IT-Grundschutz-Kataloge. 10. Ergänzungslieferung - Oktober 2008.   / BSI. Bonn, 2008. – Leitfaden. – URL www.bsi.bund.de/hsgb. – Zugriffsdatum: 21.07.2009

[Bundesamt für Sicherheit in der Informationstechnik 2008b] BUNDESAMT FÜR SICHERHEIT IN DER INFORMATIONSTECHNIK: Sicheres Bereitstellen von Web-Angeboten (ISi-Web-Server). BSI-Studie zur Internet-Sicherheit (ISi-S) / BSI. URL https://www.bsi.bund.de/cae/servlet/contentblob/478392/publicationFile/30923/isi_web_server_studie_pdf.pdf, 2008. – Studie

[Bundesamt für Sicherheit in der Informationstechnik 2009] BUNDESAMT FÜR SICHERHEIT IN DER INFORMATIONSTECHNIK: Die Lage der IT-Sicherheit in Deutschland 2009 / BSI. URL http://www.bsi.de/literat/lagebericht/Lagebericht2009.pdf. – Zugriffsdatum: 29.06.2009, 2009. – Report

[Bundesverband des Deutschen Versandhandels e. V. 2009] BUNDESVERBAND DES DEUTSCHEN VERSANDHANDELS E. V.: Versandhandel gewinnt: Umsatz steigt auf 29,1 Mrd. Euro (+1,7%). Online-Handel legt 15 Prozent auf 15,4 Mrd. Euro zu. Düsseldorf and Frankfurt/Main, 2009. – 28.07.2009

[Carfi 2006] CARFI, Christopher: Ways Businesses Can Use Social Networking. In: *WebProNews* (2006). – URL http://www.webpronews.com/blogtalk/2006/09/26/ways-businesses-can-use-social-networking. – Zugriffsdatum: 25.08.2007

[Cavazza 2007] CAVAZZA, Fred: What is Enterprise 2.0? (2007). – URL http://fredcavazza.net/2007/07/27/what-is-enterprise-20/. – Zugriffsdatum: 23.08.2007

[Churchill und Halverson 2005] CHURCHILL, Elizabeth F. ; HALVERSON, Christine A.: Social Networks and Social Networking. In: *IEEE Internet Computing* 9 (2005), S. 14–19

[Clegg und Thewihsen 2007] CLEGG, Helen ; THEWIHSEN, Frank: Der Einkauf von morgen – Trends und Technologien. In: BRENNER, Walter (Hrsg.) ; WENGER, Roland (Hrsg.): *Elektronische Beschaffung – Stand und Entwicklungstendenzen*. Berlin et al., 2007, S. 129–160

[Dillerup und Stoi 2008] DILLERUP, Ralf ; STOI, Roman: *Unternehmensführung*. München, 2008

[Dolmetsch 2000] DOLMETSCH, Ralph: *eProcurement*. München, 2000

[Ebenhoch 2007] EBENHOCH, Peter: Wikis in der Technischen Dokumentation. In: *Objekt Spektrum* (2007), April, Nr. 2, S. 24–29

[Ebersbach u. a. 2005] EBERSBACH, Anja ; GLASER, Markus ; HEIGL, Richard: *Wiki-Tools*. Berlin, 2005

[Eckstein und Eckstein 2004] ECKSTEIN, Rainer ; ECKSTEIN, Silke: *XML und Datenmodellierung*. Heidelberg, 2004

[Eisinger 2006] EISINGER, Thomas: Instrumente des Performance-Marketings. Suchmaschinen-Marketing. In: EISINGER, Thomas (Hrsg.) ; RABE, Lars (Hrsg.) ; THOMAS, Wolfgang (Hrsg.): *Performance Marketing*. Göttingen, 2006, S. 31–43

[Enterprise2Conf Advisory Board 2007]   ENTERPRISE2CONF ADVISORY BOARD:
What is Enterprise 2.0?   (2007). – URL http://www.enterprise2conf.com/
about/what-is-enterprise2.0.php. – Zugriffsdatum: 09.09.2007

[Erpenbeck und Sauter 2007]   ERPENBECK, John ; SAUTER, Werner: *Kompetenzentwicklung im Netz - New Blended Learning mit Web 2.0.* Köln, 2007

[Esposito 2006]   ESPOSITO, D.: *ASP.NET-Programmierung.* Unterschleißheim : Microsoft Press, 2006

[Ester und Mostberger Mai 2002]   ESTER, Birgit ; MOSTBERGER, Petra:
Supply Chain Planning bei dm-drogerie markt.   (Mai 2002). –   URL
http://www.dm-drogeriemarkt.de/dmDHomepage/generator/dmD/
Homepage/Unternehmen/RedeBuchbeitraege/Supply__Chain__Planning/
SupplyChainPlaning__bei__dm,property=File.pdf.   –   Zugriffsdatum:
04.01.2010

[Farrell und Lau 2006]   FARRELL, Steven ; LAU, Tessa: IBM Research Report - Fringe Contacts: People-Tagging for the Enterprise / IBM Research Division. 2006. –
Forschungsbericht

[Fischer 2008]   FISCHER, Mario: *Website Boosting 2.0. Suchmaschinen-Optimierung, Usa-
bility, Online-Marketing.* 2., akt. u. erw.Aufl. Heidelberg, 2008

[Fisher und Callaghan 2005]   FISHER, Dennis ; CALLAGHAN, Dennis: Big Blue Pro-
pels Alumni to Power. In: *eWeek.com* (2005). – URL http://www.eweek.com/
article2/0,1895,1777713,00.asp. – Zugriffsdatum: 11.01.2010

[Forrester 1958]   FORRESTER, Jay W.: Industrial Dynamics. A major Breakthrough for
Decision Makers. In: *Harvard Business Review* 36 (1958), Nr. 4, S. 37–66

[Fowler 2002]   FOWLER, M.: *Patterns of Enterprise Application Architecture.* Boston
(Mass.), 2002

[Frost 2006]   FROST, Ingo: Das Wikipedia-Phänomen. In: *Wissensmanagement* 9 (2006)

[Garcia 2007]   GARCIA, Jürgen S.: *Enterprise 2.0.* Saarbrücken, 2007

[Garret 2005]   GARRET, J.: Ajax: A New Approach to Web Applications.   (2005),
Februar. –   URL http://www.adaptivepath.com/publications/essays/
archives/000385.php. – Zugriffsdatum: 10.01.2010

[Gassmann und Enkel 2006]   GASSMANN, Oliver ; ENKEL, Ellen: Open Innovation: Externe Hebeleffekte in der Innovation erzielen. In: *Zeitschrift Führung + Organisation* (2006), Nr. 3, S. 132–138. – URL http://www.alexandria.unisg.ch/
Publikationen/8567. – Zugriffsdatum: 18.10.2007

[Groß und Hülsbusch 2007]   GROSS, Mathias ; HÜLSBUSCH, Werner: Weblogs und
Wikis (Teil 2): Potenziale für betriebliche Anwendungen und E-Learning. In: *Wissensmanagement* 1 (2007), S. 50–53

[GS1-Germany GmbH]   GS1-GERMANY GMBH: Jahresbericht 2008. . – URL http:
//www.gs1-germany.de/content/wir/jahresbericht/index_ger.html. –
Zugriffsdatum: 04.01.2010

[Hansen und Deimler 2002]   HANSEN, Morten ; DEIMLER, Michael: B2E – Mitarbeiter
online führen. In: *Harvard Business Manager* (2002), Nr. 3, S. 108–117

[Hellinggrath u. a. 2004]   HELLINGGRATH, Bernd ; LAAKMANN, Frank ; NAYABI,
Kasra: Auswahl und Einführung von SCM-Systemen. In: BECKMANN, Holger (Hrsg.):
Supply Chain Management: Strategien und Entwicklungstendenzen in Spitzenunternehmen.
Berlin et al., 2004, S. 99–122

[Hermanns und Sauter 1999]   HERMANNS, Arnold ; SAUTER, Michael: Electronic
Commerce – Grundlagen , Potenziale, Marktteilnehmer und Transaktionen. In: HER-
MANNS, Arnold (Hrsg.) ; SAUTER, Michael (Hrsg.): *Management Handbuch Electronic
Commerce.* München, 1999, S. S. 13–29

[von Hippel 1978]   HIPPEL, Eric von: A Customer-Active Paradigm for Industrial
Product Idea Generation. In: *Research Policy* 7 (1978), July, Nr. 3, S. 240–266

[Hippner 2006a]   HIPPNER, Hajo: Bedeutung, Anwendungen und Einsatzpotentiale
von Social Software. In: *HMD - Praxis der Wirtschaftsinformatik* 252 (2006), Dezember,
S. S. 6–16

[Hippner 2006b]   HIPPNER, Hajo: CRM - Grundlagen, Ziele und Konzepte. In: HIPP-
NER, HAJO; WILDE, KLAUS D. (Hrsg.): *Grundlagen des CRM.* 2., überarb. u. erw. Aufl.
Wiesbaden, 2006, S. 16–44

[Hippner u. a. 2006]   HIPPNER, Hajo ; RENTZMANN, René ; WILDE, Klaus D.: Aufbau
und Funktionalitäten von CRM-Systemen. In: HIPPNER, HAJO; WILDE, KLAUS D.
(Hrsg.): *Grundlagen des CRM.* 2., überarb. u. erw. Aufl. Wiesbaden, 2006, S. 46–74

[Hippner und Wilde 2002]   HIPPNER, Hajo ; WILDE, Klaus D.: CRM - Ein Überblick.
In: HELMKE, S.; DANGELMAIER, W. (Hrsg.): *Effektives Customer Relationship Management.* Wiesbaden, 2002, S. 3–37

[Hippner und Wilde 2005]   HIPPNER, Hajo ; WILDE, Thomas: Social Software. In:
WIRTSCHAFTSINFORMATIK 47 (2005), Nr. 6, S. 441–444

[Hoppe und Prieß 2003]   HOPPE, Gabriala ; PRIESS, Andreas: *Sicherheit von Informationssystemen. Gefahren, Maßnahmen und Management im IT-Bereich.* Herne/Berlin, 2003

[Hudetz]   HUDETZ, Kai: *Interview zum Thema Ëntwicklungen und Trends im E-
Commerce - Rückblick 2009", 15. EC-Forum am 29.04.2009 beim ECC Handel in Köln.*
– URL http://www.ecc-handel.de/allgemeines.php?nid=466701. – Zu-
griffsdatum: 03.07.2009

[Hudetz und van Baal 2005]   HUDETZ, Kai ; BAAL, Sebastian van: Beschaffung über
elektronische Marktplätze. In: HUDETZ, Kai (Hrsg.): *E-Commerce im Handel.* Gerns-
bach, 2005, S. 73–100

[Hudetz und Eckstein 2009]   HUDETZ, Kai ; ECKSTEIN, Aline: Anforderungen an IT-Marktplätze – Ergebnisse einer Branchenbefragung / ECC Handel. Köln, September 2009. – Whitepaper

[Kersten u. a. 2008]   KERSTEN, Heinrich ; REUTER, Jürgen ; SCHRÖDER, Klaus-Werner: *IT-Sicherheitsmanagement nach ISO 27001 und Grundschutz*. Wiesbaden, 2008

[Khaitan 2006]   KHAITAN, Indus: Writable Intranet. (2006). – URL http://www.khaitan.org/mt/archives/000126.html. – Zugriffsdatum: 09.09.2007

[Kirchhof u. a. 2004]   KIRCHHOF, Anja ; GURZKI, Thorsten ; HINDERER, Henning ; VLACHAKIS, Joannis: Was ist ein Portal? Definition und Einsatz von Unternehmensportalen / Fraunhofer Institut Arbeitswirtschaft und Organisation. 2004 (Stand: Juni 2004/001). – Whitepaper

[Kleineicken 2002]   KLEINEICKEN, Andreas: eProcurement. In: WANNENWETSCH, Helmut (Hrsg.) ; NICOLAI, Sascha (Hrsg.): *E-Supply-Chain-Management*. Wiesbaden, 2002, S. 100–126

[Kleske 2006]   KLESKE, Johannes: *Wissensarbeit mit Social Software - Konzeption & Entwicklung eines Systems für die kollaborative Wissensarbeit in der Forschung basierend auf Social Software*, Fachhochschule Darmstadt, Diplomarbeit, 2006

[Klipper 2009]   KLIPPER, Sebastian: Feind fährt mit! Spionagemöglichkeiten im ICE. In: *<kes> Die Zeitschrift für Informations-Sicherheit* 25 (2009), März, Nr. 1, S. 10–15

[Knolmayer u. a. 2003]   KNOLMAYER, Gerhard ; KLAUS, Oliver ; SCHERNGELL, Linda: Elektronische Marktplätze und Supply Chain Management: Antagonistische oder synergetische Konzepte? In: *Information Management & Consulting* 18 (2003), Nr. 4, S. 59–65

[Kollmann 2009]   KOLLMANN, Tobias: *E-Business. Grundlagen elektronischer Geschäftsprozesse in der Net Economy*. Wiesbaden, 2009

[Koppelmann 2007]   KOPPELMANN, Udo: Internet und Beschaffung. In: BRENNER, Walter (Hrsg.) ; WENGER, Roland (Hrsg.): *Elektronische Beschaffung – Stand und Entwicklungstendenzen*. Berlin et al., 2007, S. 23–38

[Kuschke und Wölfel 2002]   KUSCHKE, Michael ; WÖLFEL, Ludger: *Web Services kompakt*. Heidelberg, Berlin, 2002

[Lammenett 2006]   LAMMENETT, Erwin: *Praxiswissen Online-Marketing*. Wiesbaden, 2006

[Lang 2002]   LANG, Michael: eDistribution – Distributionsstrategien im eZeitalter. In: WANNENWETSCH, Helmut (Hrsg.) ; NICOLAI, Sascha (Hrsg.): *E-Supply-Chain-Management*. Wiesbaden, 2002, S. 182–206

[Lassmann 2006]   LASSMANN, Wolfgang (Hrsg.): *Wirtschaftsinformatik*. Wiesbaden, 2006

[Laudon u. a. 2010] LAUDON, Kenneth C. ; LAUDON, Jane P. ; SCHODER, Detlef: *Wirtschaftsinformatik. Eine Einführung*. 2., akt. Aufl. München, 2010

[Lehmann 2007] LEHMANN, Christoph: [di] digitale informationssysteme betreibt Wissensmanagement nach Maß mit Intranet 2.0. In: *EBIGO* (2007). – URL http://www.ebigo.de/unternehmensbereiche/fallbeispiel/00346/index.html. – Zugriffsdatum: 26.08.2007

[Lehmann 2008] LEHMANN, Frank: *Integrierte Prozessmodellierung mit ARIS*. Heidelberg, 2008

[Lowry u. a. 2004] LOWRY, Paul B. ; CURTIS, Aaron ; LOWRY, Michelle R.: Building a Taxonomy and Nomenclature of Collaborative Writing to Improve Interdisciplinary Research and Practice. In: *Journal of Business Communication* 41 (2004), Nr. 1, S. 66–99

[Lucke 2000] LUCKE, Heinrich: *Speyerer Definition von Electronic Government, Ergebnisse des Forschungsprojektes Regieren und Verwalten im Informationszeitalter*. Onlinepublikation. 2000. – URL http://foev.dhv-speyer.de/ruvii

[McAfee 2006] MCAFEE, Andrew: Enterprise 2.0, version 2.0. In: *Hardvard Business School Faculty Blogs* (2006). – URL http://blog.hbs.edu/faculty/amcafee/index.php/faculty_amcafee_v3/enterprise_20_version_20/. – Zugriffsdatum: 30.07.2007

[McAfee 2009] MCAFEE, Andrew: *Enterprise 2.0: new collaborative tools for your organization's thoughest challenges*. Boston (Mass.), 2009

[Meier und Stormer 2008] MEIER, Andreas ; STORMER, Hendrik: *eBusiness & eCommerce. Management der digitalen Wertschöpfungskette*. 2. Aufl. Berlin et al., 2008

[Melzer-Ridinger 2005] MELZER-RIDINGER, Ruth: Das Konzept Supply Chain Management. In: *HMD - Praxis der Wirtschaftsinformatik* (2005), Nr. 243, S. 7–16

[Melzer-Ridinger und Neumann 2009] MELZER-RIDINGER, Ruth ; NEUMANN, Alexander: *Dienstleistung und Produktion*. Heidelberg, 2009

[Mertens 2006] MERTENS, Peter: Moden und Nachhaltigkeit in der Wirtschaftsinformatik. Universität Erlangen-Nürnberg, Wirtschaftsinformatik I, 2006 (1). – Arbeitspapier

[Mertens 2009] MERTENS, Peter: *Integrierte Informationsverarbeitung 1, Operative Systeme in der Industrie*. 17. Aufl. Wiesbaden, 2009

[Merz 2002] MERZ, Michael: *E-Commerce und E-Business. Marktmodelle, Anwendungen und Technologien*. 2., akt. und erw. Aufl. Heidelberg, 2002

[Milgram 1967] MILGRAM, Stanley: The Small World Problem. In: *Psychology Today* 2 (1967), S. 60–67

[Miller 2007] MILLER, Ron: ABC: An Introduction to Enterprise 2.0. (2007). – URL http://www.cio.com/article/123550/ABC_An_Introduction_to_Enterprise_._/1. – Zugriffsdatum: 09.09.2007

[Müller und Dibbern 2006]   MÜLLER, Claudia ; DIBBERN, Peter: Selbstorganisiertes Wissensmanagement in Unternehmen auf Basis der Wiki-technologie - ein Anwendungsfall. In: *HMD - Praxis der Wirtschaftsinformatik* 252 (2006), Dezember, S. 45–54

[Nicolai 2002]   NICOLAI, Sascha: eSupply Chain Management als strategisches Managementkonzept. In: WANNENWETSCH, Helmut (Hrsg.) ; NICOLAI, Sascha (Hrsg.): *E-Supply-Chain-Management*. Wiesbaden, 2002, S. 1–11

[Niedermeier 2006]   NIEDERMEIER, S.: *Cocoon 2 und Tomcat*. Bonn, 2006

[OMD 2008]   OMD: *Die Zukunft des Internets – Ergebnisse einer Expertenbefragung*. Präsentation.   2008. –   URL http://www.daten.ivw.eu/download/pdf/Praesentation_AGOF-IVW-INFOnline_080918.pdf. – Zugriffsdatum: 04.01.2010

[O'Neill 2003]   O'NEILL, Marc: *Web Services Security*. New York et al., 2003

[O'Reilly 2005]   O'REILLY, Tim: What Is Web 2.0 - Design Patterns and Business Models for the Next Generation of Software. (2005). – URL http://www.oreillynet.com/pub/a/oreilly/tim/news/2005/09/30/what-is-web-20.html. – Zugriffsdatum: 07.09.2007

[Pangora GmbH; ECC Handel 2009]   PANGORA GMBH; ECC HANDEL: *Geschäftsklima im E-Commerce 2009/2010. Eine Studie der Pangora GmbH und des ECC Handel*.   2009. –   URL http://www.ecc-handel.de/geschaeftsklima_im_e-commerce_20092010_10071001.php. – Zugriffsdatum: 04.01.2010

[Pesch 2007]   PESCH, Ulrike: Meetings auf Distanz. In: *personalmagazin* (2007), Juni, S. 28–31

[Picot u. a. 2001]   PICOT, Arnold ; REICHWALD, Ralf ; WIGAND, Rolf T.: *Die grenzenlose Unternehmung. Information, Organisation und Management*. Wiesbaden, 2001

[Piller und Reichwald 2006]   PILLER, Frank ; REICHWALD, Ralf: *Interaktive Wertschöpfung - Open Innovation, Individualisierung und neue Formen der Arbeitsteilung*. Wiesbaden, 2006

[PROZEUS 2005a]   PROZEUS: *Elektronische Marktplätze auswählen und nutzen*. Stand: November. Köln, 2005

[PROZEUS 2005b]   PROZEUS: *Prozesse und Standards, Teil: Katalogaustauschformate auswählen und einsetzen*. Stand: August. Köln, 2005

[PROZEUS 2005c]   PROZEUS: *Prozesse und Standards, Teil: Klassifikationsstandards auswählen und einsetzen*. Stand: August. Köln, 2005

[PROZEUS 2005d]   PROZEUS: *Prozesse und Standards, Teil: Transaktionsstandards auswählen und einsetzen*. Stand: November. Köln, 2005

[PROZEUS 2007]   PROZEUS: *Prozesse und Standards, Teil: Katalogaustauschformate : BMEcat 2005 - Umsetzung in der Praxis*. Stand: August. Köln, 2007

[PROZEUS 2008a]   PROZEUS: *Elektronische Marktplätze auswählen und nutzen*. Stand: Oktober. Köln, 2008

[PROZEUS 2008b]   PROZEUS: *Prozesse und Standards, Teil: Prozessstandards auswählen und einsetzen*. Stand: August. Köln, 2008

[Pschera 2007]   PSCHERA, Alexander: Weblogs - Bloggen für das Unternehmen. In: *IHK Magazin* 1 (2007). – URL http://www.ihk-muenchen.de/internet/ mike/WirUeberUns/ihk_magazin/Magazin_12007/Betriebliche_Praxis/ WeblogsBloggenfuerdasUnternehmen.html. – Zugriffsdatum: 20.09.2007

[Raabe 2007]   RAABE, Alexander: *Social Software im Unternehmen*. Saarbrücken, 2007

[Rangaswami 2006]   RANGASWAMI, M.R.:   The Birth of Enterprise 2.0. In: *Sandhill Group* (2006). – URL http://sandhill.com/opinion/editorial.php?id=98. – Zugriffsdatum: 23.08.2007

[Raymond 2000]   RAYMOND, Eric: The Cathedral and the Bazar.   (2000). – URL http://www.catb.org/~esr/writings/cathedral-bazaar. – Zugriffsdatum: 08.10.2007

[Renz 2006]   RENZ, Florian: *Praktiken des online-gestützten Netzwerkens am Beispiel von openBC*, Otto-Friedrich-Universität Bamberg, Diplomarbeit, 2006

[Richter und Koch 2007]   RICHTER, Alexander ; KOCH, Michael: Social Software - Status quo und Zukunft   / Universität der Bundeswehr München.   URL http://www.unibw.de/wow5_3/forschung/social_software/. – Zugriffsdatum: 29.07.2007, 2007. – Forschungsbericht

[Ritscher und Bächle 2008]   RITSCHER, Jochen ; BÄCHLE, Michael: Enterprise 2.0 - Social Software im unternehmensinternen Einsatz. Empirische Untersuchung und Einsatzempfehlungen / Studiengang Wirtschaftsinformatik. DHBW Ravensburg, 2008 (Nr. 1). – Arbeitsbericht

[Roell 2005a]   ROELL, Martin: Corporate E-Learning mit Weblogs und RSS. In: HOHENSTEIN, Andreas (Hrsg.) ; WILBERS, Karl (Hrsg.): *Handbuch E-Learning*. Köln, 2005, Kap. 5.11

[Roell 2005b]   ROELL, Martin: Knowledge-Blogs: Neue Möglichkeiten im Intranet. In: ZERFASS, Ansgar (Hrsg.) ; BOELTER, Dietrich (Hrsg.): *Die neuen Meinungsmacher*. Graz, 2005

[Roell 2006a]   ROELL, Martin: CEO-Blogs: Personalisierung der Online-Kommunikation als Herausforderung für die Unternehmensführung. In: PICOT, Arnold (Hrsg.) ; FISCHER, Tim (Hrsg.): *Weblogs professionell*. Heidelberg, 2006, S. 51–75

[Roell 2006b]   ROELL, Martin: Knowledge Blogs - Persönliche Weblogs im Intranet als Werkzeuge im Wissensmanagement. In: PICOT, Tim (Hrsg.): *Weblogs professionell*. Heidelberg, 2006, S. 95–112

[Roßnagel 2002]   ROSSNAGEL, Alexander: E-Commerce und Datenschutz. In: ROSS-
NAGEL, Alexander (Hrsg.): *Datenschutz beim Online-Einkauf.* Braunschweig; Wiesbaden, 2002, S. 9–14

[Roßnagel 2005]   ROSSNAGEL, Alexander: Verantwortung für Datenschutz.   In:
Informatik-Spektrum 28 (2005), Nr. 6, S. 462–473

[Ruby u. a. 2009]   RUBY, Sam ; THOMAS, Dave ; HANSSON, David: *Agile Web Development with Rails.* 3. ed. Raleigh, Dallas, 2009

[Scheer u. a. 2003]   SCHEER, Christian ; DEELMANN, Thomas ; LOOS, Peter: Geschäftsmodelle und internetbasierte Geschäftsmodelle – Begriffsbestimmung und Teil-
nehmermodell / Johannes Gutenberg Universität Mainz, ISYM – Information Systems
& Management. Köln, Dezember 2003. – Arbeitsbericht Nr. 12

[Schick 2005]   SCHICK, Siegfried: *Interne Unternehmenskommunikation - Strategien ent-
wickeln, Strukturen schaffen, Prozesse steuern.* 2. Aufl. Stuttgart, 2005

[Schneier 2006]   SCHNEIER, Bruce: *Angewandte Kryptographie. Protokolle, Algorithmen
und Sourcecode in C.* München et al., 2006

[Scholz 2002]   SCHOLZ, Philip: Datenschutzrechtliche Anforderungen. In: ROSSNA-
GEL, Alexander (Hrsg.): *Datenschutz beim Online-Einkauf.* Braunschweig; Wiesbaden,
2002, S. 41–71

[Schwarze und Schwarze 2002]   SCHWARZE, Jochen ; SCHWARZE, Stephan: *Electronic
Commerce. Grundlagen und praktische Umsetzung.* Herne, Berlin, 2002

[Schwickert 2004]   SCHWICKERT, Axel: Geschäftsmodelle im Electronic Business –
Bestandsaufnahme und Relativierung / Hrsg.: Professur BWL – Wirtschaftsinformatik, Justus-Liebig-Universität Gießen. 2004. – Arbeitsbericht Nr. 2

[Seeboerger-Weichselbaum 2000]   SEEBOERGER-WEICHSELBAUM, Michael: *Das Ein-
steigerseminar XML.* 2. Aufl. Kaarst, 2000

[Smolnik und Riempp 2006]   SMOLNIK, Stefan ; RIEMPP, Gerold: Nutzenpotenziale,
Erfolgsfaktoren und Leistungsindikatoren von Social Software für das organisationale
Wissensmanagement. In: *HMD - Praxis der Wirtschaftsinformatik* (2006), Dezember,
Nr. 252, S. 17–26

[Snell u. a. 2002]   SNELL, James ; DOUG, Tidwell ; PAVEL, Kulchenko: *Webservice-
Programmierung mit SOAP.* Beijing, Köln et al., 2002

[Stahl u. a. 2009]   STAHL, Ernst ; KRABICHLER, Thomas ; BREITSCHAFT, Markus ;
WITTMANN, Georg: *E-Commerce-Leitfaden.* 2., überarb. u. erw. Aufl. Regensburg, 2009

[Staudt 2001]   STAUDT, Erwin: Die mobile Gesellschaft. In: BUHL, HANS U. ET AL.
(Hrsg.): *Information Age Economy – 5. Internationale Tagung Wirtschaftsinformatik.* Heidelberg, 2001, S. 15–28

[Steininger u. a. 2009a]   STEININGER, Katharina ; RÜCKEL, David ; ROITHMAYR, Friedrich: Generierung von Wettbewerbsvorteilen durch Online-Marktforschung – eine Fallstudie. In: *HMD - Praxis der Wirtschaftsinformatik* (2009), Nr. 269, S. 79–86

[Steininger u. a. 2009b]   STEININGER, Katharina ; RIEDL, René ; ROITHMAYR, Friedrich ; MERTENS, Peter: Moden und Trends in Wirtschaftsinformatik und Information Systems – Eine vergleichende Literaturanalyse. In: *WIRTSCHAFTSINFORMATIK* 51 (2009), Nr. 6, S. 478–495

[von Stengel 2007]   STENGEL, Christian von: Elektronischer Einkauf mit Oracle Advanced Procurement. In: BRENNER, Walter (Hrsg.) ; WENGER, Roland (Hrsg.): *Elektronische Beschaffung – Stand und Entwicklungstendenzen*. Berlin et al., 2007, S. 191–209

[Stoll 2007]   STOLL, Patrick: *E-Procurement. Grundlagen, Standards und Situation am Markt*. Wiesbaden, 2007

[Stärk 2005]   STÄRK, Doris: Leitfaden für die Einrichtung einer Internetvertriebsplattform (E-Shop) / Statistisches Bundesamt (Hrsg.). Bonn, 2005. – Leitfaden

[Supply Chain Council 2006]   SUPPLY CHAIN COUNCIL: Supply-Chain Operations Reference-Model, SCOR Overview. 2006 (Version 8.0). – Referenzmodell

[Supply Chain Council 2008]   SUPPLY CHAIN COUNCIL: Supply-Chain Operations Reference-Model, SCOR Overview. 2008 (Version 9.0). – Referenzmodell

[The Ecomonist 2007]   THE ECOMONIST: Book value. (2007). – URL http://www.economist.com/people/displaystory.cfm?story_id=9507260. – Zugriffsdatum: 02.08.2007

[Thomas 2009]   THOMAS, Dave: *Programming Ruby 1.9. The Pragmatic Programmer's Guide*. Raleigh, Dallas, 2009

[Thomas 2006]   THOMAS, Wolfgang: Grundlagen des Performance-Marketings. In: EISINGER, Thomas (Hrsg.) ; RABE, Lars (Hrsg.) ; THOMAS, Wolfgang (Hrsg.): *Performance Marketing*. Göttingen, 2006, S. 17–30

[Thome 2002]   THOME, Rainer: e-Business. In: *Informatik-Spektrum* 25 (2002), Nr. 2, S. 151–153

[Vander Wal 2007]   VANDER WAL, Thomas: Folksonomy - Coinage and Definition. (2007). – URL http://www.vanderwal.net/folksonomy.html. – Zugriffsdatum: 07.09.2007

[W3C a]   W3C: Cascading Style Sheets Home Page. URL http://www.w3.org/Style/CSS/. – Zugriffsdatum: 17.01.2010. – Standard

[W3C b]   W3C: Extensible Markup Language (XML). URL http://www.w3.org/XML/. – Standard

[W3C c]   W3C: WSC - HTML. URL http://www.w3.org/html/. – Zugriffsdatum: 17.01.2010. – Standard

[W3C d]   W3C: XHTML 1.1 - Module-based XHTML. URL http://www.w3.org/ TR/xhtml11/. – Zugriffsdatum: 17.01.2010. – Standard

[Wannenwetsch 2005]   WANNENWETSCH, Helmut: *Vernetztes Supply Chain Management*. Berlin et al., 2005

[Wecker und Wirtz 2007]   WECKER, Roman ; WIRTZ, Bernd: Erfolgswirkung des internetbasierten Supply Chain Managements. In: *ZfB 77* (2007), Nr. 9, S. 911–954

[Weßendorf 2006]   WESSENDORF, M.: *Struts.* 2. Aufl. Herdecke, 2006

[Werner 2008]   WERNER, Hartmut: *Supply Chain Management – Grundlagen, Strategien, Instrumente und Controlling.* 3. Aufl. Wiesbaden, 2008

[Wirtz 2001]   WIRTZ, Bernd: *Electronic Business.* 2. Aufl. Wiesbaden, 2001

[Wirtz 2005]   WIRTZ, Bernd: *Medien- und Internetmanagement.* 4. Aufl. Wiesbaden, 2005

[Wirtz und Eckert 2001]   WIRTZ, Bernd ; ECKERT, Ulrich: Electronic Procurement – Einflüsse und Implikationen auf die Organisation der Beschaffung. In: *Zeitschrift Führung und Organisation (ZFO)* 70 (2001), Nr. 3, S. 151–158

[Wirtz und Kleineicken 2000]   WIRTZ, Bernd ; KLEINEICKEN, A.: Geschäftsmodell-typologien im Internet. In: *Wirtschaftswissenschaftliches Studium (WiSt)* 29 Jg. (2000), Nr. 11, S. 628–635

[Wirtz und Ullrich 2008]   WIRTZ, Bernd ; ULLRICH, Sebastian: Geschäftsmodelle im Web 2.0 – Erscheinungsformen, Ausgestaltung und Erfolgsfaktoren. In: *HMD - Praxis der Wirtschaftsinformatik* (2008), Nr. 261, S. 20–31

[Witt 2008]   WITT, Bernhard: *Datenschutz kompakt und verständlich.* Wiesbaden, 2008

[Wolf 2006]   WOLF, Karsten D.: Software für Online-Communities auswählen. In: HOHENSTEIN, Andreas (Hrsg.) ; WILBERS, Karl (Hrsg.): *Handbuch E-Learning.* München, 2006, Kap. 5.14, S. 18

[Wolf 2007]   WOLF, Volkhard: *E-Marketing.* München, Wien, 2007

[Wright 2006]   WRIGHT, Jeremy: *Blogmarketing als neuer Weg zum Kunden.* Heidelberg, 2006

[Young u. a. 2007a]   YOUNG, G. O. ; DALEY, Ellen ; LO, Heidi ; LAWSON, April: Efficiency Gains And Competitive Pressures Drive Enterprise Web 2.0 Adoption / Forrester. URL http://www.forrester.com/Research/Document/Excerpt/ 0,7211,41794,00.html. – Zugriffsdatum: 04.8.2007, 2007. – Forschungsbericht

[Young u. a. 2007b]   YOUNG, G. O. ; HOLMES, Bradford J. ; LAWSON, April: IT Will Measure Web 2.0 Tools Like Any Other App - Tech Marketers Must Prep For Tough Questions About ROI And Business Value   / Forrester. URL http://www.forrester.com/Research/Document/Excerpt/0, 7211,42814,00.html. – Zugriffsdatum: 04.08.2007, 2007. – Forschungsbericht

[Zerfaß und Boelter 2005]   ZERFASS, Ansgar ; BOELTER, Dietrich: *Die neuen Meinungsmacher*. Graz, 2005

Stichwortverzeichnis

www.ingramcontent.com/pod-product-compliance
Lightning Source LLC
Chambersburg PA
CBHW081102220326
41598CB00038B/7190